Con o sin Dios

FRAGMENTOS, 14

Francesc Torralba
Vicenç Villatoro

CON O SIN DIOS

CUARENTA CARTAS CRUZADAS

FRAGMENTA EDITORIAL

Título original AMB DÉU O SENSE
QUARANTA CARTES CREUADES

Publicado por FRAGMENTA EDITORIAL, S.L.L.
Plaça del Nord, 4, pral. 1.ª
08024 Barcelona
www.fragmenta.es
fragmenta@fragmenta.es

Colección FRAGMENTOS, 14

Traducción del catalán JULIA ARGEMÍ

Primera edición SEPTIEMBRE DEL 2012

Producción editorial IGNASI MORETA
Producción gráfica INÊS CASTEL-BRANCO

Impresión y encuadernación ROMANYÀ VALLS, S. A.

© 2012 FRANCESC TORRALBA ROSELLÓ
Y VICENÇ VILLATORO LAMOLLA
por los textos respectivos

© 2012 JULIA ARGEMÍ MUNAR
por la traducción del catalán

© 2012 FRAGMENTA EDITORIAL
por esta edición

Depósito legal B. 23.287-2012
ISBN 978-84-92416-61-5

PRINTED IN SPAIN

RESERVADOS TODOS LOS DERECHOS

ÍNDICE

INVITACIÓN AL DIÁLOGO
Barcelona, 14 de julio del 2011. *Ignasi Moreta* — 9

LA PREGUNTA POR EL SENTIDO

CARTA 1
Port de la Selva, 16 de julio del 2011. *Francesc Torralba* — 13

CARTA 2
Matadepera, 22 de julio del 2011. *Vicenç Villatoro* — 19

CARTA 3
Morgovejo, 24 de julio del 2011. *Francesc Torralba* — 27

¿DIOS CREADO O DIOS CREADOR?

CARTA 4
Matadepera, 31 de julio del 2011. *Vicenç Villatoro* — 35

CARTA 5
Morgovejo, 2 de agosto del 2011. *Francesc Torralba* — 41

LO SAGRADO Y LO PROFANO

CARTA 6
Matadepera, 11 de agosto del 2011. *Vicenç Villatoro* — 49

CARTA 7
Morgovejo, 13 de agosto del 2011. *Francesc Torralba* — 57

ESFERA RELIGIOSA, ESFERA PÚBLICA

CARTA 8
Matadepera, 14 de agosto del 2011. *Vicenç Villatoro* — 65

CARTA 9
Morgovejo, 15 de agosto del 2011. *Francesc Torralba* — 73

LA MUERTE Y EL CONSUELO

CARTA 10
Can Mascaró, Manacor, 23 de agosto del 2011. *Vicenç Villatoro* — 83

CARTA 11
Morgovejo, 27 de agosto del 2011. *Francesc Torralba* — 91

CARTA 12
Barcelona, 1 de septiembre del 2011. *Vicenç Villatoro* — 101

UNA ÉTICA SIN DIOS

CARTA 13
Barcelona, 2 de septiembre del 2011. *Francesc Torralba* — 109

CARTA 14
Matadepera, 4 de septiembre del 2011. *Vicenç Villatoro* — 119

CARTA 15
Barcelona, 6 de septiembre del 2011. *Francesc Torralba* — 127

CARTA 16
Barcelona, 20 de septiembre del 2011. *Vicenç Villatoro* — 135

CARTA 17
AVE Barcelona-Madrid, 27 de septiembre del 2011. *Francesc Torralba* — 145

¿EXISTE LA BELLEZA?

CARTA 18
Matadepera, 9 de octubre del 2011. *Vicenç Villatoro* — 155

CARTA 19
AVE Barcelona-Madrid, 13 de octubre del 2011. *Francesc Torralba*   165

EL MISTERIO DEL MAL

CARTA 20
Matadepera, 22 de octubre del 2011. *Vicenç Villatoro*   175

CARTA 21
Barcelona, 26 de octubre del 2011. *Francesc Torralba*   185

CARTA 22
Matadepera, 29 de octubre del 2011. *Vicenç Villatoro*   195

LA TRANSMISIÓN DE VALORES Y CONVICCIONES

CARTA 23
Martinet, 1 de noviembre del 2011. *Francesc Torralba*   205

CARTA 24
Barcelona, 7 de noviembre del 2011. *Vicenç Villatoro*   215

CARTA 25
AVE Barcelona-Madrid, 9 de noviembre del 2011. *Francesc Torralba*   225

CARTA 26
Matadepera, 18 de noviembre del 2011. *Vicenç Villatoro*   233

CARTA 27
Barcelona, 20 de noviembre del 2011. *Francesc Torralba*   243

¿EXISTEN LOS CRISTIANOS?

CARTA 28
Matadepera, 25 de noviembre del 2011. *Vicenç Villatoro*   253

CARTA 29
Barcelona, 27 de noviembre del 2011. *Francesc Torralba*   263

LA PLAZA PÚBLICA

CARTA 30
Matadepera, 6 de diciembre del 2011. *Vicenç Villatoro* — 273

CARTA 31
Martinet, 8 de diciembre del 2011. *Francesc Torralba* — 283

CELEBRAR

CARTA 32
Matadepera, 17 de diciembre del 2011. *Vicenç Villatoro* — 293

CARTA 33
Barcelona, 19 de diciembre del 2011. *Francesc Torralba* — 303

ESPIRITUALIDAD SIN FE

CARTA 34
Matadepera, 25 de diciembre del 2011. *Vicenç Villatoro* — 313

CARTA 35
Morgovejo, 27 de diciembre del 2011. *Francesc Torralba* — 323

CARTA 36
Matadepera, 28 de diciembre del 2011. *Vicenç Villatoro* — 333

CARTA 37
Morgovejo, 31 de diciembre del 2011. *Francesc Torralba* — 343

CARTA 38
Bolquera, 2 de enero del 2012. *Vicenç Villatoro* — 351

CARTA 39
Barcelona, 5 de enero del 2012. *Francesc Torralba* — 361

CARTA 40
Matadepera, 7 de enero del 2012. *Vicenç Villatoro* — 371

INVITACIÓN AL DIÁLOGO
Ignasi Moreta

Barcelona, 14 de julio del 2011

Apreciado Francesc, apreciado Vicenç,
habéis tenido la buena idea de aceptar la invitación de Fragmenta para redactar un libro a cuatro manos en torno a las cuestiones «últimas y penúltimas», para decirlo con Bonhoeffer. Será un libro de diálogo: un encadenamiento epistolar que permita confrontar puntos de vista diversos acerca de un conjunto de temas de interés común.

Intelectuales reconocidos y respetados ambos, habéis tenido trayectorias distintas y os posicionáis de modo diferente respecto a la religión. Pero no habéis sido convocados en este libro como «representantes» de nada. Ni tú, Francesc, representas a ninguna ortodoxia religiosa, ni tú, Vicenç, a ninguna ortodoxia laica. Lo único que os pido es que escribáis con plena libertad. Que compartáis vuestras vivencias, intuiciones, ideas, creencias y convicciones, y que no dudéis en discutir las de vuestro interlocutor. La palabra que circula, que se comunica, que interpela y es interpelada, puede ser más fecunda que el monólogo.

Todas las etiquetas son falsas —bien lo sabemos. Pero también sabemos que las etiquetas, siempre distorsionadoras, siempre reductoras, son —sin embargo— inevitables.

Sin etiquetas no habría comunicación. Tal vez lo que precisamos es encontrar la etiqueta menos distorsionadora. El mal menor. Permitidme una confidencia en este sentido. En el año 2007 publicamos, en catalán, el delicioso libro de Marie Balmary *El monje y la psicoanalista* (cuya versión castellana publicamos en el 2011). Cuando hice la correspondiente nota de prensa, presenté a la autora como agnóstica, copiando lo que había leído en el dossier de prensa del libro original francés y dejándome llevar por la siempre peligrosa identificación autor-personaje. Pocos días después hablé con Marie Balmary por teléfono. Era la primera vez que hablaba con ella. Una de las primeras cosas que hizo fue regañarme (delicadamente, eso sí): «No me presente como agnóstica, por favor.» Pero a continuación añadió: «¡Pero no me presente tampoco como creyente! No me gustan esas etiquetas. Yo soy una indagadora.» Evidentemente, me lo dijo en francés: «Je suis chercheuse.» *Chercheuse*, esto es, buscadora, indagadora, investigadora. Es la única etiqueta que admite Marie Balmary.

He pensado mucho, desde entonces, en aquella conversación telefónica. Y cada día tengo más claro que nos equivocamos al clasificar a las personas como *creyentes* y *no creyentes*. Que nos equivocamos cuando pensamos que este tipo de etiquetas da una información relevante. Osaría decir que la auténtica frontera no está entre *creyentes* y *no creyentes*, sino entre *indagadores* y *no indagadores*: entre los que buscan y los que no buscan, entre los inquietos y los indiferentes, entre los que están dispuestos a adentrarse en las interioridades del ser y los que se conforman con lo que aparece en la superficie de las cosas. Conozco a personas de las dos categorías *dentro* y *fuera* de las religiones institucionalizadas. Por eso, el criterio del *dentro* y el *fuera* (*creyentes* y *no creyentes*) me resulta tan poco relevante.

Me gustaría saber, Vicenç y Francesc, si compartís este planteamiento. Si, puestos a autodefiniros, aceptaríais alguna etiqueta que más o menos haga justicia a vuestro posicionamiento ante las cuestiones últimas. ¿Desde dónde pensáis? ¿Desde dónde escribís?

Vivimos en un contexto que muchos definen como *poscristiano*. Y, sin embargo, me pregunto si nuestra sociedad no habrá tirado el agua de la bañera con el niño dentro. Seguramente los tres estaríamos de acuerdo en rechazar cualquier restitución de la antigua cristiandad, de aquella asfixiante simbiosis entre sociedad y religión que no dejaba espacio a un pensamiento mínimamente emancipado. Probablemente ninguno de nosotros añora tiempos pretéritos. Y, sin embargo, tal vez con la secularización tan acelerada de las últimas generaciones nos estamos perdiendo algo valioso.

Lluís Duch ha afirmado en varias ocasiones que lo que está en crisis no es la religión, sino solo ciertas respuestas institucionales a las preguntas religiosas. Es decir: las preguntas se mantienen en pie y siguen determinando nuestras búsquedas. El problema es que las respuestas que nos ofrecen las instituciones religiosas están en crisis. Nos encontramos en una crisis de respuestas, no en una crisis de preguntas. Pensando en esta posición de Duch, me vienen a la memoria aquellos libros fabulosos que tenían nuestros padres y abuelos, donde estaban las preguntas *y* las respuestas. Se llamaban *catecismos*. Ha habido recientemente varios intentos de recuperar aquel género literario, pero su incidencia es mínima. ¿Tal vez porque un género de este tipo es, en última instancia, incompatible con la libertad de investigación?

No me alargo más. A mí solo me toca incitaros al diálogo. El libro es vuestro. Que el editor enmudezca y que hablen los autores.

Vuestro,

IGNASI MORETA, EDITOR

LA PREGUNTA POR EL SENTIDO

CARTA I
Francesc Torralba

Port de la Selva, 16 de julio del 2011

Apreciado Vicenç,
    la propuesta del buen amigo Ignasi Moreta no me podía llegar en mejor momento. Precisamente ayer, viernes, terminé la actividad académica en la universidad y empiezo, por fin, las vacaciones estivales. Aún ayer estaba examinando a los de repesca y firmando actas.
    He esperado este momento desde hace meses. Este mes de junio se ha dilatado mucho o, como mínimo, así lo he percibido yo. Entre exámenes, revisiones, viajes, programaciones, reuniones, jornadas, tribunales y todo tipo de rituales académicos, se me ha hecho, sencillamente, muy largo, como un día sin pan, como se decía antaño. La propuesta del amigo editor me gusta, porque el verano es un buen momento para iniciar un epistolario. El alma divaga y descansa, sale de la jaula para volar, holgazanea de aquí para allá, se deja sorprender por un paisaje, por una música y por el hilo de una conversación.
    Y un epistolario es, por definición, el género del alma, porque se escribe en primera persona del singular y se vierten en él los pensamientos y los sentimientos que manan del yo

profundo. El novelista no se puede esconder detrás de sus personajes y poner en su boca sus propios sentimientos, y el ensayista tampoco puede parapetarse detrás de la erudición. Como bien sabes, a veces, para conocer de verdad a un autor, hay que sumergirse en su epistolario, porque allí está la piedra angular para entender su obra y la vida secreta de su alma. He disfrutado mucho leyendo epistolarios de filósofos contemporáneos, porque son verdaderos instrumentos para desenmascarar y desmitificar a los pensadores consagrados. Allí sale casi todo, las grandezas y las debilidades, las miserias de la vida cotidiana que ocultan pudorosamente y la lenta gestación de las grandes obras.

Me apetece recoger esta antorcha, porque escribir a alguien es siempre un ejercicio de vaciamiento, pero también de aproximación, un trabajo de recepción y de formulación que obliga, por una parte, a estar atento a los latidos del alma vecina y a intentar captar por qué dice lo que dice, pero, al mismo tiempo, exige ser capaz de ordenar los propios pensamientos. Todo un reto. Es, por tanto, una ocasión que no interpreto como una carga más, sino como una oportunidad para aprender y para disfrutar más intensamente de este período estival.

Como dice nuestro amigo, la distinción que tan habitualmente se establece entre creyentes y no creyentes es pobre. A mí me parece simple y maniquea. Las creencias no son patrimonio de las personas religiosas. José Ortega y Gasset decía que las creencias son consustanciales a la vida humana. Algunos tienen ideas incluso buenas, pero todos vivimos en las creencias. Somos consumidores de creencias. Lo que nos separa a unos de otros no es el hecho de tener o no creencias, sino *lo* que creemos y *cómo* creemos lo que creemos.

Existe un gran abanico de creencias en las sociedades plurales, creencias de todo tipo, religiosas y no religiosas. Hay personas que creen en Dios, pero hay otras que creen en una pluralidad de dioses. Si hurgamos en las que creen en Dios, hay una enorme diversidad de maneras de comprender la palabra *Dios*. Algunos creen en un Dios personal, otros en un Dios impersonal. Algunos no creen en el Dios de los templos, pero han edificado sus propios dioses profanos.

Hay quien no cree en Dios, pero cree que será posible la paz en el mundo o cree que algún día ya nadie morirá de hambre en este planeta. Algunos creen en el poder de la ciencia para extirpar el sufrimiento, el mal y la muerte de la faz de la tierra. Otros tienen creencias más prosaicas, pero esenciales en la vida: creen en la fidelidad de los amigos, que el trabajo bien hecho da fruto, que sus pequeñas inversiones obtendrán buenos resultados. También están las creencias nacionales y políticas. Hay personas que creen que este pequeño país que habitamos será, algún día, plenamente libre. Otros creen en todo tipo de ideologías políticas.

Las creencias no son certezas. Son actos de la voluntad que no parten de una evidencia. Mueven y conmueven. Las creencias ponen en movimiento. Movidas por las creencias, las personas salen a la calle y luchan. Sin embargo, hay intensidades diferentes, maneras distintas de vivir la creencia. No se puede afirmar, sin caer en una grave imprecisión, que la creencia sea, en sí misma, peligrosa para el bienestar de la sociedad. Dependerá del contenido de la creencia y de la manera como se viva. Las convicciones no religiosas, vividas con pasión, son tan peligrosas como las convicciones religiosas vividas sin sentido común.

Vivir exige apostar, jugársela, explorar territorios inciertos. No podríamos dar ningún paso, ni en el plano personal ni en el profesional, si antes de hacerlo esperáramos tener la evidencia del éxito. Empezar un negocio, vincularse afectivamente a una persona y prometerle fidelidad, traer hijos al mundo, adoptar a un chaval, dejarse explorar y operar por un médico: todo este tipo de actos exigen el acto de creer. No podríamos hacer ningún movimiento si esperásemos tener la evidencia, porque la evidencia es lo que es claro y distinto para todos, lo que nadie puede someter a discusión.

Siento que caminamos a tientas, que intentamos tomar las mejores opciones, pero que, muy a menudo, nos equivocamos. Y nos equivocamos tanto los creyentes como los no creyentes. La verdad es que me parece más acertada la distinción entre indagadores y no indagadores. El indagador es el que busca, el que no se contenta con lo que sabe, con lo que conoce, con los supuestos principios que le enseñaron de pequeño y en los que tenía que creer ciegamente. Eso sería credulidad.

El indagador busca la consistencia racional e intenta ver lo que hay de valioso y de verdad en las opciones de los demás, por distintas y alejadas que estén de las propias. Esta es la naturaleza del verdadero escéptico. Joan Fuster, en su *Diccionario para ociosos*, distingue dos tipos de escépticos: el de ida y el de vuelta. El de ida tiene la esperanza de encontrar, mientras que el de vuelta se ha cansado ya de buscar y regresa con la cabeza baja.

A veces, da la impresión de que las personas que nos definimos como creyentes no seamos indagadores, que hayamos dejado de indagar, de buscar y de explorar. Abrazamos la fe como un signo de debilidad racional, incluso por causa de una especie de flojedad mental. Mi adhesión a la fe cristiana ha sido, desde el principio, un intenso estímulo para la indagación, para la búsqueda intelectual, un verdadero catalizador del pensamiento. Las respuestas que he encontrado leyendo el Evangelio no solo no han aquietado mi deseo de conocer, sino que lo han ensanchado y hecho más profundo, de tal manera que la fe en Cristo, en mi caso, es un estímulo para indagar.

La indagación es una especie de inquietud que, en su mayor extremo, no es recomendable, porque, sin darte cuenta, puedes convertirte en una especie de devorador de libros. Esto le ocurre a todo aquel que siente el gusanillo por la investigación.

Hoy mismo, por ejemplo, mientras estaba esta mañana en la playa con mi mujer, llevaba conmigo un libraco de quinientas páginas sobre la historia del ateísmo. Mi mujer, que es una gran lectora, sobre todo de ficción (por cierto, te lee con frecuencia), me ha dicho que probablemente no había nadie en un radio de diez kilómetros leyendo este tipo de literatura. Le he contestado que, muy probablemente, podía ampliar el radio sin equivocarse. Me gusta leer a los grandes pensadores ateos. Siempre he partido del axioma de que un creyente, para poder crecer y madurar en su experiencia de fe, debe ser capaz de ponerla a prueba y escuchar a quien le ponga las cosas difíciles. No en vano mi primer libro fue, precisamente, sobre el pensamiento del joven Friedrich Nietzsche. Ya hace más de veinte años. Cómo pasa el tiempo...

Indagar es no parar, es buscar las razones del otro; es no darse por vencido con la adhesión a unas fórmulas doctrinales. El indagador es una figura transversal. Hay indagadores que parten del ateísmo, pero se preguntan por la consistencia racional de su opción y exploran a fondo las tradiciones religiosas, y hay indagadores que son agnósticos y que intentan encontrar respuestas a las preguntas últimas por caminos inusitados.

Bien, he empezado sin muchos prolegómenos. La confianza que nos tenemos me lo permite. Como si dijéramos, he ido directamente a la cosa. Tengo muchas cuestiones en el tintero que, si Dios quiere, ya tendremos ocasión de ver y de explorar. No se puede decir todo de golpe, ni todo a la vez. El caso es que, si me tuviera que definir a mí mismo en materia espiritual, si tuviera que confesarte desde dónde escribo, te diría que soy un cristiano escéptico; un cristiano que busca, que trata de entender mejor lo que cree, que se siente fascinado por el mensaje del Evangelio, que ha recibido el don de la fe sin merecerlo y que intenta hacer consciente este don y extraer todas sus consecuencias en la vida.

Te dejo. Los críos reclaman mi atención, pero espero ansioso tu respuesta.

Con afecto,

FRANCESC

CARTA 2
Vicenç Villatoro

Matadepera, 22 de julio del 2011

APRECIADO FRANCESC,

¡qué bien, recibir cartas! También es formidable escribirlas, pero aún es mejor esperarlas y recibirlas. La tuya y la de Ignasi, las esperaba. Habíamos quedado en ello. Me cogen en mal momento, acabando el curso en el Institut Ramon Llull, con mucho trabajo y algunas preocupaciones. Pero me apetece. Por el proyecto. Por el género. Por el interlocutor. Por el tema o los temas previsibles, y sobre todo por los imprevisibles, que acabarán saliendo. También por mis circunstancias personales: supongo que esto irá saliendo también, de manera inevitable, a lo largo de estas cartas.

Así pues, me gusta el género: en las cartas no puedes poner en marcha el contestador automático, no puedes soltar tu monólogo respondiendo a un guion preconcebido. El guion es otro. Lo que te dice el otro. Contestador, pero sin automatismo. No puedes imaginarte una estrategia del discurso, olvidando a su destinatario. No puedes decir: «De esto no hablaré, porque no me cuadra.» Quizás el otro hará que tengas que hablar de ello, aunque no quieras y aunque no te cuadre. La carta es diálogo, pero —además— diálogo ordenado, personalizado, encarnado. Recibir cartas y escribirlas.

Me gusta el tema, aunque no sabría decir exactamente cuál es: ¿La religión? ¿La espiritualidad? ¿Dios? ¿La ausencia de Dios? ¿Las creencias? ¿Los escepticismos? Todos y ninguno, supongo. Los que vayan saliendo con relación a él. Pero en definitiva el tema de estas cartas acabará siendo —también lo supongo— el propio tema de la vida: el sentido. El porqué de todo esto. Cómo buscamos individualmente el sentido a lo que nos pasa, a lo que no nos pasa, a lo que hacemos y a lo que renunciamos conscientemente a hacer. A lo que decidimos y a lo que deciden por nosotros. A lo que escogemos o a lo que nos escoge. A aquello a lo que nos obligamos y a lo que nos prohibimos. Individualmente, pero también colectivamente: cómo tenemos que vivir juntos y con qué reglas del juego tenemos que hacerlo cuando otorgamos a la vida sentidos diferentes o diferentes faltas de sentido. Cómo pactar las reglas que a todos nos convengan, aunque descansen sobre fundamentos diversos. Cómo conseguir que todos puedan vivir según sus convicciones, sin imponerlas a los demás y compartiendo una plaza pública que es de todos.

Me gusta el interlocutor, naturalmente. No hemos coincidido muchas veces en la vida, Francesc, pero no somos desconocidos. Al contrario. Nos hemos leído, hemos hablado algunas veces, hemos ido escuchando lo que decía el otro. Intuyo en algunos casos y sé positivamente en otros la existencia de enormes complicidades, en materias diferentes a la que se supone que ocuparán estas cartas. Somos del mismo país y sabemos de qué país somos, por ejemplo. Pero hay otras complicidades. Me temo —y después explicaré por qué digo que lo temo— que somos en el fondo personas muy parecidas, con una actitud ante el diálogo muy paralela. Nos gusta escuchar, nos cuesta enfadarnos, buscamos más fácilmente el acuerdo que la confrontación. Diría que somos gente tranquila y pacífica, que tiene opiniones propias, que configura con el conjunto de estas opiniones un sistema más o menos contradictorio, pero personal e intransferible, no demasiado disciplinados y algo imprevisibles. Si vamos a cenar juntos, será siempre una velada agradable. Hablemos de lo que hablemos. Aunque discutamos. Especialmente si discutimos, porque lo haremos de una manera que no dejará heridas.

¿Por qué digo que esto, esta semejanza, me provoca un cierto temor? Porque un riesgo de esta correspondencia, precisamente entre nosotros, son las síntesis prematuras. La vocación del acuerdo, la búsqueda obsesiva de puntos en común donde descansar. Con otros interlocutores esta correspondencia exigiría un moderador, ya me imagino a Ignasi haciendo de árbitro, llamándonos la atención, enseñando la tarjeta amarilla (¡o incluso la roja!) a quien se pasara. Pero quizás nosotros necesitaremos un «desmoderador», un provocador. Alguien que nos invite, antes que a buscar las similitudes, a constatar las diferencias. Antes de plantear la síntesis, recordar la antítesis.

Por ejemplo, la idea de que no se puede dividir el mundo entre creyentes y no creyentes, que planteáis tanto tú como Ignasi en un momento u otro, porque todos creemos en algo, me parece cierta y difícil de discutir. Pero contiene el embrión de una síntesis prematura, a la que deberíamos tardar un poco más en llegar. No hay bandos, no hay diferencia, no hay partido. Todos somos lo mismo. Pues no. Todos creemos, pero no creemos en lo mismo. Si estiráramos demasiado la cuerda de esta primera síntesis pacificadora, quizás nos encontraríamos —siempre nos ayudan los clásicos— con aquella viñeta de un cómic de Asterix. Un soldado romano está a punto de ser zurrado por Obelix. Y, sofista y dialéctico, con el ingenio afilado por la inminencia de la paliza, el soldado le dice al galo: «No me pegarás, ¿verdad? Al fin y al cabo, somos colegas. Ciertamente, soldados de ejércitos diferentes, enemigos, pero soldados al fin y al cabo.» No, nosotros no somos soldados de ejércitos enemigos. No tenemos que zurrarnos. Pero tan legítimo es poner el acento en lo que nos hace semejantes como en lo que nos hace diferentes. En el hecho de ser soldados o en el ejército donde estemos encuadrados.

Es en este sentido que, para completar lo que tú dices en tu carta sin contradecirlo, quiero poner un pequeño acento en las diferencias. No en las diferencias de ideas, de esto ya tendremos mucho tiempo para hablar, sino de sentimientos. Personalmente, cuando me adentro en el terreno de las religiones, las establecidas y las no establecidas, las oficiales y las oficiosas, las que compras enteras y las que compras a trozos, para construirte una especie de «mecano» con piezas de juegos diferentes, tengo un sentimiento fácil de definir, de una manera metafórica: tengo la sensación de adentrarme en un país extranjero. Un país admirable, que me gusta, del cual admiro los monumentos y los paisajes, la manera como los campos se han labrado con amor y sabiduría a lo largo de los años, incluso los frutos que ha producido. Pero extranjero. No soy de aquí. No me siento de aquí. Tampoco me siento rechazado o perseguido. Me siento como un extranjero interesado y curioso por el país del otro, que incluso puede llegar a quererlo, pero que no es el suyo, que lleva otro pasaporte en el bolsillo.

Hablamos de sentimientos, y como volveremos a hablar de ellos a lo largo de estas cartas, hay un componente de mi mirada que tengo que declarar cuanto antes, porque estoy seguro de que tendrá un peso enorme. Ya lo sabes, y te he agradecido la solidaridad y el pésame: mi mujer, Montse, murió hace exactamente once meses de un cáncer, con cincuenta y dos años, una belleza increíble, una fuerza extraordinaria, dos nietos pequeños, tres hijos magníficos y unas ganas visibles de continuar viviendo. Esto hace que te plantees muchas cosas sobre la muerte y sobre la vida. Sobre la suya y sobre la tuya. No he visto jamás nada más injusto e incomprensible, de primera mano. En los libros, sí. En los de historia y en los de ficción. En mi vida íntima, no. Esto me marca. Un amigo, Sam Abrams, sabiendo que estaba escribiendo textos acerca del duelo —especialmente una novela, *Moon River*— me regaló *Un duelo en observación*, el libro que escribió Clive Staples Lewis tras la muerte de su mujer. Lo empecé entusiasmado: era exactamente lo que habría querido escribir yo, lo que me pasaba a mí..., hasta que llegamos a un punto de bifurcación. Lewis es creyente, es cristiano, cree en Dios. Y cuando esto entró en el libro, ya no pude continuar. Caminaba en una dirección distinta. Continuaba siendo admirable, pero no caminábamos juntos. A esto me refería cuando te decía que hay un territorio —ya encontraremos la manera de definirlo— en el que me siento extranjero. Tenemos otras miradas. Las mismas preguntas. No las mismas respuestas.

En tu carta, tú acabas definiéndote, y me gusta tu definición. Me gusta la idea de indagador, ya me va bien compartirla: en el dibujo de Asterix, quizás en esto estamos en el mismo ejército. Yo no sabría definirme y, en todo caso, acabaría siendo una definición en negativo, por exclusión:

el que no cree. El que no cree en la divinidad, en la trascendencia, en las formas de sentido que han construido admirablemente las religiones, y especialmente las que me son más próximas. ¿Me definiría como un no creyente? En catalán, quizás sí. En catalán, creer es también, un sinónimo de obedecer. *Aquest nen no creu* ['este niño no cree'] en catalán coloquial significa que no hace caso, que no obedece. Ser un mal creyente, de niño, era ser alguien que no seguía las órdenes, que hacía como si oyera llover. Al menos en el catalán de mi casa: *Va, sigues creient i seu a taula i acaba't els espinacs* ['Vamos, sé creyente y siéntate a la mesa y acábate las espinacas']. Me temo que tampoco en este sentido soy demasiado creyente. No me gusta creer si no entiendo por qué tengo que creer. (Y estoy hablando de esta acepción popular del verbo en catalán.) Y esto me lleva a ir acabando la carta con una especie de axioma provocador, que supongo que tendremos ocasión de ir discutiendo más adelante: cuanto mayor me hago, y hace años que la vida ha hecho que me sienta mayor, incluso por encima de la edad que tengo, me gustan las convenciones más que las convicciones.

¡Uffff! (¿Eres de los que pone onomatopeyas en las cartas? ¡Los jóvenes lo hacen mucho, en los *mails* y en los SMS! No me desagrada. La comunicación cambia, como la vida y la tecnología.) Me parece que he contestado poco a lo que me decías y que he ido mucho a la mía. Pero lo he hecho porque he leído lo que me escribiste. Porque las cartas no son un juego de preguntas y respuestas, no son un interrogatorio por escrito, sino dos construcciones paralelas cargadas de puentes. Si consigo irme de vacaciones —tengo ganas de irme lejos, lo necesito— quizás no podré contestarte enseguida, cuando me llegue tu próxima carta. Pero no dejaré de pensar en ella.

¡Hasta la próxima, y que tengas un buen verano! (Yo, que soy de natural veraniego, encuentro formidable que esta sea la única estación que nos deseamos explícitamente buena: nadie te dice «que tengas un buen otoño». Sí «que tengas un buen verano». Quizás porque el verano es el tiempo feliz. ¡Así pues, buen verano!)

VICENÇ

CARTA 3
Francesc Torralba

Morgovejo, 24 de julio del 2011

Apreciado Vicenç,

espero que pronto puedas empezar las vacaciones y deshacerte un poco de la gestión. Agradezco el tono sincero de tu carta y la audacia de plantear las cuestiones en concreto, sin escaparte por la tangente. Has puesto sobre la mesa una de mis obsesiones preferidas; bien, para mí y para cualquier filósofo: la pregunta por el sentido.

Con todo, antes de entrar en materia, es posible que te preguntes dónde para este pueblo desde el que te escribo. Es un pequeño núcleo rural situado al norte de León, en las estribaciones de los Picos de Europa. Mi suegro nació en esta aldea y desde antes de casarme venimos a pasar los veranos. Primero, mi mujer y yo. Ahora, con toda la prole nos instalamos aquí desde finales de julio hasta primeros de septiembre.

La primera vez que vine, tengo que reconocer que no sabía ni situarlo en el mapa, pero me quedé enamorado de golpe, una especie de amor a primera vista. Queda un poco lejos de Barcelona (son siete horas en coche), pero nos gusta mucho venir. Los hijos disfrutan de aquella libertad que no tienen en la gran ciudad y campan libremente por todo el pueblo, bicicleta arriba, bicicleta abajo. De vez en cuando, como los ciclistas, vienen a casa para avituallarse y vuelven a desaparecer.

Es un pueblo de montaña, pequeño, cercano a Riaño y a Potes, muy verde, poco poblado, mana agua por todas partes y, a primera hora de la mañana, cuando salgo a correr con los amigos, es fácil ver toda clase de animales en estado salvaje: caballos, ciervos, jabalíes, águilas e, incluso, lobos y osos. Es un lugar idóneo para escribir cartas, para acabar de leer los libros y los artículos pendientes que se han quedado amontonados encima de la mesa durante el curso; en definitiva, un rincón del mundo ideal para pasear, para gozar de la brisa de la tarde, de la conversación distendida y de un vaso de aguardiente después de cenar.

Bien, entremos en materia. Siempre he entendido que sentirse miembro de una tradición religiosa o espiritual es un compromiso que afecta a todas las áreas de la vida humana. No es tanto una elección racional, fruto de una larga deliberación, después de comparar y sopesar todas las opciones espirituales y religiosas (incluso en caso de que esto fuera posible) que hay en el gran supermercado del espíritu. Más bien es una adhesión movida por el corazón. Yo me siento cristiano e intento pensar por qué me siento cristiano y qué efectos tiene este vínculo afectivo en mi vida y en la de los que me rodean.

Iniciarse en una tradición espiritual es entrar en un mundo nuevo para intentar conocerlo y descubrir todos los tesoros que en él se esconden. Me gusta la metáfora que has utilizado. También para los creyentes, la tradición religiosa es un universo por descubrir, un inmenso campo de significados que se van descubriendo a lo largo del tiempo; por ello me parece tan frívolo el turismo espiritual tan habitual en nuestro tiempo, esta especie de actitud de picoteo que no acaba de sumergirse en ninguna fuente, porque cuando empieza a descender y a encontrarse con dificultades, enseguida se cansa y necesita nuevos estímulos.

Adentrarse en este universo es estar dispuesto a encontrar lo que no esperabas, a topar con cantos afilados y con huesos difíciles de digerir. El acceso a las tradiciones religiosas es gradual, progresivo, y dibuja todo tipo de meandros. Es diferente escuchar la parábola del hijo pródigo siendo un chaval sentado en el banco de la iglesia, que escucharla siendo padre de familia. También debe de ser muy distinto cuando te has peleado con un hijo y ha dado un portazo. El texto es el mismo, hoy como hace mil años, pero el receptor ha cambiado, ha vivido experiencias nuevas, y aquel fragmento de texto abre un nuevo campo de significados. Lo mismo ocurre con la lectura del libro de Job o con los relatos de la pasión de Jesús.

El sentido de impotencia, de indignación y de desesperación que Jesús vive en Getsemaní es interpretado de maneras muy distintas cuando el lector vive una experiencia dramática como la que tú has vivido. El sentimiento de abandono por parte de Dios forma parte inherente del acto de creer. Cuando Jesús grita, colgado en la cruz, «Dios mío, Dios mío, ¿por qué me has abandonado?», expresa una posibilidad humana real y factible que, poco o mucho, todos los creyentes hemos vivido por motivos diferentes. Esta oscuridad forma parte de la vida de fe. También los que creemos en Dios sentimos que la tierra se abre bajo nuestros pies cuando todo lo que amamos se derrumba.

En este sentido, tengo que confesar que, aunque me siento creyente y me gusta participar de la liturgia y de la escucha de los textos sagrados, de la eucaristía y de la vida de oración, estos no son para mí estrellas de un universo conocido y sabido desde el principio. No es un territorio que conozca al dedillo, como la palma de mi mano. Este universo es nuevo en cada momento. Asumirlo es introducirse en una aventura. A veces, visto desde fuera, puede parecer que ser creyente consista en obedecer, en cumplir con unos rituales y en respetar un conjunto de preceptos y normas. Tienes razón, *creure*, en catalán, también significa 'obedecer', pero lo que me fascina de la figura de Jesús es su capacidad de transgredir, de superar viejos esquemas y de trascender los marcos legales de su tiempo. La moral, el ritual, los símbolos y las normas forman parte del universo religioso, pero son su dimensión externa, la capa más visible de la cebolla. La verdadera cuestión, el núcleo de la cebolla, es el sentido de la existencia.

La pregunta por el sentido de la vida, por lo que la hace valiosa, digna de ser vivida, es transversal. La respuesta, sin embargo, nos hace diferentes. Hay personas que viven, solamente, para ganar dinero; otras, que se comprometen a fondo con una causa social y son incluso capaces de dar su vida por los más vulnerables. Hay personas que entienden que lo que da sentido a su vida es cuidar de su familia o ejercitar la música, o crear literatura. Franz Kafka escribe en sus *Diarios*: «Yo no hago literatura, yo soy literatura.»

Hay una diversidad de formas de dar respuesta a la pregunta por el sentido. Hay relatos laicos sobre el sentido de la vida y relatos religiosos. Lo he escrito en algún libro y continúo pensando que es posible dar sentido a la vida sin recurrir, necesariamente, a la trascendencia, a Dios y a la vida eterna. Sería de los que piensan que esta vida tiene sentido y entidad por sí misma, que no es un valle de lágrimas ni el mero prolegómeno a la vida eterna. La crítica de Nietzsche es muy precisa. Soy cristiano incluso aunque no hubiera vida eterna, ni juicio final, ni Reino de Dios. El motivo para serlo no es la promesa de una paz eterna, de un reconocido premio a todo tipo de sacrificios hechos en este mundo. Lo soy porque me convence el sentido que brota de las parábolas, de las palabras y de los hechos de Jesús. Creo que, a imagen y semejanza de Él, se puede llenar de significado la vida, se pueden dar motivos para existir, para luchar.

La muerte de un ser querido comporta una grave crisis de sentido. También para los creyentes. Cuando esta intrusa se lleva, para siempre, a algún ser querido, estalla el sentimiento de impotencia, el grito de desesperación, la terrible sensación de soledad cósmica, de desgarro interior. Lo he vivido en propia carne y cuando lo he sufrido me he dado cuenta de que el sentimiento de pérdida es mucho más intenso y profundo que la serenidad y la esperanza que me pueda reportar la fe.

No existe una respuesta científica a la pregunta por el sentido de la existencia. No existe el algoritmo ni la fórmula matemática. Podemos dar razones; o, diciéndolo con un verbo muy nuestro, podemos razonar el sentido. ¿Para qué estamos en el mundo? ¿Qué hace valiosa nuestra existencia? ¿Somos el resultado del azar y de la necesidad? ¿Podríamos no haber existido nunca? ¿Por qué vivir cuando todo duele y las llagas consumen el cuerpo? ¿Por qué luchar si somos polvo y al polvo volveremos? ¿Qué da sentido? ¿Qué llena de significado el tiempo? ¿Qué es absurdo? ¿Es una cuestión puramente subjetiva, arbitraria, relativa, o bien hay razones para decir que determinadas opciones de vida tienen más sentido que otras?

Yo no soy relativista. Tampoco creo que se descubra el sentido de la vida de golpe, en una especie de rapto místico. Temo tanto a los relativistas como a los iluminados. Creo que es un descubrimiento gradual, un proceso constante, un tanteo por ensayo y error, que va adquiriendo madurez a medida que uno es capaz de pensar y de reflexionar por sí mismo. Lo que hoy da sentido a mi vida es muy distinto de lo que la llenaba cuando tenía veinte años. No puedo anticipar qué dotará de sentido a mi vida cuando llegue a la vejez, si realmente la alcanzo. El sentido que propone el cristianismo me atrae, me resulta sugerente, creo que es razonable y que es un programa de vida que puede ser comprendido y aceptado por todos, más allá de los parámetros de la vida occidental. Puede universalizarse, no excluye a nadie, no es elitista.

Puedo contrastarlo en propia carne: las experiencias que más sentido han tenido en mi vida van ligadas a la práctica del amor generoso, al don gratuito, al cuidado de los otros, a la práctica de la benevolencia. Lo que llena no es recibir; es, paradójicamente, dar. Dar lo que somos, dar lo que pensamos, dar consuelo al que lo necesita, dar el perdón a quien lo solicita, dar paz a quien está en conflicto, es una fuente permanente de sentido. Este es el programa de felicidad de las bienaventuranzas.

Sé que hay otras maneras legítimas de dar sentido. Sin embargo, también debo reconocer que necesito el sentido trascendente para vivir. Me resulta muy árido aceptar que la muerte es la disolución total de mi ser; el anorreamiento de todo lo que soy, pienso y siento; pero aún se me hace más difícil aceptar, estoicamente, la muerte del ser querido. Amar a alguien, decía Gabriel Marcel, es desear que sea eterno, que sea siempre quien es, que brille con luz eterna. La fe es un antídoto del horror hacia el vacío (*horror vacui*, lo llamaban los clásicos), pero no es un fármaco fácil de digerir, porque tiene que luchar contra un dragón muy combativo: la duda.

Que tengas un buen inicio de vacaciones.

Con afecto,

FRANCESC

¿DIOS CREADO O DIOS CREADOR?

CARTA 4
Vicenç Villatoro

Matadepera, 31 de julio del 2011

Apreciado Francesc,

recibo tu carta a las puertas de las vacaciones y con una cierta envidia. Suena muy bien, esto de Morgovejo. No tenía ni idea de dónde podía estar, pero dibuja una buena imagen de vacaciones, que envidio por muchas razones, y las climáticas serían las menos importantes. Yo nunca las he hecho así. Hace unos años, hacíamos viajes familiares más bien tribales a lugares exóticos y lejanos, que alimentaban una memoria compartida con los hijos, unas experiencias comunes en los límites, que nos cohesionaban y nos permitían estar juntos de manera diferente a la del resto del año: mi trabajo siempre ha sido de muchas horas y de mucha soledad. Entonces, el verano era Vietnam o Guatemala o Sri Lanka o Camerún... Y con mi mujer, fuera de temporada, Mali o Namibia o Alsacia...

Este año será diferente. Se puede decir que tengo las vacaciones ahí mismo: solo me separa de ellas tener que bajar mañana a Barcelona para firmar unos cuantos papeles. El martes me voy a Benín, con algunas de las personas que venían a los viajes familiares de hace unos años, pero sin que este año puedan venir los hijos, atareados o con situaciones familiares más complicadas, con niños pequeños y otras obligaciones. Son, por tanto, unas vacaciones especiales, un viaje hacia fuera, hacia un fuera alejado y exótico como el de antes, pero también hacia dentro. El primer viaje de vacaciones después de la muerte de Montse. Con gente que la conocía y que había viajado con ella —una hermana suya, una amiga suya—, pero sin ella. Como antes, pero al contrario de antes. Para recordarme que yo aún estoy aquí, a pesar de todo (y a veces sin muchas ganas), y para recordarme que ella ya no está. Me acuerdo cada día, pero siempre me parece una cosa provisional, un poco ilusoria.

En esta situación recibo tu carta, envidio las vacaciones familiares de Morgovejo y me enfrento a las fantásticas sugerencias que cada vez me propones. Hemos empezado a ponernos de acuerdo en una especie de territorio metafórico: la vida espiritual, la creencia religiosa, la convicción en la trascendencia, como un territorio inexplorado. Para mí, además, extranjero. Hablas de cosas que me resultan muy esclarecedoras. Me dices, y me gusta, que lo que podríamos llamar la fe —en definitiva, creer en la trascendencia— no es una elección racional, sino una adhesión del corazón. Por tanto, diría yo, una adhesión que puede darse o no, según lo que te mande el corazón. Me dices que es también una indagación, iniciarse en un territorio desconocido y a veces sorprendente. Algo que compromete. Pero también algo que te hace falta, que necesitas, y que, por tanto, te resuelve una necesidad.

Déjame que lo mire también desde mi punto de vista, y con el mismo arsenal metafórico. Yo sigo pensando que la pregunta central es el sentido, el porqué y el para qué de todo esto. De hecho, son dos preguntas. La primera, si es que existe algún sentido. La segunda, en caso de responder afirmativamente a la primera, es cuál podría ser este sentido. Yo creo que vosotros, los creyentes, los que creéis en alguna forma de trascendencia, ya habéis contestado que sí a la primera pregunta, aunque sea con el corazón. Decís que sí, que debe de haber alguno, que tiene que haber alguno, que lo necesitáis. Y entonces, a partir de aquí, empieza la indagación. El adentrarse en el territorio desconocido. Y el compromiso también, naturalmente.

Como lector de la Biblia, hay un texto evangélico que me gusta especialmente. Todo en conjunto, pero especialmente cómo empieza: «Yo soy el camino, la verdad y la vida.» Me gusta lo que sigue, pero me gusta sobre todo este «Yo soy el camino». En un cierto sentido, es lo que me decís los creyentes que más admiro y respeto —aunque no consiga acompañaros—, que la fe es creer que hay un camino. No saber exactamente cuál es y sobre todo no saber adónde nos lleva. La promesa no es el destino final. La promesa es que hay un camino. Y que es posible seguirlo.

Pero, ¿y si no nos han contestado ni el corazón, ni la razón, ni la intuición, ni la experiencia, a la primera de las preguntas? Que sea mejor un mundo con sentido que un mundo sin, que necesitemos sentido no significa que lo haya. Ojalá. Entonces, la indagación de la que hablas, la exploración de un territorio desconocido, unos la hacéis pensando que tiene que haber un camino y otros buscándolo también, pero sin encontrarlo y sin tener la certeza ni la convicción de que lo haya. Quizás la vida humana sea esto: no tanto la búsqueda de un sentido, como la búsqueda de una ilusión de sentido, de un sentido que nos sirva. No hablo estrictamente de una función consoladora o narcótica. No creo en la definición marxista de las religiones como opio de los pueblos, porque no creo que de la religión surja necesariamente un orden social inmutable. Me parece un debate antiguo, pasado, irreal. Pero tampoco creo en la religión como opio de la angustia individual. Y aún menos como un opio que puedes ir a comprar a las farmacias, a los supermercados del espíritu de los que tú también hablas.

Las religiones han sido una de las grandes fábricas de ilusión de sentido que los hombres hemos creado. Hace años escribí un libro de poemas bíblicos —que nunca he publicado— bajo el título de *Llibre de las blasfèmies* ['Libro de las blasfemias']. Era parte de un proyecto extraño —de hecho, un proyecto narrativo: quien escribía los poemas no era yo, sino un personaje de una novela, de *La claror de juliol* ['La luz de julio'], después de una experiencia personal dramática—, y lo tengo en un cajón. Pero en el contexto de esta correspondencia nuestra te envío el poema final, porque me parece que explica desde dónde salgo yo, en esta carrera. En parte, detrás del poema está un texto de Albert Cohen, de sus *Carnets*, un texto donde define el monoteísmo de Moisés y los diez mandamientos como un intento de imponer una ley humana de la compasión por encima de una ley natural, que es la ley del más fuerte y de la selva. En parte, también hay detrás o al lado un libro del que inevitablemente algún día te hablaré con gusto, que para mí es una de las novelas más desoladas y desesperanzadas de los últimos años: *Nunca me abandones*, de Kazuo Ishiguro.

Mi libro se titula *Llibre de las blasfèmies* ['Libro de las blasfemias'] y tiene como subtítulo *Poemes bíblics* ['Poemas bíblicos'], en diálogo con los de Joan Alcover, porque a veces la Biblia me ha parecido un libro bastante blasfemo, desde

Job hasta los Salmos o el Predicador: un libro muy peleado con Dios. Así que esta sería mi última blasfemia:

> Quizá era el séptimo día. Hacía rato
> que el hombre se apropiaba de la tierra
> nombrando las cosas, aprendiéndolas.
> Aquel día
> miró el hombre lo que le rodeaba
> y descubrió el mal: la crueldad
> de las leyes del hambre y de la fuerza,
> cómo temblaba el débil a la intemperie,
> la amenaza carnal de la arrogancia.
> Hacían falta unas leyes que temperasen
> la guerra de la sangre y la caza,
> convenir algunas reglas para que el mundo
> fuera, si no un paraíso, un lugar amable
> donde poder llegar a viejo.
> Pero la tregua,
> la ley que predicaba la renuncia,
> aunque útil, se vendía mal
> sin premios ni castigos convincentes.
>
> La noche del séptimo día, para fundamentar
> la Ley contra las leyes de la naturaleza,
> el hombre creó a Dios, a imagen suya.

Las cartas tienen esto, cada uno explica lo que le sale, pero también cada uno utiliza las herramientas que tiene para explicarse. Como escritor que soy, utilizo las herramientas de la metáfora, los instrumentos del texto literario. Con una sospecha de fondo, que también tiene que ver con el libro de Ishiguro: te decía antes que quizás la religión es la más sofisticada fábrica de ilusión de sentido que hemos puesto en marcha los humanos, necesitados de este producto, de esta ilusión. Pero no es la única fábrica de ilusión de sentido. También lo puede ser la política. El arte. También la literatura.

A mis alumnos de escritura siempre les decía que entre la vida y la novela hay grandes diferencias. La primera, y no menor, que la novela empieza y acaba. Tiene un principio y un final. En la vida siempre te preguntas: «¿Y después?» «¿Y antes?» Mi nieta de tres años, este fin de semana, me pedía que le dijera quién salía en una foto familiar de hace diez años. Yo le iba describiendo los personajes, con el pánico al momento de llegar a su abuela, Montse, y que me preguntara: «¿Y dónde está ahora?» Por suerte para mí, no lo hizo. Pero me puso en dificultades de otro modo. Me preguntó: «¿Por qué no salgo yo?» Le contesté: «Porque aún no estabas.» Y ella me dijo: «¿Y dónde estaba? ¿En la barriga de mi madre?» Respuesta: «No, aún no, papá y mamá ni tan solo se conocían.» Repregunta: «¿Pues dónde estaba yo, entonces?» Y qué caray tenía que contestarle.

La otra diferencia entre la vida y la novela es que la novela tiene un argumento, un hilo, un nudo, un desenlace. Un sentido. Y la vida no está tan claro que tenga tema ni argumento. Ni hilo ni desenlace. Podemos decir de qué va una novela. Nos costaría mucho decidir de qué va la vida.

Me detengo aquí, para no alargarme. ¡Pero no por falta de ganas! Quizás tu próxima carta me llegue mientras esté en Benín. A la vuelta, una de las primeras cosas que haré será leerla. Me gusta esta ida y vuelta. Me hace pensar en cosas en las que nunca había pensado, o mejor dicho, me hace pensar en cosas en las que siempre he pensado, pero desde otro punto de vista. Va de esto.

Un afectuoso abrazo,

VICENÇ

CARTA 5
Francesc Torralba

Morgovejo, 2 de agosto del 2011

Apreciado Vicenç,

tu carta ha sido una bocanada de aire fresco. Es fascinante esto de tener un interlocutor poco previsible, que te obliga a entrar en territorios nuevos, a explorar implícitos que te parecen tan obvios que no hace falta someterlos a interrogación. Cuando dialogo con interlocutores creyentes, con filósofos y teólogos de la tribu, puedo anticipar sus respuestas e, incluso, sus objeciones, pero raramente salimos de una disputa de tipo muy endogámico que acaba polarizándose en el típico y elemental maniqueísmo entre progresistas y conservadores.

Lo que hace verdaderamente excitante el diálogo es cuando tu interlocutor cuestiona la tierra que pisas. Entonces, se resquebraja y no sabes cómo mantenerte en pie. Mientras caes al vacío, miras a diestra y siniestra para ver si hay algún asidero donde poder proseguir juntos el camino.

Pero antes de responder a tu última misiva, me pregunto cómo te habrá ido este largo viaje a Benín. Supongo que habrá sido cualitativamente diferente a todos los otros que has hecho. El recuerdo de tu mujer habrá estado omnipresente en cada momento, en cada comida, en cada espera, en cada velada, especialmente, supongo, ante los paisajes hermosos. Siempre he pensado que lo más relevante de un viaje no es *adónde* se va, sino *con quién* se hace. Esta idea la aplico también a la vida.

Espero que vuelvas reposado, rehecho interiormente. Yo, como ves, soy más sedentario que tú durante las vacaciones. El nomadismo lo practico durante todo el año. Me muevo mucho durante el curso. Cuando no es un congreso, es un tribunal de tesis o un seminario o una conferencia. En el tiempo estival me gusta estar quieto, tocar lo mínimo el coche y correr por el bosque, por las cimas, pisando, si es posible, los mismos caminos, los de siempre.

De un verano a otro, los caminos cambian de fisonomía. Las nevadas, los chubascos, las heladas del invierno, los animales que circulan por ellos, todo el conjunto altera la forma del camino. Siempre es el mismo, pero nunca es igual a sí mismo. Este año, por ejemplo, la retama ha salido más tarde y, mientras corro por los caminos, siento la intensidad de su aroma. Ha llovido más y hay más charcos que el año pasado, también algunas fuentes que suelen estar secas manan a raudales. También yo soy el mismo del año pasado, como el camino, pero, aun así, no soy el mismo del verano pasado. En mi mente hay otros pensamientos, otros sentimientos, otros horizontes. Persisten, eso sí, los mismos anhelos, subsisten los mismo recuerdos, probablemente también los mismos miedos, pero el tiempo los configura de nuevo. Hoy, por ejemplo, mientras corría por un camino pedregoso, pensaba en tu última carta y en el título de un nuevo libro que me hierve en la cabeza.

Me ha impresionado, especialmente, tu poema del *Llibre de les blasfèmies* ['Libro de las blasfemias']. En el último verso escribes: «El hombre creó a Dios, a imagen suya.» Me ha recordado un verso de un filósofo al que quiero mucho, don Miguel de Unamuno. La mayoría conoce de él sus ensayos, especialmente *Del sentimiento trágico de la vida*, pero ignoran su bella poesía, que tiene resonancias bíblicas y una fuerte huella de los salmos.

En un verso recogido en su *Antología poética*, prologada por el recordado profesor José María Valverde, Unamuno, siempre a caballo entre la fe y el agnosticismo, dramáticamente instalado en la búsqueda de sentido, se pregunta: «¿Soy yo creación de Dios, o es Dios creación de mi congoja?»

En más de una ocasión he hecho comentar este verso a mis estudiantes de la facultad. La mayoría de ellos se inclinan por la segunda parte de la disyuntiva: «Es Dios creación de mi congoja.» Entienden que Dios es una especie de ilusión que funciona como un bálsamo en las horas difíciles de la vida, una especie de calmante que elaboramos los seres humanos con nuestra imaginación para poder soportar la soledad cósmica. Un narcótico para uso individual. Se dan cuenta de que la ciencia no es suficiente, de que la técnica no salva —aunque se lo proponga— del envejecimiento, de la decrepitud, de la muerte. Ante el terrible vacío que se trasluce en el horizonte final, Dios aparece como una creación que calma y tranquiliza. Más que a Karl Marx, a quien tienen en la mente, sin haberlo leído, es a Sigmund Freud. Entienden que Dios es como el padre protector que nos da cobijo ante la inhóspita noche que se acerca.

Una pequeña minoría, casi residual, se inclina por la primera parte del verso: «Soy yo creación de Dios.» Dejando de lado el término *congoja*, que es muy bello en lengua castellana y que, probablemente, está a medio camino entre la angustia y la ansiedad, siempre he pensado que la disyuntiva unamuniana no es excluyente. ¿Por qué tiene que ser una cosa u otra? ¿Por qué el deseo de Dios no puede tener respuesta? ¿Por qué tiene que acabar, necesariamente, mal el camino de la vida? ¿No podríamos ser creación de Dios y a la vez creadores de dioses?

Me explico: podría ser que nosotros fuéramos creación de Dios y, a la vez, que también fuéramos capaces de crear todo tipo de dioses a imagen y semejanza de nuestro ser. La segunda parte de la disyuntiva es fácil de constatar: los seres humanos tienen una gran habilidad para crear dioses de todo tipo, tanto en el pasado como en el presente. Solo es necesario tener en la memoria las mitologías griegas, romanas o centroeuropeas para darnos cuenta de la potencia creativa que tiene el ser humano a la hora de forjar dioses a su imagen y semejanza. Toda aquella pléyade de divinidades son dioses antropomórficos, que sufren las mismas batallas y pasiones humanas, que sienten celos, odio, amor, venganza, ternura y compasión. Procrean todo tipo de entidades: dioses, semidioses y héroes. Son insoportablemente humanos; tan humanos que, a mi entender, se convierten en increíbles. Como diría Nietzsche, demasiado humanos.

También en el presente, somos capaces de crear todo tipo de divinidades en el campo del deporte, de la música o del cine. No viven en el Olimpo, ni ocupan los templos sagrados de la Antigüedad clásica, pero también tiene sus espacios y lugares de culto. Elevamos a algunos seres humanos a la categoría de dioses y los admiramos e intentamos imitarlos. Son los dioses de la era global, venerados por doquier, amados, encumbrados. Llegan a los aeropuertos más lejanos del mundo y todo el mundo los reconoce; los adoran; todos los quieren, incluso, palpar.

Tú, que eres un gran aficionado al fútbol y al mundo del deporte en general, sabes muy bien la relevancia social que tiene este proceso de sacralización de los espacios y de los tiempos profanos, conoces bien la idolatría de algunas figuras. Se desacralizan las iglesias y las catedrales, los tiempos litúrgicos tradicionales, pero, paralelamente, se sacralizan los estadios y los campos de fútbol. Ya no se veneran las reliquias de los santos, pero se venden a precio de oro los calcetines de un jugador de fútbol o la ropa interior de una actriz de moda. Mi abuela murió cogiendo una reliquia de san Antonio María Claret, mientras que sus bisnietos suspiran por una camiseta de Messi. El fetichismo cambia de objetos, pero persiste.

Los jóvenes desconocen la vida de san Francisco de Asís y de san Ignacio de Loyola, también de santa Joaquina de Vedruna, o del beato Ramon Llull, pero conocen, de pe a pa, las aventuras y desventuras de su estrella musical o futbolística preferida. Se saben los detalles de su infancia y de su vida afectiva. Son consumidores de dioses; parece que los necesiten para vivir, para volar un poco más alto, para salir de la desasosegada vida cotidiana.

La creación de dioses es indiscutible en la condición humana y, generalmente, tiene efectos desastrosos, porque generan todo tipo de desilusiones y de frustraciones. Las estrellas de cine, pura encarnación de la belleza, de la sensualidad y de la voluptuosidad, también enferman, envejecen y mueren. Caducan, aunque no quieran. Aunque se esfuercen por disimularlo. Los cracs futbolísticos que veneran devotamente, que nos hacen vibrar y vivir momentos casi de éxtasis, llega un día en que se lesionan y nunca más vuelven a ser lo que eran: mendigan caridad por campos de segunda fila viviendo de la gloria pretérita.

La capacidad humana de crear divinidades es impresionante y se regenera continuamente. Los dioses deportivos que tiene mi hijo Oriol en la cabeza no son los que yo tenía en mi corazón cuando iba a la general del Camp Nou, pero el caso es que la fábrica de dioses no para de funcionar. Irrumpen nuevos ídolos musicales, nuevos ídolos del cine, nuevas estrellas de la vida política y social. Nacen, crecen y mueren. Es el círculo de la vida. Estos dioses, sin embargo, no son dignos de mi fe, porque son humanos y no pueden, aunque quisieran, salvarme de la ruina de la muerte.

Siempre he pensado que la disyuntiva unamuniana podría ser no excluyente. Puede ser que hayamos sido creados por Dios, pero que nos emperremos en creer en nuestros pequeños dioses. Los dioses hechos a imagen y semejanza del hombre serían como una pantalla que no permitiría vislumbrar (cómo me gusta esta palabra) al Dios que está más allá de toda imagen, de toda categoría, de todo concepto, el Dios que no se deja atrapar ni dominar.

Una constelación de dioses que tintinean en nuestro horizonte mental nos entretiene el domingo por la tarde, hace que se nos acelere el corazón y que disfrutemos de jugadas magistrales, pero, vistos de cerca, están hechos de la misma pasta que nosotros. Este Dios abismo en quien yo creo, este Dios sin firma, este Dios que, como un ácido cáustico, deshace las imágenes de los pequeños dioses humanos, es el Dios océano, como diría san Agustín, el Dios Totalmente otro, según las palabras de Søren Kierkegaard, que siempre es más grande que lo que podamos imaginar, pensar o meter en nuestras metáforas o parábolas.

Podría ser que fuésemos imagen y semejanza de este Abismo sin fondo. ¿Por qué negar la posibilidad? Al fin y al cabo, cuando un ser humano toma aquel camino tan difícil que lo conduce hacia al fondo de sí mismo, hace caso del oráculo de Delfos, descubre que es un camino sin fondo, que es tan vasto e inmenso como el cielo estrellado. Podríamos ser una imagen de este Abismo sin fondo. ¿Por qué no?

Bueno. No quiero cansarte. La verdad es que quería hablarte de otra cuestión, pero tu verso me ha hecho ir muy lejos. Afortunadamente, los temas que tocamos no son urgentes y pueden tratarse más adelante. Son temas eternos que revolotean por la mente, entran y salen, como gorriones; nos acompañan como una nube invisible mientras hacemos camino.

Tu nieta es espabilada y tiene aquella ingenuidad propia de los niños. Pregunta y quiere respuestas. Los niños son pequeños filósofos en potencia que los adultos castramos rápidamente. Nos inquietan con sus preguntas porque no sabemos darles respuestas concluyentes. Aunque no podamos darles respuestas, sí les podemos dar todo el afecto y todo el amor que podamos, y mostrarles, con el gesto, que no están solos. Que no estamos, nunca, completamente solos.

Con afecto,

FRANCESC

LO SAGRADO Y LO PROFANO

CARTA 6
Vicenç Villatoro

Matadepera, 11 de agosto del 2011

APRECIADO FRANCESC,

he leído tu carta desde Benín, en un cibercafé de Cotonou, y en cierto sentido me ha acompañado todo el viaje. Te contesto al regreso. Tienes razón, ha sido un viaje intenso: con Montse habíamos viajado a África tres veces justo antes de su enfermedad: Mali, Burkina Fasso, Camerún, Namibia, Botsuana... A ella le gustaba y yo ya no sé, ahora mismo, qué me gustaba a mí y qué me gustaba porque le gustaba a ella. En cualquier caso, ha estado muy presente en el viaje. Pero, además, África en general y Benín en particular está lleno de situaciones, de ambientes, de impresiones que tienen mucho que ver con algunas de las cuestiones que sugerías en tu carta, concretamente con tu reflexión sobre lo sagrado y lo profano. Supongo que acabaré hablándote de esto, bajo la impresión del viaje, aunque tenemos encima de la mesa muchas más cosas pendientes: cada carta tuya abre frentes nuevos, muy a menudo de acuerdo, otros de matiz. Pero sobre todo muchas consideraciones que me llevan a repetir la pregunta: ¿es posible que acabemos llegando a los mismos lugares, pero por caminos diferentes? ¿Es posible que haya actitudes, valoraciones, normas, principios, que compartimos de una manera casi absoluta, aunque uno haya llegado desde la fe y el otro desde la falta de fe? Por ejemplo, en esto de lo sagrado y lo profano. Estoy muy de acuerdo con lo que dices. Pero ¿cómo puedo defender lo sagrado y desconfiar de lo profano —o mejor dicho, indignarme por la profanación— si no tengo como punto de partida la trascendencia?

Pero antes de entrar en ello, un tema lateral: los veranos, las vacaciones. Yo en Benín, donde no había estado nunca —¡aunque la semana que viene, en Mallorca!— y tú en Morgovejo, como cada año. Seguro que ambos estamos contentos de hacer las vacaciones que hacemos, pero que no nos importaría en absoluto hacer las del otro. Quiero decir que a mi entender hay dos actitudes posibles, antagónicas porque obligan a escoger, pero las dos interesantes. Una es la repetición: concentrar la mirada en un fragmento del mapa e ir viendo todos sus matices, los cambios de colores con las estaciones, los efectos variables de la luz. He deseado hacerlo muchas veces. Alguna vez lo he hecho. Siempre he pensado que me gustaría escribir un dietario de un año pasado en un lugar concreto y anotar, además de las lecturas o las vivencias, los cambios en la naturaleza, la llegada de la retama o el florecer de los almendros, la diferencia de los colores de la tierra según la luz del día. La otra opción es la dispersión, no repetir nunca, ir a buscar lo que es del todo nuevo y desconocido cada vez, un hambre, o mejor dicho, una sed de haberlo visto todo, un hambre de totalidad. Es peligroso ir más allá, pero queda dicho. Son dos maneras de entender las vacaciones, los veranos. Tienen que ver con hechos circunstanciales, la edad de los hijos, la situación personal, también con consideraciones económicas. Pero, en el fondo, ¿pueden ser también dos actitudes vitales? No digo que tú y yo las tengamos, actitudes vitales antagónicas. Pero quizás existan estos dos polos, una insaciable hambre de novedad o una búsqueda tenaz del matiz y de la profundización sobre un espacio concreto y limitado. ¿Podría tener que ver con las actitudes ante la trascendencia? No lo sé. No me acaba de cuadrar. Simplemente lo dejo dicho.

Vamos a lo que iba pensando, con tu carta en la cabeza, con las referencias al fútbol, a los espacios y a las biografías sagradas, mientras paseaba por África. Benín, donde la inmensa mayoría de la población es lo que denominamos *animista* de una manera sincera y profunda, aunque algunos de los que lo son, también son cristianos o musulmanes. En las religiones africanas, lo sagrado está siempre presente: bosques sagrados, objetos sagrados, parajes sagrados... Cuando ibas a verlo, te pedían que te comportaras de unas determinadas maneras, que respetaras el carácter sagrado, que tuvieras una determinada actitud, que no hicieras fotos. En definitiva, con perdón, que no te chotearas. De vez en cuando te encontrabas con alguien de fuera —no hay muchos turistas— que se pitorreaba. A mí me resultaba extremadamente desagradable, ofensivo. No me parecía bien. Y resulta que algunas de las personas que tenían estas actitudes que me desagradaban respecto a lo que la gente de Benín consideraba sagrado eran también, a menudo, personas de las que me desagradaba su actitud respecto a ciertas normas de conducta, respecto a determinados valores, respecto a comportamientos morales en nuestro mundo, de donde veníamos.

A partir de tu carta, me di cuenta de la aparente paradoja. ¿Por qué alguien que niega creer en la trascendencia se indigna ante otro que no respeta el carácter sagrado de una cosa, que la convierte en profana, que la profana, por tanto, en Benín o aquí? ¿Puede haber una concepción de lo sagrado —y una contraposición a lo profano— para alguien que manifiesta no creer en la trascendencia? ¿O todo debería ser para mí profano y por tanto profanable, no debería haber nada sagrado? ¿Todo debería estarme permitido? En el fondo, proclamar sagrada una cosa es pedir que sea tratada con respeto, poner límites a la manera de tratarla, considerar que hay cosas que no se pueden hacer allí, que la profanan, que la convierten en profana. Sin cambiar mi posición ante la trascendencia, esta sensación, que hay cosas que no se pueden hacer, que hay temas y lugares y normas que no se pueden profanar, yo la tengo constantemente. En África y aquí. Pero ¿cuál es entonces la raíz de lo sagrado, el límite de lo profano, si no hacemos que descanse en la trascendencia, en el carácter divino, en el vínculo con la divinidad o con su culto?

Para mí, las fuentes de lo sagrado son humanas, no divinas. Las cosas son sagradas por y para las personas. Un ejemplo paralelo. Antes de irme a Benín, seguí las informaciones de la muerte de Amy Winehouse, la cantante británica. Vi en las imágenes del entierro que era de familia judía, porque los hombres acudían a las ceremonias con la kipá. Me llamó la atención por mi atracción de siempre hacia el mundo judío. Vi que un par de cómicos, creo que brasileños, habían entrado a escondidas en el entierro y que les entrevistaban y lo explicaban, entre risas: se habían colado en el entierro para un programa de humor de la tele. Me indignó. Me pareció una profanación. La profanación de algo sagrado: el dolor de las personas. El dolor ante la muerte. Esto me parece sagrado. Por eso me pareció blasfemo —prosigo con la asunción de un vocabulario religioso desde la no religiosidad— que el gobierno iraní convocara un concurso de chistes sobre el holocausto. Sobre el dolor no se hacen chistes. El dolor humano es sagrado. El dolor ante la muerte es sagrado. Es decir: merece respeto. La memoria de las personas merece respeto. Comparto la indignación y el rechazo que se asocia a la profanación de un cementerio. Los cementerios son sagrados. Benditos o no. Civiles o militares. Religiosos o laicos. Humanamente sagrados.

El dolor, la memoria, la confianza, la esperanza de las personas dibujan espacios sagrados, sagrarios morales. Aunque no creas en la trascendencia. ¿Tienen que ser sagradas también sus convicciones? Deben ser respetadas. Naturalmente. Pero no puede ser sagrado para toda la humanidad lo que es sagrado para todas y cada una de las personas que la componen, a partir de sus convicciones. Todo el mundo tiene derecho a creer lo que quiera y a considerar sagrado lo que quiera, para él. Pero si todo lo que alguien en el mundo considera sagrado tuviera que serlo para todos, no habría nada profano: todo sería sagrado para uno u otro. ¿Chistes sobre Mahoma sí y chistes sobre el Holocausto no? Depende. Depende de los chistes. Pueden hacerse chistes con respeto. Para mí la frontera entre sagrado y profano tiene que ver con el respeto. Y no es igual lo que es sagrado a partir de una consideración universal —el dolor humano— que lo que lo es desde una creencia concreta.

Podríamos continuar por aquí, pero no es el objetivo de estas cartas. No se trata de establecer ahora una casuística de lo que sí y de lo que no. Se trata, para mí, de decirte que puedo compartir —e incluso exagerar— muchas de tus consideraciones sobre lo sagrado y lo profano, sin haber llegado por el mismo camino. Creo que hay cosas sagradas. Me indigna la profanación de lo que parece sagrado: el dolor, la confianza. Si hay algo en el mundo que me resulta odioso —y que entiendo en la raíz de la profanación— es la frivolidad, la desconexión irresponsable entre las causas y los efectos, es hacer las cosas sin pensar qué comportan. La profanación me parece el resultado de la frivolidad o de la expresión más grosera del individualismo: solo yo importo. En general, estoy a favor del individualismo. Creo que es uno de los grandes descubrimientos del pensamiento occidental: no somos las hormigas de un hormiguero, la unidad no es el hormiguero sino el individuo, no se pueden sacrificar los individuos concretos a los grandes proyectos colectivos, como se hizo en el siglo xx por parte de los totalitarismos. Los individuos son importantes. No hay un bien colectivo contra el bien individual. Pero yo no soy lo único que importa. Lo que yo quiero, lo que yo deseo, lo que a mí me apetece, no es una voluntad sin límite. Topa con paredes. Las paredes de lo que es sagrado, por ejemplo.

Me estoy alargando, y eso que solo me concentro en uno de los muchos temas que sugerías en tu anterior carta. Como bien dices, nuestros temas son eternos, y de lo que no hablemos hoy, hablaremos mañana. Ahora estoy también bajo el impacto de África y de esta presencia constante de lo sagrado, que te obliga a adoptar una actitud. De encontrarte con gente que te pide respeto para cosas que te parecen increíblemente lejanas, pero al mismo tiempo con gente que rompe este respeto y te provoca con ello un sorprendente malestar. Déjame, sin embargo, antes de acabar, poner encima de la mesa una reflexión del todo lateral. Es sobre el humor. Tiene que ver con lo sagrado y lo profano. En un cierto sentido, cuando proclamamos que una cosa es sagrada estamos diciendo que no tenemos que burlarnos de ella, que no nos tenemos que reír de ella. Personalmente, yo creo que tenemos sobrevalorado el humor. Que le hemos atribuido un papel demasiado importante. Esto del humor esconde peligros. Ya sé que me estoy pareciendo a Jaime de Burgos de *El nombre de la rosa* y que se me pondrá cara de inquisidor general. Pero siempre he desconfiado del humor. En un porcentaje altísimo, el humor es un ejercicio de crueldad o de menosprecio. Se supone que el hombre que se cae porque ha pisado una piel de plátano nos hace reír.

¿No decía que el dolor humano me parece sagrado? A menudo lo que hace gracia es la ridiculización del otro, su estereotipo, su desgracia. El humor se fundamenta demasiado a menudo en una enfermiza satisfacción por el dolor ajeno o por una no menos enfermiza adulación del sentido de la propia superioridad: los de arriba se ríen de los de abajo, ya sea de los de abajo en dinero, en cultura, en inteligencia, en posición social, en gusto. El humor es la gran máquina de profanar, de considerar que no hay nada sagrado, que todo puede ser tratado como profano. No estoy proclamando —¡qué bestia sería!— la abolición del humor y del sentido del humor y de la risa. Estoy previniendo contra algunas de las connotaciones que a veces presenta. Estoy expresando el recelo ante algunas fórmulas de satisfecha profanación. Precisamente porque creo en la existencia de lo sagrado.

¿Humor? ¡Por supuesto! Me gusta infinitamente el humor autoparódico, aunque a veces contenga también un sentimiento oculto de superioridad moral. Me gusta el humor judío, que es fundamentalmente sobre los judíos. Me gusta el humor inglés, los libros de Wodehouse, porque también tienen este aire de parodia. Me gustaba Capri, muchísimo. Porque se reía de sí mismo. Me gustan muchas otras formas de humor. Pero me resisto a una poética que considere la comedia como el género máximo y que no dedique ni cinco segundos a pensar en los vínculos que pueden existir entre humor y crueldad, entre humor y menosprecio. Reír se supone que está muy bien. Seguro. Reírse de, ¿también? Es decir, ¿ridiculizar a alguien, algo, a través de este instrumento eficacísimo? Pues depende. Aquí volveríamos a entrar en aquello de lo que no hemos salido en todo el rato. ¿Hay cosas sagradas? Yo creo que sí. ¿Todo tiene que ser profano y por tanto profanable? Yo creo que no.

¡Uf! Perdona el carácter casi monotemático de la carta. La he escrito en Matadepera, pero la fui pensando en las montañas Taneka, al norte de Benín, cerca de la frontera con Togo, donde todo se me presentaba como sagrado: los ríos, las piedras, los fetiches, los sacerdotes... Pero yo no quería hablar de Benín, sino de casa. No sé si lo he conseguido.

Quedan pendientes muchas cosas. Ya volveremos sobre ellas. ¿Cuándo vuelves de Morgovejo? Espero que el verano sea allí amable y placentero. Yo me iré muy pronto a Mallorca, un paisaje también lleno de connotaciones personales, pero de una belleza que espero que me sirva. ¡Desde allí te escribiré!

Con todo el afecto,

VICENÇ

CARTA 7
Francesc Torralba

Morgovejo, 13 de agosto del 2011

Apreciado Vicenç,

me alegro de que tu viaje a Benín haya ido bien. Yo prácticamente no me he movido de este rincón del mundo. Bueno, he hecho una pequeña salida en bicicleta. He ido con un buen amigo hasta Santiago de Compostela en dos etapas.

Ha sido una experiencia muy intensa, tanto en el aspecto deportivo como en el espiritual. De Morgovejo a Santiago hay exactamente cuatrocientos veinticinco kilómetros. Así que ya te puedes imaginar que han sido dos días de pedalear sin prácticamente bajar de la bicicleta. Hemos disfrutado mucho; también ha habido momentos de sufrimiento, especialmente subiendo los dos puertos que separan León de Galicia, el Foncebadón y el Piedrafita. A las tres de la tarde subíamos con una temperatura de cuarenta y dos grados y con las botellas ya vacías. Sin embargo, sin sufrimiento, no hay épica ni gesta. Es consustancial al ciclismo. Siempre he pensado que el deporte es una práctica ascética laica, un trabajo de introspección, de conocimiento de los propios límites y capacidades, un ejercicio físico que tiene muchos elementos espirituales.

Hemos visto todo tipo de peregrinos, de todas las naciones y todos los países. Peregrinos solitarios y peregrinos en grupo. Algunos caminan por motivos religiosos; otros, la gran mayoría, lo hacen por motivos culturales y deportivos. No sé si tú has hecho alguna vez el camino de Santiago. Realmente, es una experiencia que muchos recomiendan, incluso ateos y agnósticos convencidos. Al llegar a Santiago he visto peregrinos que lloraban mientras se abrazaban al santo. He podido constatar, en propia piel, que la distinción entre lo sagrado y lo profano es muy arbitraria entre las personas y los pueblos, pero que tiene efectos emocionales de gran intensidad.

Tu carta me ha hecho pensar mucho. La verdad es que la esperaba con ganas. No imaginaba que entrarías en el terreno del humor, pero me gusta que lo hayas hecho. También te has centrado en la distinción entre lo sagrado y lo profano, uno de mis ámbitos preferidos. Esta distinción, que tiene un origen ineludiblemente religioso, está presente en todas las grandes tradiciones espirituales y simbólicas de la humanidad, tanto en las religiones de raíz animista que tú conoces de África, como en las grandes tradiciones de Extremo Oriente, como en las que pertenecen al tronco abrahámico. Es una distinción universal, un rasgo común. En todas se dibuja un límite, una frontera, pero la atribución de lo que es sagrado y de lo que es profano varía sustancialmente de unas a otras.

De hecho, es muy arbitraria, esta distinción; casi irracional. Es difícil buscarle una lógica, quizás es incluso temerario intentar encontrarla. Hay pueblos, como tú dices, que sacralizan la naturaleza, entienden que todos los seres tienen alma y el alma es el principio eterno, impersonal, que da vida; es lo que los hace valiosos. Un bosque es un templo sagrado en muchas comunidades animistas y fetichistas de África y de culturas americanas precolombinas. Por eso, cuando una multinacional norteamericana o europea se dispone a explotarlo para extraer su madera, se interpreta como un sacrilegio.

Otros pueblos, en cambio, sacralizan solamente algunos espacios y algunos tiempos, determinados animales o bien determinadas razas humanas. También en los totalitarismos del siglo XX, la distinción entre sagrado y profano estuvo muy presente. El nazismo y el leninismo adoptaron elementos religiosos, como la distinción entre lo sagrado y lo profano, y reprodujeron miméticamente esquemas de devoción, de idolatría, y conceptos heredados de la historia sagrada. Hitler y Lenin fueron venerados como divinidades de sustitución, rodeadas de todos los elementos ceremoniales extraídos de las religiones tradicionales. También los nacionalismos radicales e intransigentes sacralizan territorios, lenguas o etnias.

Entiendo que, desde los ojos del ateo, esta atribución arbitraria de lo que es sagrado es una irracionalidad, difícilmente compatible con el espíritu ilustrado. Una irracionalidad y un peligro, porque siempre que se identifica un ámbito sagrado se identifica un centro y se separa de lo que es profano, que se convierte en algo periférico. Ahora bien, tú tocas un aspecto muy interesante, que hace que tu posición sea especialmente singular, pero al mismo tiempo muy sugerente: quieres mantener la distinción entre lo sagrado y lo profano, porque entiendes que es necesaria, pero sin el argumento de la desacralización del mundo, el horror que comporta transformarlo todo en profano, porque ves las consecuencias éticas que se derivan de ello.

Cuando se dice de un objeto, de un lugar o de una criatura que es sagrada, automáticamente se está diciendo que debe ser tratada con respeto, con cuidado, con estima, con silencio, casi con devoción, aunque sea laica. Al entrar en las mezquitas, los fieles de Mahoma se descalzan porque pisan tierra sagrada. El Dios de Israel, cuando se reveló a Moisés desde lo alto del Sinaí, le ordenó que se descalzara, porque estaba en tierra sagrada. Para ti, el sufrimiento del otro es sagrado. No puedo estar más de acuerdo. Te molesta que se haga sorna, sarcasmo, broma del sufrimiento de las personas o de los pueblos, de los genocidios, de la violencia de género, de la violencia doméstica, del maltrato a ancianos, de todo tipo de crueldad.

Marcas un límite entre lo profano y lo sagrado que no tiene, aparentemente, una raíz religiosa; entiendes que no se puede frivolizar todo. En este punto el acuerdo contigo es total. Creo que el principio de la ética es la compasión, y la compasión exige estar atento al sufrimiento del otro, atenderlo y compartir su dolor. Como dice Arthur Schopenhauer, ante el sufrimiento del otro hay tres posibles actitudes: la indiferencia (el pasar de largo), la crueldad (disfrutar con su sufrimiento) y la compasión, que él, ateo por excelencia, denomina *mística práctica*. Esta es la única actitud que se puede calificar de ética; por esto me fascina la actitud de Jesús hacia los más vulnerables, su solicitud hacia todos los que sufren.

Desde la concepción cristiana, la naturaleza, como creación de Dios que es, es sagrada, toda ella evoca una presencia invisible, es símbolo de una ausencia, de un Amado, para decirlo con Ramon Llull, que ha dejado rastro en cada ser que ha creado, pero que no podemos palpar ni ver. Soy muy devoto de Francesco, el loco de Asís, porque él subraya este valor sagrado de toda la naturaleza. Las cosas son más de lo que parecen, la naturaleza no nos pertenece, ni es un patrimonio humano para explotar tecnológicamente. Como dice Leonardo Boff, deberíamos estar atentos y escuchar el grito de la tierra.

El «Cántico de las criaturas», que es adoptado por los ecologistas del siglo XXI como una especie de himno laico a la naturaleza, expresa esta sacralidad del cosmos. El cristianismo no es un panteísmo, porque Dios no es el mundo ni se identifica con ningún ser del mundo, pero toda criatura, desde el más pequeño ser hasta el más grande, es una expresión de Él. Me gusta esta idea de fraternidad cósmica, de interdependencia de todos los seres. Entiendo que la arrogancia humana es el origen del mal, es la tentativa de querer ser el Todo para dejar de ser una parte.

En la tradición judeocristiana, toda la naturaleza es sagrada, pero la persona ocupa el lugar principal. Es imagen y semejanza de Dios. Séneca escribe una frase que siempre tengo presente: «Homo sacra res est» ('El hombre es algo sagrado'). Creo que es básico no perder de vista este límite. Se pueden aducir razones de esta sacralidad, pero el mejor argumento es el consecuencialista. Es dramático ver qué pasa y qué ha pasado históricamente cuando la persona ha sido profanada, cuando ha dejado de ser considerada un ser sagrado, dotada de un valor inherente, de una dignidad intrínseca. La propia Declaración Universal de los Derechos del Hombre es una articulación laica de esta sacralidad, porque se reconoce en la persona una dignidad inherente, un límite que no se puede franquear.

Esta desacralización lleva asociada la explotación mercantil, la instrumentalización, la cosificación del hombre, como dirían los filósofos francforteses, su transformación en puro objeto, en pura maquinaria de trabajo. El siglo XX, que es también el siglo de la inhumanidad, es una elocuente expresión de esta desacralización de la persona. Yo también defiendo —como tú— al individuo, pero me gusta más decir que soy personalista, en el sentido de Mounier o de Buber o de Lacroix, porque entiendo que la persona es lo más valioso, lo más sagrado, lo más digno en el conjunto de la creación.

Aún no me he referido al humor. Me gusta tu voluntad de poner límites a la práctica del humor, aunque, como sabes, esto entraña un peligro inmenso: ser acusado de censor. Yo también creo, como tú, que no se puede hacer humor de todo, que el humor, como toda actividad humana, tiene límites. Con todo, tengo que reconocer que el humor tiene una función muy higiénica y liberadora. Solo se puede hacer humor de uno mismo y de las propias creencias y convicciones, si uno sabe tomar distancia y verse los propios defectos y absurdidades y puede reírse de todo ello. Sin embargo, no podemos hacer humor de la víctima. La víctima puede hacer humor de sí misma, pero no los espectadores.

Durante una época de mi vida visité bastantes enfermos. No creo que el visitante pueda hacer humor de la enfermedad que sufre el otro, pero hay enfermos tan sanos, valga la paradoja, que saben hacer humor de sus limitaciones, de su estado físico, de sus dependencias. Pero el humor, como tú sabes, se dice de muchas maneras. Está el sarcasmo, la mofa, pero también la ironía, que exige un cierto trabajo de la inteligencia. Josep Ferrater Mora consideraba que era un rasgo moral de nuestra personalidad colectiva. No sé lo que piensas de ello. Yo soy bastante escéptico en esto.

Hay quien es muy permisivo en el humor, mientras nadie se ría de su hijo discapacitado o de su madre viuda. Creo que el humor que consumimos a través de los medios de comunicación social está falto de creatividad, porque muy a menudo solo sabe articularse a partir de la crítica corrosiva e injusta ya sea a los políticos o a los líderes religiosos. Me gusta el humor que no hiere, que pone sobre la mesa las contradicciones, la estupidez universal de la condición humana, en la línea de Erasmo de Rotterdam, sin buscar el tópico fácil o construirse sobre prejuicios rancios que se van transmitiendo de padres a hijos.

Como dice Amos Oz, el fanático es incapaz de hacer humor de lo que cree, porque es incapaz de tomar distancia y de mirarlo con perspectiva. Lo sagrado y lo profano es una distinción presente también en las sociedades laicas, como la distinción entre lo que es serio y lo que es risible. Si lo sagrado desaparece, también desaparece la seriedad, y cuando todo es risible, el peligro de la barbarie es inminente.

Un abrazo, Vicenç; aún estaré un par de semanas en Morgovejo, disfrutando de este pequeño refugio natural.

FRANCESC

ESFERA RELIGIOSA, ESFERA PÚBLICA

CARTA 8
Vicenç Villatoro

Matadepera, 14 de agosto del 2011

Apreciado Francesc,

¡pequeña salida! ¡Cuatrocientos kilómetros largos en bici en dos días! Me parece una manera muy modesta de explicarlo. Personalmente, me parece épico. Yo no soy mucho de bicicleta. No voy en bici y tengo algunos reproches históricos para los ciclistas urbanos: propuse a una editorial un ensayo titulado *Por qué los ciclistas se saltan sistemáticamente los semáforos en rojo*, y me lo compraron, pero al final no lo he escrito. Daría: la idea de que las leyes no son para todo el mundo, que como están diseñadas para proteger a los débiles de los poderosos no implican ni obligan a los débiles. Pero, claro, el ciclista es el débil con relación al coche, pero el fuerte en relación con el peatón. Y además, creo que las leyes deben ser para todo el mundo. Bueno, es una obsesión personal y no me alargo. Y respecto al ciclismo de competición, no tengo suficiente conocimiento, pero me admira y me maravilla la capacidad de esfuerzo y de sufrimiento, además de lo que tiene de deporte táctico y de equipo. Por tanto, lo que para mí es tu gesta en el camino de Santiago me provoca también una admiración extraordinaria.

¡El camino de Santiago! Mi mujer había hablado de hacerlo a pie y a mí me parecía bien, pero no acabamos nunca de concretarlo. En esta afición por el camino de Santiago hay elementos diferentes, que me provocan niveles también diferentes de simpatía. Me temo que participa de ello una especie de moda *new age*, entre la mística de bolsillo y la magia blanca, vagamente orientalizante, aquello de encontrarse a uno mismo, que más bien me genera recelo. Hay un componente de viaje espiritual que probablemente no sería capaz de compartir, pero que me admira. Como me admira esta idea tuya del camino de perfección, de la conquista ascética: solo vale lo que requiere esfuerzo para ser alcanzado. Y después está lo que me resulta más atractivo y más tentador: el camino como experiencia de cultura, la arquitectura, el paisaje, la historia. Pongamos también si se quiere la gastronomía, pero yo no soy mucho de esto. Lo soy, pero también con los recelos ante los excesos de la moda. La suma de todos estos elementos y de las reacciones que me provocan tiene un resultado positivo: me habría hecho gracia hacerlo, a pie, con esfuerzo, pero sin ir más allá de mis capacidades y de mis fuerzas. Y con mi mujer. Ella hablaba de ello durante la enfermedad, sobre todo. Y ha quedado unido a eso, en cierto modo.

Te contesto mientras voy haciendo las maletas para irme a Mallorca, a pasar unos días con mis hijos y sus parejas respectivas y con mis nietos. Serán unas vacaciones de geometría variable —ahora entrarán unos, ahora se irán otros—, pero el día 20 estaremos todos juntos. Hace un año de la muerte de Montse. Mallorca me gusta mucho. La Navidad pasada nos fuimos también todos juntos a la Toscana, y pasamos allí el Fin de Año. Juntos y fuera. Supongo que este es el trato, sin decirlo.

Me pongo a escribirte, porque me parece que en cada carta vamos encontrando un poco más del meollo. De lo que para mí es el meollo, o algunos de los terrenos posibles de debate y de encuentro. Lo fue cuando pusiste sobre la mesa la cuestión de lo sagrado y de lo profano. Lo es, a mi entender, cuando pones ahora en circulación postal esta idea de la ética de la compasión. Lo es cuando vamos dando vueltas a una cuestión de fondo de carácter colectivo —hay otras cuestiones tanto o más de fondo, pero son de carácter más bien individual—, como es la organización de una sociedad donde hay sensibilidades religiosas diferentes y sectores no religiosos. Esto nos remite al respeto por las convicciones de los otros, a lo que los otros entienden por sagrado. Nos remite a las caricaturas de Mahoma. Nos remite a la visita del papa a Madrid, que estos días está ocupando los informativos de las televisiones. Nos remite a una crónica espléndida de Enric Juliana que acabo de leer en *La Vanguardia* de hoy, donde explica que el papa Juan Pablo II reprendió severamente al cardenal Tarancón y cambió la estrategia de la Iglesia en España durante la Transición porque quería que hubiera un partido confesionalmente católico, una democracia cristiana española con posibilidades electorales, y consideraba que la Iglesia había jugado poco en ello, para jugar más bien la carta de la reconciliación. Nos remite, por tanto, a lo que podríamos situar bajo un epígrafe de religión y política o, si se quiere, de religión y espacio público.

A mi entender, una de las mayores aportaciones de Occidente a la historia de la humanidad es la separación de la

Iglesia y el Estado. A mí me gusta decirlo de otro modo: la aportación sería la distinción entre pecado y delito. O si se quiere, entre ley civil, con sus obligaciones y sus prohibiciones, y las obligaciones y las prohibiciones que fija el precepto religioso. Cada religión tiene todo el derecho del mundo a decir a sus fieles qué tienen que hacer y qué no tienen que hacer para ser fieles, qué es para ella pecaminoso y qué es obligatorio. Hay ateos y laicos que se escandalizan cuando el papa sale cargándose el preservativo, por poner un ejemplo. No creo que tengamos derecho a ello. El papa puede decir a los católicos lo que mejor le parezca, y en todo caso serán los católicos los que discutirán si esto es o no coherente con la doctrina básica de la Iglesia. Si no eres del club, no discutes las reglas del club. El problema sería si el papa exigiera a los gobiernos que prohibieran los preservativos. Puede decir a los católicos que no los utilicen, pero no puede exigir a los gobiernos —con un argumentario religioso— que los prohíban.

Después todo me resultará más complicado, pero este primer punto me parece que lo tengo claro: hay que distinguir entre el pecado y el delito. Entre la vulneración del precepto religioso y la vulneración de la ley civil. Si pecas, te pueden excomulgar. Pero no te pueden meter en la cárcel. La Inquisición fue en buena parte lo contrario de esto —y, por tanto, un retroceso terrible respecto a las vías abiertas por el Renacimiento de separación de la Iglesia y el Estado—, porque precisamente era un tribunal para castigar pecados: la herejía, el criptojudaísmo, algunos pecados de carácter sexual, etc. En las repúblicas islámicas como Irán, donde hay una policía religiosa, esta distinción entre pecado y delito se pierde del todo, y lo que es pecado para el islam es tratado como delito: el adulterio, la apostasía... De la distinción entre el pecado y el delito, entre la ley y el precepto, entre el Estado y la Iglesia, nacen cosas extraordinarias, positivas. Nace la democracia. Nace el espacio para el desarrollo de la ciencia, y por tanto, tras ella, la tecnología. Los días de gloria de Occidente, que no sé si ya se acaban, empiezan con esta distinción, que permite generar un sistema político de libertad en el cual las personas dan lo mejor de sí mismas y promueven un desarrollo de la ciencia y de la técnica, dos ámbitos en los que Europa estaba atrasada, pero algunas civilizaciones que le iban por delante se desaceleraron y a veces incluso se frenaron porque el monopolio de la verdad por parte de la religión no dejaba espacio de expansión para el método científico. Los valores de Occidente, en esto, parecen buenos. Y el pecado de Occidente no es haberlos generado, sino precisamente no haber estado a la altura de los valores que proclamaba, no haberlos cumplido suficientemente. Generalizo y reduzco, pero me parece que explico lo que quiero decir.

Una vez dicho esto —de lo que estoy más o menos seguro—, empiezan los problemas. La ley castiga los delitos, el pecado tiene que ver con los preceptos religiosos. A menudo ambas cosas van en la misma dirección: no matarás, no robarás. Pero a veces no. Me parece claro que no se pueden cometer delitos, en la ley civil, con la ley religiosa como excusa: esto lo castiga el Código Civil, pero mi religión me obliga... No vale. Manda el Código Civil. El ejemplo no es bueno, porque no es un precepto religioso, aunque a veces se finja que sí lo es: la ablación del clítoris debe ser delito, a mi entender. Y ni la tradición cultural ni el precepto religioso pueden presentarse como excusa. Pero, ¿quién establece cuál es la ley civil? ¿Cuáles son sus fundamentos? ¿Simplemente el dictado de la mayoría? Si la mayoría quiere pena de muerte, entonces ¿pena de muerte? Si la mayoría quiere ablación de clítoris, entonces ¿ablación de clítoris? Esto se nos empieza a complicar. Y aquí hay espacio para esta ética universal, para la existencia y la proclamación de principios universales que nos parecen buenos para todo el mundo, que no tienen una lectura relativista, que no dependen de la tradición cultural ni del molde religioso. Si nos pusiéramos de acuerdo sobre estos valores universales…

Todavía un matiz. Decía antes que el papa no tiene derecho a pedir a los gobiernos que prohíban los preservativos. Después lo matizaba: utilizando argumentos religiosos. El ejemplo no es bueno, porque esto del preservativo no tiene tan solo un componente filosófico y moral, sino un comportamiento sanitario y práctico, especialmente en los tiempos del sida. Pongamos el del aborto. O podríamos poner otros. Un católico puede estar en contra del aborto como católico que es, porque va contra su proyecto religioso, al igual que un musulmán puede estar en contra de comer carne de cerdo por la misma razón. Pero uno y otro pueden ir a la plaza pública y participar, desde sus convicciones, en el debate público sobre si la ley tiene que permitir o no el aborto —o, es caricatura, sobre si tiene que permitir o no vender carne de cerdo— en la medida en que piense que, más allá del precepto, incluso sin compartir el precepto, su posición se puede defender civilmente, con argumentos civiles, como un bien de carácter universal. Tú vas a la plaza pública, que es de todos y donde no manda el precepto religioso, sino el debate y la ley civiles, pero acudes inevitablemente con la mochila de tus propias convicciones. Tienes todo el derecho a ello. Pero cuando estás en la plaza pública no puedes decir, creo yo, «tendríamos que prohibir el aborto porque no le gusta a Dios», sino «tendríamos que prohibir el aborto porque a mi entender esto es pernicioso para la sociedad, contrario a la dignidad humana», o lo que sea. Y a partir de aquí, jugar con las reglas del juego del debate civil. El ejemplo está muy connotado, pero precisamente por esto sirve. En países como Italia, donde hay más tradición de disidencia y de heterodoxia, han participado en el debate civil sobre el aborto personas que decían exactamente lo contrario de los que se suponía que les tocaba decir. Entre nosotros, el debate sobre el aborto ha acabado siendo una especie de partida automática entre carcas religiosos y laicos permisivos. En Italia, gente laica y de izquierdas, como Passolini o Natalia Ginzburg, escribieron contra el aborto, mientras que intelectuales católicos escribían a favor.

Bueno, ¡debería volver a mis maletas! Me ha salido otra vez una carta bastante monográfica, a partir de una sugerencia tuya. Pero me parecía, me parece, que valía la pena fijar una posición más o menos explicada —siempre tienes la sensación de demasiado poco explicada, de necesitar más tiempo y más espacio y más ejemplos— en una cuestión esencial, central. Repito, central por su dimensión pública y colectiva, por los debates de los diarios. Religión y democracia. Religión y política. Religión y libertad. Pero quizás las cuestiones más centrales en este diálogo que llevamos entre manos no sean tan públicas y más privadas, más de conciencia y de angustia. Quizás por esto he querido escribir esta carta desde Matadepera, no desde Mallorca. Con la sensación de que la semana que ahora me espera, hasta el día 20, el aniversario de la muerte, estaré poco para cosas colectivas y muy prisionero de los sentimientos y las angustias personales.

¡Para una y otra cosa, estas cartas me son útiles! Leer las tuyas y escribir las mías. Por tanto, gracias. Y hasta muy pronto.

Con todo el afecto,

VICENÇ

CARTA 9
Francesc Torralba

Morgovejo, 15 de agosto del 2011

Querido Vicenç,

esta vez tu carta no se ha hecho esperar nada. Ha sido casi como un abrir y cerrar de ojos. Espero que el encuentro familiar en Mallorca vaya bien y que puedas digerir el conglomerado de sentimientos y angustias que el aniversario de la muerte de tu querida esposa ha hecho aflorar estos días. Es difícil vivir las ausencias. Las personas queridas, al irse, dejan un vacío que nadie puede llenar, pero sentirse acompañado es determinante.

Me gusta Mallorca. Voy a menudo durante el año, pero solo por cuestiones de trabajo. Del aeropuerto a Palma y de Palma al aeropuerto. Me fijo en la catedral y me maravilla el paseo marítimo. Alguna vez, cuando tengo más tiempo, me escapo hasta lo alto de la montaña de Randa, donde supuestamente Ramon Llull vivió aquella experiencia mística que lo llevó a hacer un cambio radical en su vida. Me gusta el silencio de los pueblos del interior y las márgenes de piedra (construidas sin cemento) que separan los caminos y los campos.

Retomo el hilo de tus reflexiones sobre el lugar de las tradiciones religiosas en el espacio público. Es uno de los temas más vivos y candentes que se está planteando en todas las sociedades europeas. Coincido en la necesaria autonomía de la esfera política y de la religiosa, y entiendo que esta separación es una de las grandes aportaciones de la modernidad. El Estado moderno y liberal debe ser aconfesional, pero la sociedad es plural, tanto en sus creencias como en sus convicciones. Es iluso pensar en una sociedad aconfesional. Las instituciones del Estado deben ser neutras desde el punto de vista religioso, pero deben poder garantizar la libertad de pensamiento, de expresión y de creencias dentro de su marco. La adecuación de la diversidad espiritual y moral es uno de los mayores retos al que se enfrentan las sociedades actuales. La laicidad es un elemento fundamental de toda democracia liberal compuesta por ciudadanos que profesan distintas ideas del mundo y del bien. Evoca la idea de distancia y neutralidad entre el Estado y las religiones. Algunos parten de la idea de que la vida espiritual o religiosa debe expresarse en los límites de la vida privada, sin transgredir el espacio público. No estoy de acuerdo con ello. Creo que todo el mundo es libre, en la plaza pública —como tú dices—, de expresar lo que cree, de manifestar sus convicciones laicas o religiosas, pero que debe hacerlo con un escrupuloso respeto a la dignidad de los otros, a su libertad, y en régimen de equidad.

Con todo, tú y yo sabemos que hay zonas grises, espacios de transición difíciles de resolver. Cuando uno se dispone a examinar esta distinción entre lo público y lo privado, que frecuentemente se presenta como una respuesta clara a la problemática de la adecuación de la diversidad religiosa, se da cuenta de la complejidad que a menudo se nos pasa por alto. ¿Qué es la privacidad? ¿Dónde acaba y dónde empieza? ¿Qué es el ámbito público? ¿La plaza del pueblo, el campus universitario, el salón del ayuntamiento, la cima de una montaña donde hay una cruz plantada y un pesebre escondido? Pienso, por ejemplo, en los hospitales públicos. En una planta de enfermos terminales se atiende a personas y familias de diferentes convicciones y creencias. En los momentos decisivos, el acompañamiento simbólico y ritual es fundamental para los creyentes. Entiendo que un enfermo creyente, independientemente de lo que crea, tiene derecho no solo a ser acompañado por las personas que ama, sino también a reconciliarse, si así lo desea, con Dios, a través, por ejemplo, del sacramento de la unción de los enfermos.

Un hospital es un espacio público, pero en él se atiende a personas con distintas necesidades espirituales y religiosas que todo ser humano tiene derecho a ver satisfechas. La creencia religiosa comporta, en ocasiones, una determinada indumentaria y una concepción de la intimidad y de la sexualidad que tienen consecuencias en la praxis médica, una organización del tiempo, una alimentación que distingue lo que está prohibido de lo que está aceptado, y un conjunto de elementos que abren caminos de debate muy intensos. Las preguntas se multiplican: ¿Qué dejamos pasar y qué no? ¿Qué podemos aceptar como expresión de la libertad y qué tenemos que censurar? En el hospital público, no creo que tenga que haber cruces colgadas en las paredes, pero si un fiel musulmán solicita, antes de morir, que orienten su cama hacia La Meca, el centro espiritual de su vida, ¿se lo tenemos que negar? No hago ficción, es una solicitud que se suele hacer en las unidades de cuidados paliativos.

Este debate, salvando las distancias, también lo tenemos en la escuela pública. ¿Qué tienen que comer los niños en la escuela pública? ¿Hay que respetar los preceptos alimentarios que provienen de creencias religiosas y espirituales? ¿Todos o solo algunos? ¿Solo hay que hacer caso de las prescripciones facultativas? El debate del cerdo, de la cruz y del velo está sobre la mesa y, demasiado a menudo, no se dan ni la calma ni la imaginación para buscar una buena solución.

Esto exige, a mi entender, una cierta porosidad, una capacidad para responder a estas múltiples reivindicaciones. Por ello, más allá de la idea de laicidad positiva o de laicidad negativa, creo que vale la pena referirse a una laicidad porosa, que no sea hostil al fenómeno religioso, que deje pasar ciertos elementos a la plaza pública, pero también que no excluya a otros, si es necesario. La porosidad tiene esta cualidad: absorbe y deja pasar. Desde el laicismo, el hecho religioso es un tumor maligno, una especie de cáncer que hay que extirpar del cuerpo social antes de que lo enferme. La laicidad porosa abraza lo más valioso de este universo, lo que estimula y cimenta las bases del estado liberal moderno. En países religiosamente plurales, los hospitales públicos están equipados con agentes espirituales que atienden espiritualmente al enfermo, en el momento en que lo pide, según sus convicciones. Pienso, por ejemplo, en el Canadá. Aún estamos lejos de esta situación, porque muchos no reconocen ni tan solo necesidades de orden espiritual en la persona, y aún no estamos del todo preparados para atender, correctamente, la diversidad espiritual y religiosa que emerge en la plaza pública.

Como dice Charles Taylor, en las sociedades en las que prevalecen las libertades de conciencia, de expresión y de asociación, la religión no puede simplemente contenerse en los estrictos límites del hogar y de los centros de culto. Creo, sinceramente, que los ciudadanos debemos ser libres a la hora de mostrar nuestra adscripción religiosa o espiritual, tanto en la esfera privada como en la esfera pública entendida en un sentido amplio. Sin embargo, también entiendo, como tú dices, que a la hora de argumentar en el espacio público y de dar razón de las propuestas en materia social, educativa, sanitaria, legislativa, los creyentes debemos hacerlo con un lenguaje secular, utilizando un discurso inteligible y razonable para el no creyente, también en un plano de equidad, sin arrogancia y sin complejos de inferioridad. Si utilizamos argumentos construidos a partir de tesis religiosas, nos encontraremos solos, porque nuestro interlocutor o bien no entenderá el lenguaje, o bien no compartirá sus implícitos. La redacción de la Declaración Universal de Derechos del Hombre es un ejemplo de esto que estoy diciendo. Jacques Maritain, Aldous Huxley, Benedetto Croce y otros redactores se pusieron de acuerdo en el articulado, aunque procedían de fuentes muy distintas, precisamente porque en él no hay referencias religiosas. La razón pública debe ser secular, pero esto no excluye que pueda estar inspirada y fecundada por la fe.

Según Charles Taylor, el respeto a la igualdad de todos los individuos y la protección de la libertad de conciencia y de culto son las dos grandes metas actuales de la laicidad. El problema es cómo tenemos que afrontar las convicciones profundas, ya sean de orden religioso o secular. Las convicciones profundas de los ciudadanos pueden ser obstáculos al desarrollo de la democracia liberal, pero también pueden ser su catalizador y principal impulsor. Un grupúsculo racista que viva las convicciones racistas con profundidad es un verdadero problema para el Estado liberal y democrático, sobre todo si el grupo se va ensanchando y suma adeptos. Un grupo machista que no reconozca la misma dignidad en el hombre y en la mujer es un problema para un Estado que se edifica sobre la equidad de los ciudadanos. Ahora bien, ciudadanos con convicciones como la equidad, la libertad, la resolución pacífica de los problemas, son un bien para el Estado, y es bueno que el Estado los favorezca.

Las decisiones más relevantes de nuestra vida las tomamos teniendo en cuenta estas convicciones y compromisos. Las creencias, los valores y las preferencias también pueden situarse en una escala que vaya de los simples deseos a los cuales podemos renunciar fácilmente, hasta las convicciones más profundas.

Es evidente que un Estado liberal y democrático no puede ser indiferente a determinados principios fundamentales, como por ejemplo la dignidad de la persona, los derechos humanos o la soberanía popular. Son valores constitutivos de los regímenes democráticos y liberales. En este sentido, el Estado debe profesar una neutralidad hacia las religiones, pero no es neutro, ni debe serlo, desde un punto de vista axiológico. Si hilamos delgado —y creo que esto es lo que se nos pide—, veremos que estos valores troncales de las sociedades abiertas tienen una genealogía histórica que no se puede separar de la historia de Occidente. Valores como por ejemplo la igualdad, la libertad, la integridad, no pueden ser banalizados. Son los fundamentos del Estado de Derecho. Sabemos que la misma organización del tiempo social no es neutra. Las fiestas tienen, en muchas ocasiones, una genealogía religiosa que, en nuestro ámbito cultural, es fruto de la presencia milenaria del cristianismo. No soy partidario, como algunos defienden, de fabricar un calendario aséptico, deshistorizado. Auguste Comte, el padre del positivismo moderno, lo intentó y, de hecho, lo realizó, pero el resultado fue nefasto; tampoco arraigó el intento que ejecutaron los antiguos regímenes soviéticos.

Creo que hay que respetar el peso de la historia de un país en la organización de sus fiestas, pero —lo subrayo—, a la vez, hay que desarrollar prácticas de acomodación razonable que permitan a los miembros de otras religiones descansar los días de sus fiestas religiosas más relevantes. Estas medidas de acomodación permiten la continuidad histórica pero, a la vez, permiten corregir las discriminaciones indirectas.

Una laicidad porosa reconoce también la importancia que para muchos ciudadanos tiene la dimensión espiritual de la existencia y, por tanto, la necesidad de proteger la libertad religiosa y de conciencia del ciudadano. Los ciudadanos deben poder expresar y manifestar públicamente sus convicciones religiosas en la medida en que esta expresión no vulnere ni atente contra ninguno de los derechos y libertades de los otros. Esto no vale solo para las creencias religiosas: también para cualquier convicción moral, espiritual o filosófica.

Comparto la opinión del último Jürgen Habermas cuando reconoce que las perspectivas religiosas son fuentes morales importantes que pueden contribuir de manera significativa a la profundización de la cultura democrática. Pero, inmediatamente después de decir esto, subrayo que las mismas religiones solo pueden contribuir a ello si extirpan de sus cuerpos esos elementos tóxicos tan malignos para la sociedad democrática como son el sectarismo, el fanatismo o el fundamentalismo.

Vuelvo a la cuestión del sentido que tratamos en las primeras cartas. No es objeto del Estado democrático y liberal dar sentido a la existencia de los ciudadanos. Su función es más modesta: regular la vida ciudadana y garantizar la equidad y la libertad de conciencia. La búsqueda del sentido es personal, y en el presente detectamos que el discurso sobre lo que da sentido a la existencia es plural, heterogéneo, incluso como nunca había llegado a serlo en nuestras latitudes. El discurso hegemónico y único se ha desvanecido. No obstante, la pregunta subsiste, y no es banal. Las últimas preguntas están ahí y estallan especialmente en determinadas circunstancias. La filósofa norteamericana Martha C. Nussbaum reconoce que esta pregunta tiene un valor intrínseco y que merece ser protegida.

Una persona puede beber de fuentes filosóficas seculares como el racionalismo kantiano, el trascendentalismo americano, la ecología profunda de Arne Naess o el existencialismo ateo, para intentar responder a las preguntas fundamentales de la existencia humana. Un hombre puede llegar a la conclusión de que no vale la pena vivir cuando el cuerpo en el que está instalado es causa de múltiples sufrimientos y está en un proceso de creciente dependencia. Otro, en cambio, puede llegar a creer que su vida solo tiene sentido si puede dedicarse a su mujer o a su hijo gravemente enfermos, sin que esto le conduzca a elaborar una reflexión metafísica sobre la existencia humana.

Creo que las tradiciones espirituales y religiosas, además de transmitir valores, son depósitos de sentido último. Dejo para más adelante la cuestión de la ética mundial. Esta ética, tan reivindicada por el teólogo católico Hans Küng, merece mucha más atención. En el mundo global necesitamos una ética global, una constitución global, porque los problemas que sufrimos ya no son solo de orden local. Las medidas que hay que adoptar en el orden económico, financiero, social y ecológico, deben ser de carácter planetario, porque nos hemos dado cuenta, como por arte de magia, de que todos estamos embarcados en la misma nave, una nave que flota en medio del espacio, perdida en el rincón de una galaxia. Entiendo que en la construcción de esta constitución universal las tradiciones religiosas no pueden quedar al margen, pero tampoco el pensamiento humanista laico.

El Parlamento Mundial de las Religiones con sede en Chicago ha contribuido decisivamente a buscar estos mínimos comunes entre las grandes tradiciones religiosas en la defensa de la tierra, de la justicia social, de la dignidad de todos los seres humanos y de la paz en el mundo.

Salgo a dar una vuelta.

Afectuosamente,

FRANCESC

LA MUERTE Y EL CONSUELO

CARTA 10
Vicenç Villatoro

Can Mascaró, Manacor, 23 de agosto del 2011

Apreciado Francesc,
voy releyendo tu carta desde Mallorca, pero los días no son propicios a una respuesta rápida. Estoy con mis hijos y nietos, y esto comporta una actividad frenética, aunque me sé bastante ausente y ensimismado. Son también los días del primer aniversario de la muerte de Montse: hablamos poco de ello, pero es imposible no pensar mucho en ello. Entre una cosa y otra, voy dándole vueltas a tu carta, pero no encuentro el momento de escribirte. Solo me sirve el rato de la siesta —ajena— a casi cuarenta grados, y, por tanto, tampoco muy propenso a sentarse delante del ordenador. Estoy escribiendo una novela —¡ya tendré ocasión de hablarte de ella!— y avanza también muy lentamente estos días, que en principio parecían propicios a acelerarla, también por esta triple conjunción entre un clima poco favorable a la laboriosidad, un ritmo vacacional intensísimo marcado por la presencia de críos pequeños, y un peso triste y a ratos amargo de la memoria.

Comparto tus elogios al paisaje mallorquín. Me pasé muchos meses en Artà, escribiendo, y me gusta este paisaje seco, de bancales de pared de piedra seca, de olivos, con la presencia lejana de un mar azulísimo. En lo alto de las colinas, en el sudeste, que es donde estamos nosotros, las grandes posesiones, rodeadas de palmeras, señoriales e italianizantes. Es un mundo literario, como lo es Sicilia, como lo es todo el Mediterráneo, pero muy especialmente sus islas. Es además, para mí, un paisaje lleno de recuerdos. Buenos y malos, de los que duelen porque ya no volverán y de los que duelen porque querrías que no estuvieran. Todos son punzantes.

Tu carta habla sobre todo de un tema que me apasiona: la manera de organizar la presencia del hecho religioso en la plaza pública. Sobre la religión en el espacio privado, pocas cosas se supone que podríamos decir. Podríamos decir que cada uno en su casa puede hacer lo que mejor le parezca. Pero no sería tampoco del todo cierto: siempre que no entre en contradicción con principios generales —y, en la práctica, con la ley— que hemos asumido como universalmente defendibles. «Yo, en mi casa, hago lo que quiero» no es un argumento ni para maltratar a los hijos o los cónyuges, ni para saltarse la ley en ningún sentido. Pero, en principio, podríamos decir que la práctica religiosa en el espacio privado, familiar, comunitario, no es el centro de los problemas. Aunque pueda generar problemas concretos.

La cuestión es la plaza pública. No sé si esta sería una característica universal o es solo del mundo más próximo, no tengo los conocimientos suficientes, pero me da la impresión de que en una fase inicial, digamos primitiva, las religiones tienden a querer organizar, no solo la vida individual y familiar de las personas, sino la vida colectiva de los pueblos. Y más cuando, en principio, las religiones nacen como nacionales, como compartidas por todo un pueblo, y, por tanto, intentan organizar la vida pública de comunidades homogéneas o en las que son muy mayoritarias o hegemónicas. El judaísmo bíblico era una religión de Estado, que organizaba la vida pública y política del pueblo judío, y muchos de sus preceptos solo se pueden llevar a cabo con el Estado a favor. Pero con la caída de Jerusalén y la destrucción del Templo, el judaísmo se tiene que reconvertir, y el judaísmo rabínico pasa a ser una norma de conducta individual, familiar, comunitaria, pensada para una comunidad que está en minoría en el territorio donde vive, que no tiene la opción de organizar el conjunto de la vida colectiva. Por fuerza, más que por vocación, el judaísmo es la primera de las religiones monoteístas que tiene que hacer la reconversión: de ser una religión de Estado, que organiza incluso políticamente a todo un pueblo, a ser una religión comunitaria, que intenta vivir con reglas propias en sociedades donde está en minoría.

El cristianismo no nació como religión de Estado, pero me da la impresión —y no sé lo suficiente como para hacer afirmaciones categóricas— de que la visión de Pablo, el componente helénico más que judaico que le dio, permitió que con Constantino se convirtiera no ya en religión de Estado, sino en religión de Imperio. Con voluntad también de organizar la plaza pública, lo que podríamos llamar la vida política, el funcionamiento global de la sociedad, de la cristiandad. La aparición a partir del Renacimiento de los valores de la modernidad y del humanismo, las diversas encarnaciones del espíritu de la Reforma, las necesidades políticas que propiciaron la Contrarreforma, hicieron que durante siglos el cristianismo —en sus formas diversas— fuera retirándose también, a trompicones, a ritmos diversos, con entradas y salidas, de esta plaza pública. No de estar presentes en la plaza pública, que esto es otra cosa, sino de presidirla y organizarla. De construirla a su medida. No ha sido un proceso sencillo: el nacionalcatolicismo español, en tiempos de la dictadura franquista, volvió a ser un intento de ocupar este papel central y vertebrador en la plaza pública. Pero el resultado en conjunto ha sido también una retirada.

Tradicionalmente, el islam —que tiene también, como las otras religiones monoteístas, esta vocación de organizar de una manera total la vida colectiva— no ha sido empujado a esta reconversión. Hasta el final del imperio otomano, ha habido un poder político explícitamente religioso. La noción de califato ha sido central en el mundo islámico. Y la mayoría de musulmanes viven en sociedades mayoritariamente musulmanas, con un poder político vinculado a la tradición religiosa. El impacto de los valores occidentales, pero también la existencia hoy por hoy de un islam europeo muy importante, hace que esta situación se tenga que replantear de un modo u otro. Me da la impresión de que este doble choque —la globalización de los valores occidentales y la existencia de potentes minorías musulmanas en Europa— ha creado una efervescencia y un debate en el seno del mundo islámico que producirá cambios inevitablemente.

De este choque saldrá —estoy convencido de ello— el islam que hará la reconversión que las circunstancias externas ya forzaron en el caso del judaísmo y del cristianismo. Un islam contemporáneo que dejará de aspirar a organizar el conjunto de la vida política. Pero también saldrá de él —¡y también en Europa!— la añoranza de unos hipotéticos viejos buenos tiempos en los que esta vocación de totalidad se podía cumplir con aparente naturalidad: como si el judaísmo añorara el tiempo del primer Templo o el cristianismo el tiempo de Constantino o la cristiandad de la Edad Media. Existe el riesgo, además, a mi entender, de que esta añoranza de los viejos buenos tiempos de las sociedades teocráticas —¿o quizás deberíamos llamarlas «clerocráticas»?— tenga un efecto de contagio en las otras religiones monoteístas, que vean con admiración la defensa que hacen algunos musulmanes de la función política de la religión (entendiendo por *política* la voluntad de organizar la vida pública de toda una sociedad) y quieran recuperarla también en el propio caso. Un retorno de la religión a la plaza pública, no para que se oiga su voz, que ya está bien, sino para dictar su organización. Lo cual, a mi entender, no está bien.

Perdona, pero me he ido embalando. Las sugerencias de tu carta son muchas y el tema me apasiona. Hasta el punto de distraerme de mi obsesión de estos días, de mi idea fija, que también tiene que ver con cosas de las que hablamos en nuestras cartas, pero que van mucho por otros derroteros. Ya volveremos, seguro, a lo que nos estamos proponiendo mutuamente desde hace unas cuantas cartas sobre la religión y la plaza pública. Forma parte de los grandes debates del presente. Pero, como te decía, estos días en Mallorca están marcados para mí por otra cosa. No es la plaza pública, sino todo lo contrario, el terreno más personal y privado. Como te comenté, ahora hace justo un año de la muerte de Montse. Recuerdo que hace justo un año, en el momento de su muerte, uno de nuestros problemas, como familia, fue construir una liturgia laica para su entierro. Creo que lo conseguimos: músicas, fotografías, palabras de los hijos, de los amigos y mías. Muchas lágrimas. Yo creo que en los entierros se tiene que llorar. Y en el entierro de una persona joven —ella tenía cincuenta y dos años— aún más. Por catarsis y por justicia. Lloramos e hicimos llorar mucho. Pero recuerdo que aquellos días, cuando hablaba con la gente, les comentaba mi envidia de los creyentes: no les hace falta inventarse una liturgia, la tienen hecha y acreditada, contrastada por siglos de experiencia. Les comentaba mi envidia, sobre todo, de los creyentes católicos que nos rodean, porque no les hacía falta inventarse una liturgia desde la nada, porque ya tenían fórmulas seguras y solventes de despedida, pero también porque tenían respuesta a las preguntas infantiles, que siempre son difíciles de contestar: «¿Dónde ha ido Montse?», preguntaba Jana. Qué bien, poder contestar: «Al cielo», o una cosa así. Una respuesta automática. Pero cuando te sales de esto, ¿qué dices?

Hace un año, pues, envidiaba a los creyentes la liturgia construida para la despedida y las respuestas automáticas a las preguntas infantiles. Ahora les envidio otras cosas. ¿La posibilidad de resignación ante la muerte? En parte es esto, pero de otro modo. Hace un año, más allá de las preocupaciones de la ceremonia, el impacto era la muerte. La incomprensión del hecho de la muerte. El problema no es qué sentido tiene la muerte, sino qué sentido había tenido la vida. No la suya, solo: la de todos. La mía también, por supuesto. Cuando el que muere es una persona de quien has visto la vida desde la primera fila —¡desde los diecisiete años hasta los cincuenta y dos!— tienes la sensación de poder hacer un balance. Como quien ha visto una película entera y entonces puede explicar su intención, su argumento... El sentido, en definitiva. No de aquella película en concreto, de las películas como género.

Y aquí reaparece la envidia respecto de los creyentes: desde la fe, es fácil encontrarle sentido. Sin fe, es difícil. Sí, claro, los hijos, las cosas vividas… En el fondo, la mitificación, la construcción cultural, por encima de lo que es en general el sentido ciego de la vida, en todas la especies: esta obsesión primaria y primordial de continuidad y expansión que tiene la vida, la perpetuación de las especies, los mecanismos que la naturaleza ha construido para garantizar esta perpetuación, sublimadas por nosotros a través de la cultura (pero con la naturaleza siempre asomando la cabeza y diciéndonos que esto de la cultura es más instintivo y más primario). La rebelión ante la muerte, si no consigues creer en la trascendencia. La angustia ante la vida, si no consigues creer en su sentido. En un sentido específicamente humano. Podemos vivir con una cosa y con la otra, naturalmente. Pero hay épocas en que la memoria, el recuerdo, lo hacen más difícil. Ha sido una de estas épocas.

Envidia, pues, de los creyentes, en este sentido de la palabra *creyentes*. De los creyentes en la trascendencia y en el sentido. Pero la envidia no es suficiente para apuntarte. Alguien me dice: sería demasiado terrible una vida sin sentido, una muerte que significara el final absoluto de todo. Sí que lo sería. Pero eso no significa que no pueda ser. No se pueden descartar las hipótesis simplemente porque nos parecen demasiado desagradables, inasumibles de tan dolorosas: esto no las convierte necesariamente en falsas.

Perdona la expansión, más emocional que racional. Pero me parece que también tenemos que hablar de esto. Que también estamos hablando de esto. Que difícilmente yo ahora podría hablar de otra cosa, solo de otra cosa. ¡Y gracias por escuchar!

Un abrazo,

VICENÇ

CARTA II
Francesc Torralba

Morgovejo, 27 de agosto del 2011

Querido Vicenç,
 estoy viviendo los últimos días de agosto en Morgovejo. El verano se despide y el pueblo, poco a poco, se va vaciando. Cada vez hay más casas cerradas y aunque estoy de cuerpo presente en este rincón del mundo, la mente ya vuela hacia Barcelona y anticipa la cantidad de actividades que me esperan durante este mes de septiembre. Es difícil esto de controlar el flujo de pensamientos y de sentimientos. Intento vivir con la máxima intensidad cada instante que me es dado, pero, a veces, me pasa como a ti, que estás ausente, incluso entre los más cercanos.
 Pasado mañana me voy a la Seo de Urgel, donde celebraremos unas jornadas formativas, para enlazar después con Barcelona y empezar la actividad académica en la universidad. Desde el norte de León hasta el Alt Urgell es un viaje largo, un itinerario de casi ocho horas de coche que me permite ordenar todos los recuerdos de este verano y saborearlos, lentamente, mientras conduzco escuchando la música que más me gusta. La música tiene esta potencia inaudita de

transportarnos lejos de donde estamos, de hacernos trascender y de degustar los recuerdos. Soy nostálgico por naturaleza, aunque sé que la nostalgia no es ninguna virtud. Es, más bien, una debilidad.

Me ha cautivado el inicio de tu última carta cuando dices que los recuerdos son punzantes. Estoy muy de acuerdo contigo. Son punzantes los buenos, porque evocan un episodio vivido maravilloso y a menudo irrepetible; pero son punzantes también los dolorosos, porque aunque quisiéramos borrarlos de nuestra alma, están injertados en ella como el liquen en la roca.

Comprendo que esta estancia tuya en Mallorca haya sido emocionalmente muy intensa y que hayas vivido con gravedad el poder afectivo que tiene la memoria. Siempre he pensado que no solo disponemos de una inteligencia emocional, sino que también la memoria es emocional, porque, de hecho, cuando recordamos, sentimos pena, alegría, tristeza, miedo, rabia, resentimiento o melancolía. Nunca recordamos de una manera neutra, aséptica o fría. Debe de ser así la memoria de un ordenador, pero la memoria humana siempre está entretejida de afectos. Es una memoria encarnada en una biografía. Recordar, en sentido estricto, es volver a pasar por el corazón y, por esto, cuando recordamos lo que hemos vivido, el corazón late con fuerza, especialmente si es un episodio de afecto, de amor, de ternura, como es tu caso.

Hay dos tendencias que intento evitar igualmente: la tendencia a anticipar el futuro, lo que está por venir, y la tendencia a quedar atrapado en el pasado. Las dos estropean la belleza del presente, todos aquellos dones que nos ofrece el ahora. Me gusta cultivar la atención plena para ser lo más receptivo posible en el instante. El instante, dice mi filósofo de cabecera, Søren Kierkegaard, es un átomo de eternidad, una pequeña chispa de lo que viviremos plenamente. Cuando anticipamos el futuro y nos preocupamos por lo que vendrá, ya no estamos en el presente; pero cuando la mente navega por los escenarios de la memoria y degusta el sabor agridulce de la nostalgia, tampoco vivimos en el presente.

Tu última carta es dual. Por una parte, tocas uno de tus (y también míos) temas preferidos: las tradiciones religiosas en el espacio público; pero, por otra parte, entras de lleno en el tema de la muerte y, especialmente, de la esperanza o lo absurdo de esta experiencia universal que nos enlaza a todos, independientemente de nuestra condición. El tono personal y directo de la segunda parte me ha cautivado tanto que prefiero centrar mi respuesta en este tema, porque veo que estás emocionalmente implicado en él por causa del aniversario de la muerte de tu querida esposa. Te agradezco el tono sincero. Tengo que confesarte que, aunque no nos conozcamos mucho, siento que tus revelaciones son un signo de amistad y que este epistolario puede ser el nacimiento de un vínculo que interpreto como un regalo en mi vida. Con pocos amigos que trato desde hace años hemos hablado de un modo tan desnudo sobre la cuestión. Mucho menos con los colegas de profesión. El epistolario, como te decía en la primera carta, tiene esta virtud: permite enlazar almas, unir corazones, vincular personas geográficamente lejanas.

Aun así, no descarto, más adelante, volver al tema de la primera parte de tu carta, porque hay muchas cuestiones abiertas. La amenaza de una nostalgia de la cristiandad no es en vano, como tampoco lo es el peligro de un neoconfesionalismo que detecto en algunos países de Europa y especialmente en algunos sectores de nuestro país. Hay que encontrar aquella vía del medio, la más difícil, la virtuosa, que no sucumbe ni al laicismo ni al confesionalismo.

Te explicaré una anécdota personal que pocos de mis amigos conocen, pero que enlaza muy bien con la cuestión del ritual que tratas en tu carta. Hace más de dos años, una chica que padecía un cáncer incurable y que había leído algunos libros míos, me pidió, a través de su hermana, que la fuera a visitar al hospital para poder conversar distendidamente con ella.

Me acerqué a visitarla y hablamos en diversas ocasiones. Se llamaba Rosa. Era una mujer muy sensible y culta, atenta y vital, que no tenía ningunas ganas de morirse y que se rebelaba contra el hecho de morir. Aprendí mucho de aquellas conversaciones. Su hermana la atendió muy bien. El caso es que, al cabo de unas semanas, a pesar de los esfuerzos, murió y dejó dispuesto que quería un ritual laico y que deseaba que yo oficiara, si se puede decir así, la ceremonia. La hermana me lo pidió y, naturalmente, acepté, aunque debo reconocer que no fue una situación fácil para mí, porque nunca había oficiado ninguna ceremonia, y menos aún, laica, en el marco de un tanatorio lleno hasta los topes.

Experimenté una sensación de vértigo. En estas circunstancias, no sirve de nada tener determinadas habilidades comunicativas, ni tener mucha experiencia de hablar en público. Tenía que seguir la secuencia imaginada y diseñada por la difunta Rosa. Tenían que ligarse los parlamentos de los amigos y familiares con los temas que ella, con toda claridad y crudeza, había escogido antes de morir. Yo, en el fondo, tenía que abrir la ceremonia, ir dando los turnos de intervención y cerrarla. El momento más delicado fue durante la intervención de su marido. A pesar del valor y la fortaleza que demostró, se atragantó y tuvo verdaderas dificultades para pronunciar lo que sentía.

Me sentía un poco extraño, porque apenas nos conocíamos con la difunta Rosa y, por supuesto, yo era un desconocido para su familia. Bien, viví la situación que tú dices: la falta de un ritual laico. No había un manual de exequias, pero sí un guión que ella había pensado. ¿Cómo abrir la ceremonia? ¿Cómo cerrarla? No podía empezar diciendo, como es propio en una celebración cristiana: «Queridos hermanos.» Tampoco podía cerrarla diciendo: «Podéis ir en paz.» Existía el peligro de hacer un calco, una copia laica de segunda calidad. No quería hacerlo así por respeto a la difunta y por respeto a la diversidad de personas congregadas allí.

Ciertamente, en aquella ceremonia también hubo llantos, resoplidos y suspiros. Es lo que toca en los funerales. Los necesitamos. Todos. Tanto los creyentes como los no creyentes. Necesitamos despedir dignamente a las personas que hemos querido, evocar su recuerdo, escenificar el afecto que sentíamos por ellas, marcar una brecha en el orden cotidiano del tiempo, para decirnos que esta ausencia nos duele y que no queremos pasar por alto este sufrimiento. Como tú dices, llorar es catártico y liberador; abre las puertas a un duelo saludable.

Te refieres a la envidia que sientes de los creyentes porque tenemos un ritual y una respuesta al enigma de la muerte. Tenemos un ritual, ciertamente, que como todos los elementos de la liturgia cristiana, se ha construido históricamente y ha experimentado grandes transformaciones a lo largo del tiempo. Esto vale tanto para el bautismo como para la comunión o las nupcias. Tenemos respuesta, ciertamente, pero una respuesta que no cierra el interrogante, sino que, como te decía en las primeras cartas, abre muchos más. Como en el caso de la existencia de Dios y de la libertad de la persona, no hay una demostración racionalmente convincente de la inmortalidad del alma. La misma existencia del alma es problemática en el imaginario colectivo. Desde presupuestos puramente materialistas, somos tan solo una masa de materia organizada, tiempo que pasa, carne que se desgasta a lo largo de los años. Sin principio espiritual no hay lugar para la esperanza.

A lo largo de la historia del pensamiento, hay un montón de supuestas demostraciones sobre la inmortalidad del alma, pero en todas ellas hay un salto, un paso, un escalón o un supuesto no justificado, o al menos, no evidente para todos. Esta es la crítica, por ejemplo, de Immanuel Kant a las pruebas de la inmortalidad del alma de René Descartes y otros racionalistas.

Cuando la nieta pregunta adónde ha ido la abuela, le podemos decir que ha ido al cielo. Quizás la nieta, si es pequeña, ya tiene bastante con esta respuesta. Yo lo he visto con mis hijos pequeños. Le parece que ha ido a un lugar maravilloso, que vive de otra manera y que, más adelante, podremos reencontrarla. ¡Fantástico! Aún no se hace a la idea de que la ausencia es definitiva, de que no hay retorno posible, del drama de la ruptura, de la separación. Alguien podría pensar: conversación cerrada. Pero, cuidado: aparentemente cerrada, porque cuando la nieta se vaya haciendo mayor no tendrá bastante con esta respuesta.

Al cabo de unos años, se preguntará: Y esto del cielo, ¿qué es? ¿Dónde está? ¿Es un lugar? ¿Todos van allí? Empezará a escuchar otros relatos, otras lecturas espirituales de la muerte. En la medida en que ensanche su mundo intelectual, viaje y estudie, verá que casi media humanidad cree en la reencarnación; también verá que una gran parte de los europeos son escépticos y entienden que la muerte es la descomposición total de la persona, su final definitivo. Se dará cuenta de que hay algunos que creen en la inmortalidad del alma, en la supervivencia de un principio espiritual, mientras que otros entienden la muerte como la fusión de la parte con el Todo, como la hoja que cae del árbol en otoño, para hacerse humus y fundirse con la Madre Tierra.

En sentido estricto, creo que frente a la muerte hay cuatro actitudes fundamentales. La primera, la más extendida, es no pensar en ella, ahuyentarla de la mente cada vez que intenta aterrizar allí. Es la más común, porque el pensamiento de la muerte entristece y nadie desea estar triste. Sin embargo, cuando la muerte toca de cerca y se lleva a la persona que más quieres, no puedes ni evitarla ni ahuyentarla. Te la encuentras de golpe y debes plantarle cara.

La segunda actitud es la serenidad estoica. Consiste en asumirla y aceptarla como un hecho de la vida, como una certeza que llega y no se puede evitar. De la resignación a regañadientes a la aceptación serena hay todo un trabajo por hacer que requiere tiempo, fortaleza espiritual y mucha humildad. Si no fuera cristiano, sería estoico, pero reconozco que mi rebelión contra la muerte es tan intensa, que no estoy dispuesto a aceptarla como un hecho natural, porque siento deseo de vida plena, de eternidad, no solamente para mí, sino para todos. No consigo resignarme.

Aún hay otra actitud que, poco o mucho, todos podemos sufrir, tanto los creyentes como los no creyentes: la desesperación. Es la noche del alma, la falta de oxígeno, la rebelión que llega a la máxima potencia y se desespera porque no ve ninguna salida. A veces, es el primer peldaño para llegar a la resignación y, finalmente, a la aceptación serena. La desesperación es una enfermedad del alma, un sentimiento de impotencia que todo ser humano vive en uno u otro momento de su vida.

Finalmente, está la actitud esperanzada. Es la actitud creyente. Desde aquí se entiende la muerte como un paso, como una transición hacia una Vida en abundancia, hacia una plenitud, un estado de bienaventuranza que, coloquialmente, llamamos *cielo*, pero que no es un lugar ni un territorio. La imagen del Nuevo Testamento es muy sugerente. El grano de trigo muere, pero si cae en tierra fértil dará paso a una espiga. La espiga es la plenitud del grano, pero no es exactamente el grano. El anhelo de una vida plena, de un encuentro con los seres queridos, no demuestra que este anhelo tenga que hacerse realidad, pero tampoco niega la posibilidad de que sea así. La muerte podría ser el final total. Nadie ha vuelto para explicarnos qué nos espera en el más allá. Podría ser que el anhelo de eternidad, de Vida plena, de subsistir eternamente, no tuviera respuesta. Nosotros, los creyentes, creemos que Jesús ha muerto y ha resucitado. Es evidente que hay otras posibles hipótesis para explicar la ausencia del cuerpo de Jesús en el sepulcro después de ser crucificado, pero creemos que el Amor infinito de Dios vence al poder universal de la muerte

Luc Ferry, en un bello diálogo con el cardenal Barbarin que ha editado nuestro amigo Ignasi Moreta en Fragmenta, dice que su anhelo es vivir eternamente, disfrutar eternamente de las personas que has amado, y que el cristianismo responde afirmativamente que así será. Él sospecha del cristianismo, aunque le gustaría que fuera así, pero la realidad le enseña —dice— que los deseos raramente se hacen realidad.

Yo quiero creer que sí, quiero creer que la muerte no gana la partida de la historia; que el Amor infinito de Dios —y no el poder del hombre— nos libera del vacío, del anorreamiento. La esperanza de volver a abrazar a los que hemos amado, de reconocerlos, de disfrutar eternamente de su presencia, no es el producto de una argumentación lógica; es el contenido de una esperanza en el corazón.

Afectuosamente,

FRANCESC

CARTA 12
Vicenç Villatoro

Barcelona, 1 de septiembre del 2011

Apreciado Francesc,
¡qué curioso es esto de las cartas! Generan adicción: ganas de escribirlas y sobre todo ganas de recibirlas; tengan el formato que tengan, en el buzón, en el móvil o en el ordenador, en el fondo es lo mismo, solo cambia la extensión. Crean un espacio de complicidad, incluso de confidencia, que alimenta la amistad. Y son de naturaleza imprevisible: nunca sabes de qué acabarás hablando, porque el hilo de la correspondencia es por naturaleza compartido, tiene dos propietarios, y va y vuelve al ritmo que estos dos copropietarios van dibujando, que es un ritmo azaroso, imposible de encorsetar.

En alguna fase de esta correspondencia nuestra, he tenido el temor de llevarla a terrenos pantanosos: a dar vueltas alrededor de mis propias obsesiones. O de llevarla, por mi parte, hacia el terreno de la actualidad, en el sentido más amplio del término: no tan solo lo que sale en las portadas de los diarios, sino en general a lo marcado por el peso de la coyuntura, por el tono concreto que pueden tener unos días determinados. Pero, por fortuna, el hilo de la correspondencia no está solo en mis manos, y cuando adivino el riesgo, por mi parte, de empantanarme, me llega una carta tuya que me abre territorios nuevos o perspectivas nuevas sobre territorios viejos. Confidencia, amistad, complementariedad, pero también apertura de horizontes, descubrimiento de perspectivas nuevas y también de espacios inexplorados.

Me ha pasado mucho, esto, con tu última carta. En la mía anterior, el peso de la coyuntura —el aniversario de la muerte de mi mujer— me había llevado a una temática y a un tono que nos podía empantanar, agotar. Me llega la tuya y encuentro en ella no tan solo comprensión y amistad, sino una perspectiva complementaria a aquello de lo que yo quería hablar y de lo que no tenía ganas de dejar de hablar todavía, pese al riesgo de no salir de ello: el impacto de la muerte y las preguntas que esto proyecta sobre la vida. Por esto me atrevo a continuar con el hilo, porque desde tu lado me parece que has ampliado su horizonte, le has añadido perspectivas nuevas.

Como nos ha ocurrido tantas veces en cartas anteriores, me da la impresión de que muy a menudo, partiendo de lugares muy distantes e incluso antagónicos, desembocamos en espacios muy próximos y compartidos. Como si dos ríos que nacen en montañas alejadas, a través de cursos muy distintos, acabasen quizás no por encontrarse en el tramo final, pero al menos desembocando en el mismo mar y en deltas muy cercanos. Comparto muchas de las consideraciones que haces sobre la asunción de la idea de la muerte. Pero me quedo sobre todo con una, que ya habías formulado en una ocasión anterior: creer, la fe tal como tú la entiendes, no es el final de las preguntas, sino el inicio de unas preguntas diferentes. No es la solución, sino un planteamiento diferente del problema. Me gusta la idea. No me hace creer, pero me gusta.

Personalmente, siempre me ha parecido inquietante la función consoladora de la religión. Si la religión es un analgésico, algo que alivia el dolor, un anestésico de la duda, me parece sospechosa. Ya lo habíamos comentado antes: no sé si la religión es el opio del pueblo, diría que no, pero tampoco puede ser el opio del individuo, el opio de la conciencia y aún menos el opio de la angustia vital. Si todo lo que es la religión es el cataplasma para ponernos encima de una herida —por ejemplo, el dolor por la muerte de los otros, el miedo a la propia muerte— para no sentir, tengo una sensación invencible de trampas en el solitario. Tú me dices que no. Que no crees tampoco, pese a ser creyente, en la función consoladora, aunque crees en la esperanza: en la posibilidad de victoria sobre la muerte. Aquí podríamos medio encontrarnos. Quizás yo no tenga esta esperanza. Pero es que entiendo que incluso esta esperanza, para quien la tenga, puede resultar poco consoladora. Y entiendo también que algunos puedan encontrar, si no consuelo, sí comodidad, en la desesperanza, en el escepticismo. Volveré sobre ello más adelante.

A veces, cuando un mapa no te acaba de ser útil para entender la realidad, va bien ponerlo boca abajo. O de lado. Lo que quiero decir es que va bien cambiar los ejes, los criterios de orientación. Convencionalmente, cuando hablamos de lo que estamos hablando en nuestras cartas, que no es fácil de definir, tenemos el mapa colocado de tal manera que se nos dibujan dos hemisferios: el hemisferio de los creyentes, de los que tienen fe, de los que creen en la trascendencia, incluso de los que creen en alguna forma de inmortalidad, y el hemisferio de los que no creen en ello. Tú y yo estaríamos, por tanto, en dos hemisferios distintos. Pero en muchas cosas nos reconocemos en conclusiones muy próximas. Así que démosle la vuelta al mapa. Cambiémosle los ejes. Definamos los hemisferios de una manera diferente. No los creyentes y los no creyentes. Llamémosles, y ya iremos afinando las palabras, inquietos y conformados, consolados e inconsolables. Y entonces me parece que tú y yo nos podemos encontrar en un mismo hemisferio: en el de los inquietos, los que se hacen preguntas, contrapuesto al hemisferio de los conformados, que ya no se hacen preguntas, que están cómodamente instalados en sus respuestas consoladoras. Estamos del lado de los que recelan de los consuelos anestésicos y somos, por tanto, difíciles de consolar. No necesariamente inconsolables, pero difíciles de consolar.

Mientras leía tu carta, la carta de un inquieto, que me decía que detrás de la respuesta fácil a la pregunta «¿Dónde está la abuela?», la respuesta «Está en el cielo», se abrían incluso para los niños miles de preguntas nuevas, me venía a la mente el «Canto espiritual» de Joan Maragall, el manifiesto religioso, nada espiritual, tremendamente material, de un inquieto. De un creyente inquieto. Maragall, creyente, acepta que hay otra vida después de la muerte. Pero no se consuela con ello en absoluto. Casi se rebela. ¿Para qué quiero yo otra vida, si la que me gusta es esta, si mis ojos están hechos para contemplar esta, si esta es a mi medida humana? ¿Qué interés puede tener una vida espiritual eterna, si a mí, como hombre, lo que me atrae es la vida de los sentidos y situada en el tiempo? Cree en la promesa de la vida eterna, pero no se consuela con ella.

> Si el món ja és tan formós, Senyor, si es mira
> amb la pau vostra dintre de l'ull nostre,
> ¿què més ens podeu dar en una altra vida?
>
> (Si el mundo ya es tan bello y se refleja,
> oh Señor, con tu paz en nuestros ojos,
> ¿qué más nos puedes dar en otra vida?)
>
> Traducción de José Mª Valverde

Yo quiero otra vida para mí y para los que amo, para personas reales y carnales. Quiero vencer mi muerte y la de las personas que amo. El sujeto de esta vida eterna que nos propone el cristianismo, de la reencarnación que nos proponen otras religiones, del grano de trigo o de mostaza que se funde con el todo, ¿soy realmente yo? Es el que yo conozco, el que realmente soy. A Maragall le inquieta. Se enfada. Quiere una vida eterna, pero una vida eterna a la manera humana. «Sia'm la mort una major naixença» («¡Nacimiento mayor sea mi muerte!», traducción de José Mª Valverde), el texto de tantas esquelas, no es —lo ha visto muy bien y con mucha lucidez Sam Abrams— una beatífica canción de alabanza a la inmortalidad del alma, satisfecha y feliz; es una exigencia casi de otro tipo de inmortalidad: esto que me prometéis solo me interesa si es de verdad un mayor nacimiento.

Por tanto, en Maragall, lo que se supone que debería de ser una respuesta consoladora se convierte en realidad en una pregunta inquieta. De la respuesta nacen preguntas nuevas. Si dividimos el mundo en los dos hemisferios de creyentes y no creyentes, estamos en bandos opuestos. Pero si lo dividimos entre consolados e inquietos, estamos en el mismo. Ciertamente, este mapa no sustituye al otro. No convierte al otro en malo, en inútil. Para orientarse bien seguramente los dos son necesarios. Pero los dos. No tan solo el que usamos convencionalmente.

Decía antes, y me gustaría volver sobre ello, que del mismo modo que hay creyentes conformados y creyentes inquietos, hay no creyentes conformados y no creyentes inquietos. Quizás las inquietudes serán otras. Quizás no serán exactamente las maragallanas. Pero existen. El tema no es entonces cómo será la otra vida, sino qué hacemos en esta. Si no hay Dios, si no hay trascendencia, si no hay inmortalidad, ¿vale todo en esta vida? Los no creyentes conformados te dirían que sí, que todo vale, que no hay otra guía moral si no hay trascendencia, más que el propio deseo o la propia voluntad. El no creyente conformado se convierte en cínico o frívolo: si la vida no tiene un sentido trascendente, ¿sobre qué podemos fundamentar una moral? En cambio, el no creyente inquieto intenta construir una regla de vida, intenta fijar unos límites y unas prohibiciones, también unos requerimientos o unas obligaciones, que sirvan para vivir. Quizás no sea el sentido de la vida, pero es la norma de vida. La ética. Los no creyentes conformados tienen el consuelo de la libertad absoluta, de la ausencia de atadura moral, lo que sea. Si no hay Dios, todo vale. Los no creyentes inquietos nos hacemos preguntas sobre esta manera de vivir, sobre esta ética individual, ni cínica ni frívola. Quizás estoica, un término que te gusta y que a mí también me gusta. O quizás desesperada. O quizás desesperadamente estoica. O estoicamente desesperada. Muy bien, ya sabemos que la película no acaba bien. Que el final feliz es anestésico. Pero vivimos. Entonces, ¿cómo vivimos? ¿A qué nos obligamos y a qué renunciamos, aunque sea una cosa o la otra en contra de nuestro deseo primario, en contra del dictado sin criba de nuestra voluntad?

Quizás le pongo menos carne vital, menos carne biográfica, aparentemente, pero de hecho estoy hablando de lo que hablaba en mi carta anterior: de las preguntas, cuando te golpea la muerte de cerca, sobre la asunción de la muerte, pero también sobre el sentido de la propia vida, sobre lo que hemos hecho y sobre lo que hemos dejado de hacer, sobre las reglas de conducta. Hablo de lo mismo, pero el nuevo terreno de juego me lo trae tu carta. Me sumerjo en él sin demasiadas herramientas: mi formación no es ni filosófica ni teológica, soy un escritor y un periodista que desconoce los sobreentendidos del género (a veces, esto es fundamentalmente un vocabulario gremial, una convención sobre el uso de las palabras). Pero tu carta me ha permitido continuar en él un rato más.

Sí, pertenecemos al hemisferio compartido de los inquietos, contra el hemisferio ajeno de los conformados. Creyente o no creyente, pero con más preguntas que respuestas. No tanto preguntas sobre lo que somos —no me parece esperable ni que tú dejes de creer ni que yo empiece a creer— sino preguntas sobre a dónde nos lleva lo que somos. Qué caminos vitales se desprenden de ello.

Me detengo aquí, por hoy. ¡Tenemos mucho trabajo acumulado, de cartas anteriores! Temas quizás menos personales, más colectivos, que piden que hablemos de ellos, que nos expliquemos. Hemos dejado puertas abiertas al hablar de las liturgias: me he hecho mucho cargo de tus perplejidades a la hora de inventar liturgias laicas. Con algunos amigos hemos hablado a veces, en broma, de la posibilidad de crear una empresa de liturgias a medida. ¡Incluso nos haríamos ricos! Aún tenemos que hablar de los espacios públicos, la construcción de un discurso compartido tan alejado de los poderes confesionales como de los poderes hostiles al hecho religioso. ¡Hay muchas cosas! Yo ya he vuelto al trabajo. Esto también cambia la perspectiva de muchas cosas. Trabajando, medio ejerciendo aún de periodista y dedicado a la gestión cultural, el espacio público se te engrandece, y la obsesión por las cuestiones más personales pasa a un segundo plano (sin desaparecer nunca del todo). Mañana empieza septiembre y hoy está nublado. Ese aire de final de verano. Espero que vuelvas de vacaciones con un buen botín de recuerdos felices. Creyentes o no creyentes, al final, este álbum de fotos bellas y alegres, que los veranos siempre ayudan especialmente a llenar, son un balance deseable de la propia vida. No sé si su sentido, pero en cualquier caso, un buen objetivo.

Un abrazo,

VICENÇ

UNA ÉTICA SIN DIOS

CARTA 13
Francesc Torralba

Barcelona, 2 de septiembre del 2011

Apreciado Vicenç,

el retorno a la normalidad no es fácil, pero hay que agradecer la normalidad, incluso la rutina, especialmente en tiempos de grandes turbulencias. Cuando pienso que muchos esperan encontrar trabajo, recuperar el trabajo perdido, que suene el teléfono con una oferta de trabajo, creo que los que como tú y yo tenemos la suerte de trabajar en un campo que nos gusta y nos hace crecer en todos los sentidos tenemos un privilegio que debemos conservar. En el mundo en el que vivimos quejarse de exceso de trabajo, como hacen algunos, es casi obsceno.

Soy un enamorado de mi trabajo. Me gusta mucho enseñar lo poco que sé y despertar la curiosidad intelectual en mis estudiantes. Entiendo que cada lección es un acto único, una ocasión irrepetible para desarrollar la creatividad e inquietar las conciencias. No podría soportar el acto docente como una repetición de la misma canción. Cada tema es una ocasión para explorar de nuevo la cuestión y constatar el océano de preguntas que suscita.

Los estudiantes te miden, pero ellos no saben que también el profesor se mide a sí mismo cada vez que sale al aula a pecho descubierto. Disfruto en el aula y ellos se dan cuenta. Podría vivir sin escribir, pero no sin enseñar. No obstante, debo confesar que me inspira temor empezar de nuevo el curso, ganarse otra vez a los alumnos, hacer las reuniones de programación, coger el ritmo de la vida laboral y soportar las riñas académicas tan ridículas como efímeras.

Así pues, el contexto desde el que te escribo ahora es muy diferente. Desde el estudio de Morgovejo veía el pinar, un cielo azul, tan azul que llamaba la atención, casas de piedra y tejados muy desgastados. El despacho de la universidad está lleno de libros, sobre la mesa hay un montón de cartas que me han llegado durante el mes de agosto, un montón de paquetes que, muy probablemente, serán libros o revistas académicas, y una pobre planta que agoniza porque nadie la ha regado durante el mes de agosto.

Ciertamente, las cartas crean adicción. Al menos, las tuyas. Disfruto con este epistolario y estoy convencido de que si tenemos la fortuna de tener como mínimo un lector que las lea, también disfrutará con este intercambio cortés y benévolo de pensamientos y, sobre todo, de sentimientos, de lo que la filósofa judía Edith Stein denomina *pensamientos del corazón*. Muchos pensamientos que tú me has comunicado brotan más del corazón que de la cabeza, como también me pasa a mí.

Como suele pasar en estas cartas que me envías, hay diferentes temas planteados, todos ellos interesantes, que permiten recorridos diversos, transitar por caminos nuevos, pero necesariamente, como me ocurre cada vez, me veo obligado a dejar muchos de estos caminos atrás y transitar por uno. Sin embargo, tengo la esperanza de que retomaremos de nuevo caminos que hemos dejado atrás, aunque qué más da si no lo hacemos; tampoco tenemos la obligación de acabar un temario como le pasa al profesor.

Al leerte, tengo una sensación parecida a cuando corro por el bosque, sobre todo si es un bosque que desconozco. De golpe, el camino te lleva a una encrucijada y tienes que escoger. No puedes transitar por uno y otro simultáneamente: tienes que coger este o aquel. Debes escoger. Aparece lo que Kierkegaard llama el *vértigo de la decisión*. ¿Qué camino tomaré? ¿Adónde me llevará? ¿Llegaré a buen puerto o finalmente se irá cerrando y se perderá? ¿Tendré fuerzas para volver atrás? Lo mismo me pasa con la batería de temas que contienen tus cartas. Pero, afortunadamente, son temas que, como los vasos comunicantes, se relacionan unos con otros y se llega a los mismos lugares aunque se hayan tomado senderos diferentes.

No puedo pasar por alto tus sugerentes reflexiones sobre el poder consolador de la religión. Creo que me interpretas bien cuando dices que, tal como yo la vivo, la religión es una fuente de ansiedad y de inquietud, incluso de desasosiego. No soy cristiano porque esto sea un bálsamo para mi alma. Obviamente, tampoco quiero mortificarme ni tengo mucho estómago. No tengo vocación masoquista, pero la opción cristiana, tal como la entiendo, no responde a criterios utilitaristas; tampoco hedonistas. Me siento llamado, desde dentro, a vivir el mensaje de Jesús. La escucha es esencial en la tradición bíblica. La llamada es una experiencia de descentramiento. Alguien te llama a vivir el amor más grande, a ensanchar los límites de tu conciencia, a superar la estrechez de tu *ego*. La fe siempre se define como la respuesta a una llamada, como una *vocatio*, aunque esta respuesta es libre.

Podría hacer oídos sordos, efectivamente, y probablemente todo sería más fácil.

La fe es exigencia, es repuesta a una llamada que te exige amar con plenitud. Sin embargo, esta llamada choca constantemente con todo tipo de debilidades y de resistencias. Sientes que la llamada es excesiva: amar a los enemigos, perdonar incondicionalmente, darlo, servir a todos en lo que puedas, ponerte a la cola, practicar la humildad y la pobreza. Paul Ricœur, filósofo protestante, dice que hay una especie de exceso en la propuesta cristiana que siempre te deja insatisfecho. El programa es exigente, al menos tal como se desprende de una lectura del Evangelio. Por tanto, la llamada duele; es punzante, como tú dices de los recuerdos, de tal manera que es inquietante y crea mala conciencia. Nunca te sientes suficientemente bueno, suficientemente fiel, suficientemente transparente, suficientemente honesto, suficientemente, humilde, suficientemente paciente. Aunque después esté la confianza en que serás acogido y amado incondicionalmente por Dios, la llamada es inquietante.

Me gusta que cuestiones la conocida crítica de la religión como opio del pueblo, como analgésico usado a granel para adormecer a la masa. Es evidente que este es un uso que puede hacerse del universo religioso y, muy probablemente, es un uso muy habitual, pero hay que distinguir entre el uso que se hace de un objeto y lo que el objeto es en sí mismo. La política, por ejemplo, puede ser empleada para satisfacer deseos muy poco nobles, anhelos narcisistas, pero también puede ser desarrollada con nobleza y dignidad. La crítica marxista es demasiado fácil, a mi entender.

Siempre tengo presente una frase de san Agustín que es muy conocida en el contexto cristiano: «Inquietum est cor nostrum, donec requiescat in Te.» Me interesa subrayar la primera parte, porque hace referencia directa a la sugerente distinción que planteas en tu carta entre inquietos y conformados. El corazón humano es inquieto. ¿Y por qué es inquieto? Porque anhela una paz, una plenitud, una armonía que nada ni nadie puede darle. Vivimos ciertos instantes de plenitud, disfrutamos de momentos de tanta intensidad y armonía que ya nos parece participar del paraíso, pero se desvanecen, se van, amarillean como las páginas de un libro de texto antiguo.

El corazón humano está inquieto. Busca lo que no tiene. No se contenta con lo que tiene. Quiere más. Anhela, desea. Un pensador judío como Ernst Bloch subraya este fenómeno del deseo permanente de la condición humana. Somos deseo. Los objetos que deseamos nos hacen diferentes, pero todos deseamos, tanto de pequeños como de mayores; también en la vejez el deseo está vivo.

Desde la perspectiva cristiana, solo Dios puede aquietar este deseo. El resto no satisface, no llena, no responde a las expectativas. Bloch dice que el deseo permanece deseo, un deseo abierto, permanente. Por tanto, entiendo que, en sentido estricto, la inquietud no es la particularidad de algunos cristianos o de algunos no creyentes. Es un signo universal. Aún así, sin embargo, creo que das en el clavo cuando dices que hay personas que se instalan conformadamente en una ideología o religión, mientras que otras viven su pertenencia con inquietud. Buscan qué hay más allá de las fórmulas establecidas, de las frases repetidas, de las liturgias aceptadas. Entiendo que ser cristiano es vivir esta inquietud con esperanza, con la confianza de que habrá un aquietamiento final, una especie de paz, de tranquilidad plena. Mientras hay inquietud, hay vida, hay una perfecta constatación de la distancia que existe entre lo que soy y lo que debería ser, entre la realidad y lo ideal.

Los inquietos son inquietantes para los conformados. Les hacen pensar, les ponen palos en las ruedas, les incomodan. Esta reflexión también vale para el orden político. Cuando un nacionalista inquieto muestra su inquietud, el nacionalista conformado se siente violentamente zarandeado e, incluso, le puede llegar a acusar de traidor. Alguien que se atreve a cuestionar el significado de la palabra *nación*, la raíz del hecho diferencial, la base popular del nacionalismo, fácilmente es objeto de sospechas. Los inquietos no son bien recibidos en su casa y, a pesar de ello, son los que hacen progresar a cualquier comunidad u opción política.

La segunda parte de tu carta hace referencia a uno de los temas más discutidos en la ética contemporánea: su fundamentación sin Dios. Si no hay Dios, ¿todo está permitido? Muerto Dios, ¿todo vale? ¿Quién pone los límites? ¿Quién ocupa el sitial de Dios? ¿Deberemos convertirnos nosotros mismos en dioses, como sugiere Nietzsche? ¿Qué punto de referencia tiene el no creyente para dar consistencia a sus valores? ¿Todo es blando? ¿Todo es líquido? ¿Cómo salvar el escollo del relativismo?

Con o sin Dios, la capacidad humana para generar mal es infinita. Así pues, el hecho de que la ética se fundamente en Dios no salva a la humanidad de las atrocidades y de las crueldades que ha cometido a lo largo de su historia. El cristiano tiene un referente: Jesús. Jesús tiene una propuesta ética para toda la humanidad, articula una manera de vivir, desarrolla una maestría moral. El propio Immanuel Kant, que no lo reconoce como hijo de Dios, lo reconoce como uno de los grandes maestros morales de la humanidad. Por tanto, la cuestión está en valorar si esta propuesta tiene sentido, si es noble, si se puede universalizar, si tiene posibilidades de recepción en el mundo contemporáneo, si es un camino de felicidad, de convivencia y de fraternidad, Yo creo, firmemente, que sí, pero que es necesario saber traducirla con un lenguaje significativo, inteligible, incluso secular, para que pueda ser objeto de recepción en el ágora pública.

Incluso en el caso en que no hubiera Dios, la propuesta ética de Jesús sería, en sí misma, valiosa, tan valiosa que muchos agnósticos y ateos la consideran una guía fundamental, incluso para formar a sus hijos. No me pregunto si la ética cristiana es universal; me pregunto si se puede universalizar, si es una propuesta legítima para todos los hombres y mujeres que ahora y aquí ocupamos la tierra.

¿Es posible una ética laica sin Dios, sin Absoluto, sin referentes trascendentes? No tan solo es posible: su existencia es un hecho. Buena parte de los pensadores presentes formulan propuestas éticas que no se fundamentan teológicamente. La vía del consenso, por ejemplo, es una de ellas. ¿Qué hay que hacer? Lo que pactemos. ¿Cuáles son los límites? Los que pactemos. ¿Quién marca la legitimidad de un acto? El consenso.

La comunidad de diálogo pacta unos mínimos, ni que sea para regular la convivencia del espacio público. Es una propuesta que pone el fundamento en el diálogo abierto y racional, un diálogo, de todos modos, muy diferente del pacto interesado y muy a menudo maquiavélico de las fuerzas políticas. Por tanto, si no hay Dios, no vale todo: hay que ser respetuoso con lo que hemos consensuado y respetar los límites que nosotros mismos nos hemos dado.

No me opongo a este planteamiento, aunque tenga muchas grietas: demasiadas filtraciones como para abrazarlo de punta a punta; pero entiendo que, en un contexto presidido culturalmente por la muerte de Dios, alimentado por una diversidad cada vez mayor de comunidades morales distintas, hay que llegar a una entente racional y dialogada para resolver las diferencias que tenemos en la manera de concebir la vida en el espacio público.

Aun así, creo que los cristianos tenemos derecho también a participar en este consenso y a manifestar, si hace falta explícitamente, los disensos que experimentamos. Participar en un plano de igualdad en este diálogo es básico, pero también lo es tener la audacia de mostrar aquellas opciones que discriminan o no son suficientemente respetuosas con el infinito valor de toda existencia humana. El drama de este diálogo es cuando no se escuchan todas las voces, especialmente las minoritarias, o bien cuando alguien entra en el ágora con la pretendida posesión de la verdad y está dispuesto a condenar al infierno a quien no piense como él.

En cualquier caso, me gustaría saber cómo respondes tú a la fundamentación de la ética. Los cristianos tenemos un referente: no tan solo un libro o un decálogo, sino una persona que se convierte en nuestro arquetipo. Vivir como él vivió: este es el reto. Perdonar como él perdonó. En definitiva, amar como él amó. Desde la conciencia agnóstica inquieta, desde la identidad laica, ¿cuál es el referente? ¿Hay multitud de referentes? ¿Opera una ética cristiana en el subconsciente? ¿Solamente queda la ley positiva y el respeto a las leyes que emanan del consenso político? Me gustaría saber qué es lo que te conmueve o, al menos, te resulta estimulante de la propuesta ética de Jesús. Oscar Wilde, estando encarcelado, escribe su maravilloso *De profundis*. Allí lee los Evangelios en griego y se queda maravillado de la propuesta ética de Jesús.

Tal vez aquí también habrá un lugar de encuentro entre nosotros. Dejemos a Dios por unos instantes y centremos la mirada en el hombre de carne y hueso, como decía Unamuno.

Afectuosamente,

FRANCESC

CARTA 14
Vicenç Villatoro

Matadepera, 4 de septiembre del 2011

Apreciado Francesc,

en tu última carta, yo diría que por primera vez desde que mantenemos esta conversación cálida y azarosa por carta, me planteas una pregunta directa, me pides una respuesta directa, me interpelas de una manera que no puedo dejar de responder. Quizás por eso me pongo enseguida a ello, el primer domingo libre en medio de días de una cantidad de trabajo considerable —los retornos y los inicios de curso siempre son especialmente densos— y sin saber demasiado qué decir. Quiero decir que hay cartas que están muy pensadas y que entonces, al escribirlas, salen un poco a chorro: son cosas sobre las que ya has dado vueltas en ocasiones anteriores y tienes un determinado discurso estructurado, más o menos completo. Pero en este caso, ante una pregunta clara y neta, no sé mucho qué acabaré respondiendo. Sobre todo porque el articulista, el periodista, incluso el escritor, no ha tenido que enfrentarse nunca a ello de una manera tan transparente. Era más bien un paisaje, un sobreentendido. Los artículos hablaban de otras cosas.

Me recuerdo a mí mismo la pregunta. Te decía yo, en una carta anterior, que mi preocupación, lo que me inquieta, es construir una ética sin Dios. Y sin trascendencia. Es decir, una norma de conducta, una distinción entre el bien y el mal, entre lo que no se puede hacer y lo que debería hacerse, sin fundamentarla en la divinidad. ¿Entonces —me preguntas— dónde la fundamentas? ¿Estrictamente en el pacto, en el consenso? ¿Existe una especie de criptocristianismo moral que compra la ética sin sentirse obligado a comprar el lugar donde esta ética tiene sus raíces? Son muchas preguntas en una. Y temo decepcionar en las respuestas. Porque no son estrictamente respuestas, sino solo intuiciones. No es un sistema de pensamiento, es una sensación gaseosa. Me pongo a ello.

Un día te envié un poema que cierra un libro que se titula *Llibre de les blasfèmies* ['Libro de las blasfemias'], del que algún otro día me gustaría hacerte llegar otros textos, al hilo de nuestras discusiones. El poema viene a decir, con el lenguaje que —para bien o para mal— pertenece al mundo de la literatura, que el hombre inventa a Dios el séptimo día porque necesita algo para acuñar, para fundamentar, lo que intuye que es bueno y que es conveniente. Hay una intuición ética. Para que no se nos quede colgada de la nada, como el pintor colgado de la brocha, le ponemos *a posteriori* la escalera de la divinidad. ¿Y cómo defino esta intuición ética, el pacto moral primigenio?:

> Miró el hombre lo que le rodeaba
> y descubrió el mal: la crueldad
> de las leyes del hambre y de la fuerza,
> cómo temblaba el débil a la intemperie,

la amenaza carnal de la arrogancia.
Había que hacer unas leyes que temperasen
la guerra de la sangre y la caza,
convenir algunas reglas para que el mundo
fuera, si no un paraíso, un lugar amable
donde poder llegar a viejo.

El fundamento de esta moral sería el combate contra la ley de la naturaleza, que es una ley sin compasión, por las leyes de las personas, que serían las leyes de la compasión, con el objetivo de hacer de la vida y del mundo un lugar amable donde poder envejecer. No hace falta nada más.

Ya sé que no es especialmente sofisticado, en conjunto. Pero tampoco pretendía serlo. El fundamento de esta ética de las personas sería esta intuición de un mal —la ley de la selva, la ley del más fuerte, la ley de las voluntades primarias confrontadas— y su sustitución por la ley de la renuncia y de la compasión, a favor de hacer del mundo un lugar más amable para todos. Un lugar donde poder hacerse viejo. Sencillo. La civilización, la cultura, la moral, sería fundamentalmente, a la manera freudiana, un acto de represión de nuestros instintos, de nuestros deseos y de nuestra voluntad. La cultura es dejar de hacer lo que nos apetecería, en nombre del bienestar de todos. El fundamento de la cultura es la renuncia. El mal es la destrucción. El bien es el respeto a las personas. Y a partir de aquí, interpretemos como podamos. Sabiendo que las interpretaciones cambian. Se mueven en el tiempo y en el espacio.

También lo comentaba en alguna ocasión: esta intuición literaria, escasamente filosófica, muy metafórica, se fundamenta en parte en algunos textos de los *Carnets* que Albert Cohen, autor de *Bella del Señor*, escribió a los ochenta años, en parte sobre estas cosas de las que nosotros hablamos: Cohen es de los que querrían creer en Dios para poder fundamentar mejor su visión ética. Le gusta el Sinaí, le gusta lo que baja Moisés, las tablas de la ley, es decir, la colección de las renuncias. Intuye que esto es la clave de la humanidad: lo que combate al animal que hay en el interior del hombre. Le gustaría que las hubiera dictado Dios. No está muy seguro de ello. Interpreta la historia del siglo XX en esta clave: el Mal, que es Hitler, que es la reivindicación de las leyes de la naturaleza, de la ley del más fuerte, ha perseguido a los judíos precisamente porque son lo contrario. Dice Cohen: por la ley moral y sus mandamientos, se nos dice lo que hay que hacer y sobre todo lo que hay que abstenerse de hacer para convertirse en hombre, para sacarse de encima el corsé de lo que es natural, de lo que hacen los animales. Es una manera de decirlo. No sé si estoy diciendo exactamente lo mismo, pero algo parecido: el fundamento de esta ética laica es el respeto a las personas y a lo que las hace específicamente personas, a su humanidad. La ley moral es, entonces, la ley humana, no tan solo en contraposición a la ley divina, sino sobre todo en contraposición a la ley natural que hace de la vida una selva.

Me hablas del consenso, del pacto, de la ley. ¿La ley moral es estrictamente un pacto, un consenso, entre los miembros de la comunidad, si no hay Dios para fundamentarla? No me acaba de gustar la formulación. Es cierto que la moral es histórica, porque el consenso cambia en el tiempo y en el espacio. Seguramente a un ciudadano griego le habría sorprendido que a nosotros la esclavitud nos plantee, no ya problemas morales, sino un rechazo moral absoluto. Cosas que nos parecen hoy y aquí obviamente inmorales, no lo habrían sido hace cien años o no lo son ahora en otros lugares. El consenso se modifica y la moral cambia. ¿Toda? ¿Incluso los fundamentos más íntimos? ¿O cambian las encarnaciones de estos fundamentos?

La construcción del consenso y el arbitraje pacífico del disenso son grandes conquistas de la humanidad. La democracia es algo formidable, extraordinario. Pero este método, discutir y —metafóricamente— votar, no sirve para todo. Sirve para hacer leyes, eso sí, porque la interpretación de los principios es discutible y consensuable. No sirve para fijar convicciones. No sirve para fijar certezas. Me explico mal y necesitaré ejemplos para explicarme un poco mejor. Hay uno que utilizo a menudo. Dicen que, en tiempos de la República, un ayuntamiento sometió a votación la existencia de Dios. Ganaron los que pensaban que no, ocho a siete, por decir algo, y el ayuntamiento proclamó que en aplicación de los principios y los métodos democráticos, Dios no existía. Hombre, eso no vale. Y no habría valido tampoco en dirección contraria, si hubiesen quedado ocho a siete a favor de la existencia de Dios. El método democrático no sirve para esto. Sirve para hacer leyes civiles, no sirve para arbitrar entre la fe de unos y la de los otros. De la misma manera en que la verdad científica no se puede establecer tampoco por votaciones: la ley de la gravedad no se somete a referéndum. No podemos decir que hay o no hay calentamiento global porque la mayoría de la población crea una cosa o la contraria. Lo hay o no lo hay, al margen de las mayorías. Y la existencia de Dios tampoco depende de las mayorías. Ni de las votaciones.

Quiero decir que hay métodos de construcción de conocimiento, de la verdad y de la convicción muy diferentes. Se trata de que no se mezclen. La fe es un método. La ciencia es otro método. La democracia es otro método. Cada uno sirve para lo que sirve. Cuando se han querido proclamar verdades científicas en nombre de la fe, se ha hecho tanto el ridículo como cuando se ha sometido a votación la existencia de Dios en un ayuntamiento. Negar que la Tierra gire alrededor del Sol por una razón religiosa es tan absurdo como negar la posibilidad de una creencia a través de la ley votada en un parlamento. Un parlamento puede votar una ley de divorcio. Una Iglesia puede decir que pide a sus adeptos no divorciarse.

La ética laica no es estrictamente, a mi entender, el cumplimiento de las leyes civiles. Las leyes civiles son encarnaciones —coyunturales, consensuadas— de las éticas, laicas y religiosas, que están presentes en la comunidad. Pero la ética laica no es que tengamos que detenernos en los semáforos cuando están en rojo. Esto es una convención. La ética laica es que tenemos que ordenar nuestra vida colectiva —y nuestra vida individual— en beneficio de las personas, del conjunto de las personas, respetándolas una por una y buscando lo que es mejor para la mayoría, sin pisar nunca a la minoría. A partir de aquí, ya decidiremos si construimos rotondas o ponemos semáforos, si conducimos por la derecha o por la izquierda, cómo hacemos las prisiones o si no las hacemos...

Un apunte solo de pasada, para acabar. Quería hacer un artículo sobre ello, pero no sé si lo haré. Esto del consenso, del pacto, de lo que podríamos llamar la moral pública, es muy elástico. Y muy discutible. Siempre se ha dicho que a veces hay una moral proclamada, sobre la que existe un consenso aparente, que es la que se supone que aceptamos todos, y después, en la práctica, la gente tiene otra moral absolutamente diferente para usar los días de cada día. La moral que proclamamos y la moral que usamos. Esto seguramente ha pasado siempre. Pero quizás ahora estemos en una fase nueva. Tradicionalmente, se decía, había una moral pública restrictiva y una moral privada permisiva. Por decirlo así: puritanismo público y manga ancha privada. ¿Puede ser que esté pasando exactamente lo contrario? ¿Puede ser que hoy tengamos una moral pública permisiva y donde todo se supone que es posible y, después, cuando intentamos vivir en el seno de esta moral todo sean tensiones, insatisfacciones y frustraciones? ¿Que la moral individual sea hoy más restrictiva que la que proclamamos como moral pública? Me gustaría volver sobre esto algún día. Hay ejemplos cotidianos que invitan a ello.

Bueno, soy consciente de que había una pregunta concreta y clara y de que no ha habido exactamente respuesta o, si la ha habido, no es ni concreta ni clara. Quizás no pueda darse. Quizás, y esto es lo más probable, soy yo quien no es capaz de convertir en respuesta clara lo que son solo intuiciones. La persona es sagrada. Ciertamente, esta sacralización es tan azarosa, discrecional y discutible como la sacralización de un espacio, de una liturgia o de unas palabras que pueda hacer una confesión religiosa. No es la razón contra la sinrazón. No nos estamos confrontando racionalistas y no racionalistas. Todo pide axiomas indemostrables, razonablemente. Pero no son los mismos axiomas.

Tú decías: ¿es posible que exista una especie de criptocristianismo latente en esta moral laica? Lo parece: en muchísimas cosas, a partir de axiomas diferentes, llegamos a las mismas conclusiones prácticas. Estoy convencido de que en temas de moral individual y de moral colectiva la lista que haríamos tú y yo de lo que es bueno hacer y de lo que debemos evitar hacer sería muy parecida. Quizás porque en el fondo la intuición del bien y del mal es muy compartida. La diferencia real no es tanto qué moral defendemos, sino qué fundamentos usamos para legitimarla.

Decíamos al principio de nuestra correspondencia que tan peligroso es hacer ver que pensamos exactamente lo mismo como hacer ver que pensamos exactamente lo contrario. Tan peligrosos son los encastillamientos en posiciones irreductibles como la búsqueda de síntesis prematuras que disimulen las diferencias. Quizás por esto no he sabido contestar a tu pregunta: porque si nos ponemos a discutir sobre dónde fundamentamos nuestra visión ética, podemos jugar al encastillamiento. A algunas formas de «porque sí» que están presentes tanto en el discurso religioso como en el laico. Mientras que si nos limitamos a observar que en el fondo los principios éticos que defendemos no son tan contradictorios, quizás estemos trabajando demasiado pronto para la síntesis. En cualquier caso, el conjunto de todo ello me hace pensar en términos que nunca habría utilizado. ¡Y escuchar una voz ajena enormemente convincente! A mí me vale la pena. Es, humana e intelectualmente, un buen negocio. ¡Gracias por compartirlo! Y que podamos disfrutar de esta normalidad del nuevo curso que me comentas al inicio de tu carta. ¡De las expectativas, también de los temores, de unos meses que vienen que me parece que serán apasionantes!

¡Disfrutémoslos! Hasta muy pronto. Un abrazo,

VICENÇ

CARTA 15
Francesc Torralba

Barcelona, 6 de septiembre del 2011

Querido Vicenç,

agradezco tu respuesta. Creo que ya estamos en condiciones de hacernos preguntas en directo, sin circunloquios ni bozales. Has recogido el guante que te he lanzado y, ciertamente, como en otros casos, la coincidencia de fondo es muy evidente.

La ética laica que propones tiene un fundamento nítido, claro, que no induce a ambigüedades: el centro es la persona humana, la de carne y hueso, cualquier persona con indiferencia de su raza, edad, condición o género. El principio básico e innegociable de esta ética es el cuidado de la persona. Hay otras éticas laicas que no ponen el fundamento en la persona. Invocan otras realidades y lo ponen todo a su servicio. También hay éticas de naturaleza religiosa que sitúan otras realidades en un grado jerárquicamente superior a la persona y que justifican, si se tercia, su sacrificio, para servir a estas realidades.

En ambos casos, se perpetra una instrumentalización de la persona, se desacraliza, se profana su misterio, se la convierte en un medio para conseguir algo, supuestamente, más glorioso, más noble, más valioso. A veces este horizonte ha sido la liberación de un pueblo, el crecimiento económico, la expansión militar de un estado o bien satisfacer la sed de ídolos o de divinidades.

También valoro la dignidad que das a la ética laica, sin necesidad de definirla por contraposición a la ética cristiana. Hay planteamientos que entienden que Dios es el principal enemigo en el desarrollo de la libertad del hombre. Consideran que no solo es necesaria una ética *sin* Dios, sino *contra* Dios. Hay ejemplos de esto tanto en Francia como en España. Creo que la ética laica debe definirse por sí misma y no por contraposición a otra ética. Cuando la definición es reactiva es una definición pobre. En temas nacionales pasa muy a menudo: muchas personas a la hora de definir Cataluña, dicen, sencillamente, que no es España, pero esto es hacer trampa, porque no resuelve la difícil cuestión de la identidad de España ni de Cataluña.

Desde una óptica inequívocamente cristiana, la esencia de la ética es también el respeto a la persona, a *toda* persona. Cuando fijo la atención en la manera de actuar de Jesús tal como la recogen los Evangelios, observo a un hombre atento a toda persona, compasivo y hospitalario, que no hace diferencias y que no se deja cegar por los prejuicios de la época. Cuando se dice *respeto a toda persona* se incluye también al marginal, el que no es considerado un ciudadano, el que no es reconocido como sujeto de derechos en el marco del Imperio Romano. Por tanto, no es extraño que las figuras que acoge Jesús sean figuras de los márgenes que escandalizan a la buena gente.

Mujeres, niños, prostitutas, endemoniados, enfermos, leprosos, extranjeros, esclavos, inmigrantes, viudas, publicanos y pecadores, todo este conjunto de figuras son objeto del máximo respeto, de cuidado y atención por parte de Jesús transgrediendo las pautas de la conducta social y los patrones morales establecidos. Es una ética de la transgresión y de la compasión, porque pone en entredicho las costumbres asumidas, los rituales y preceptos de la época, lo que llamaríamos la moralidad del momento. Pero esto me gusta decir que la ética inspirada en el cristianismo no es un mecanismo de conservación de costumbres, de perpetuación de la moral tradicional, como muy a menudo se ha hecho ver. Es un instrumento de transformación, un grito de alerta, en la medida en que cuestiona lo que está establecido y denuncia a la buena gente. Esta dimensión profética no siempre se ha sabido poner de relieve.

La persona, desde la cosmovisión judía y cristiana, es el ser más perfecto de la creación, ha sido hecha a imagen y semejanza de Dios, tal como se lee en el Génesis, y está dotada de una dignidad inherente que es independiente de lo que tiene o representa. Es digna independientemente de su forma, de su estado evolutivo o de su grado de autonomía. La dignidad no procede del ejercicio de la libertad, sino de su ser. Coincido totalmente con esta tesis, y por ello me siento tan cómodo en el marco del personalismo filosófico del siglo XX que integra a pensadores diferentes espiritualmente y socialmente, pero que reconocen, todos ellos, el valor sagrado de la persona. Es el caso de Mounier, Landsberg, Lacroix, Nédoncelle y, en el marco judío, de Buber, Lévinas, Rosenzweig o bien Edith Stein.

Desde esta concepción, la persona es prioritaria al Partido, a la Religión, a la Nación, al Estado, a la Raza, a la Lengua, a la Ciencia, al Progreso; es quien nunca puede ser tratado como instrumento al servicio de un fin supuestamente superior a él. Es, por decirlo a la manera de Kant, un fin en sí misma, y debe ser tratada como tal y nunca únicamente como instrumento.

Pero la cuestión, como sabes, es objeto de profundas discusiones filosóficas en el presente. Muchos se preguntan: ¿Por qué la persona? ¿Qué tiene de especial este ser para merecer tanta atención? ¿Qué cualidad inherente atesora que merezca el máximo respeto? ¿Es una pura reivindicación gremial? Si fuéramos orangutanes, ¿también destacaríamos el respeto a la persona como fundamento innegociable de la ética? Hay un conjunto de pensadores que critican esta opción antropocéntrica, de negligir la dignidad de otros seres de la naturaleza. Yo soy antropocéntrico, pero al mismo tiempo reconozco que el mundo es un Todo interdependiente y que la persona tiene el deber de cuidar todo lo que existe, pero entiendo que hay una diferencia cualitativa entre ella y las otras realidades del mundo y que solo la persona es un sujeto de derechos y de deberes, un proyecto abierto, un ser llamado a desplegar su libertad.

Subrayo, como tú, el respeto por la persona, pero esto no excluye ni el cuidado, ni la protección, de las plantas, de los animales, de la naturaleza inanimada. El cuidado por la creación es, también, una exigencia de la ética cristiana, muy subrayada por la filosofía de raíces franciscanas.

Las corrientes ecocéntricas o fisiocéntricas consideran que la persona es una expresión más de la naturaleza que merece respeto y atención, pero no de una manera cualitativamente diferente a la de los otros seres. Esto, naturalmente, va ligado a una discusión antropológica sobre los elementos diferenciales entre la persona y el animal, sobre lo que nos hace verdadera y singularmente humanos. Por caminos diferentes, llegamos a la misma fuente, pero no es extraño, porque todo occidental tiene una forma mental modelada a partir de la cultura griega y de la cultura semítica, y el valor de la persona es un aspecto central en esta convergencia de tradiciones. Somos hijos de una hibridación creativa y, a veces, violenta, entre Atenas y Jerusalén, entre Platón y la Biblia.

Hay una sugerencia en tu carta que no quiero pasar por alto. Cuando te refieres al filósofo judío Cohen, inicias una reflexión sobre el carácter represor que tiene la cultura. Aquí nace un filón que no hemos explotado directamente en ninguna carta, pero que es muy fecundo. En virtud de la cultura, el ser humano es capaz de tomar distancia de su fondo animal y humanizarse, crear civilización, vencer la ley darwinista y regirse por unas leyes basadas en el respeto y la compasión.

Muy a menudo se ha criticado a la religión como un sistema represor de los instintos básicos de la persona: el *eros* y el *thanatos*. Muchas personas, educadas en un clima de represión sexual y social, han visto en la religión el principal obstáculo para la libertad. Han sentido la necesidad de matar a Dios —entendiendo a Dios como el Padre punidor, como aquel Ojo que todo lo ve y todo lo censura. Entiendo que muchas personas hayan sentido la necesidad de tomar distancia y que su resentimiento hacia todo lo que es religioso sea muy fuerte.

El mismo Sigmund Freud escribe páginas antológicas sobre esta temática en el conocido ensayo *El malestar de la cultura*. Después de él, muchos otros, como Herbert Marcuse, por ejemplo, han puesto énfasis en este punto. No cabe duda de que los imperativos que emanan de la Ley de Dios, especialmente de la ley mosaica, chocan violentamente contra las tendencias instintivas del ser humano, al menos tal como las entiende Sigmund Freud. La ley que Dios entrega a Moisés en lo alto del Sinaí frustra el instinto tanático (con el «No matarás») y castra el instinto erótico (con el «No cometerás acciones impuras»).

Aun así, Freud, una de las mentes más preclaras del siglo XX, afirma que aunque la religión tenga una función represora, es, en todo caso, necesaria para domesticar la fiera que llevamos dentro y para progresar en el proceso de civilización. Dicho de otro modo: si no existiera, deberíamos inventar un constructo parecido para contener la ferocidad que el hombre hospeda en su interior. Yo no creo que hayamos sido capaces de crear un constructo parecido en las sociedades secularizadas y poscristianas.

La reflexión, que quiero compartir contigo, es la siguiente: la crisis de los grandes relatos religiosos y de la transmisión de las éticas religiosas, ¿no lleva también asociado un aumento de la permisividad y, por tanto, de la bestialización del ser humano? Si los imperativos religiosos desaparecen de la conciencia colectiva, ¿quién hará la función de domesticación de la bestia? ¿Solo la ley positiva? ¿La educación?

Sin embargo, hay que reconocer que la represión perpetrada por la religión ha generado, a lo largo de la historia, todo tipo de violencia emocional y de sufrimientos mentales, ha sido una fábrica de culpas y de remordimientos, también de hipocresía y de doble moral, pero la caída en la permisividad abre las puertas al *todo vale*, al relativismo absoluto. El *eros* desbocado es una fuente de sufrimientos infinita, pero el *eros* enjaulado es la raíz de múltiples desequilibrios. ¿Qué tenemos que hacer, entonces?

Cuando los instintos se expresan con absoluta libertad siempre acaban sufriendo sus consecuencias los más frágiles, los que no tienen capacidad de defenderse y de imponerse, y se acaba estableciendo una especie de darwinismo social. Yo me pregunto qué capacidad tiene la ética laica, sin referentes religiosos, para frenar, canalizar o sublimar este fondo instintivo, bestial, del ser humano. También puede haber quien niegue la premisa principal y que considere que el ser humano es un ser racional, bueno, social y político por naturaleza, y que este fondo instintivo es una imaginación de Sigmund Freud, pero si uno lee atentamente la prensa de cada día y está atento a los contenidos que circulan por la red, verá que *eros* y *thanatos* se expresan enfáticamente en nuestro mundo. La desinhibición sexual y la violencia en todas sus formas están omnipresentes en el mundo de hoy.

Las sociedades tienen que encontrar mecanismos de evasión, formas de liberación de este fondo bestial del ser humano, de manera civilizada, sin causar mal a nadie. Muchos dicen que el deporte de masas cumple esta función catártica, pero también en la red es posible contemplar la liberación anónima y desvergonzada del *eros*. Algunos medios de comunicación audiovisual tienen un efecto devastador, porque en vez de ser herramientas de civilización se convierten en mecanismos de embrutecimiento, y aún atizan más a la bestia que llevamos dentro.

Entiendo que la represión sistemática es una fuente de neurosis y de todo tipo de desequilibrios, venga del estado, de la religión o de la educación. Por esto no la defiendo, aunque la entiendo. Creo, más bien, en el poder liberador de la fe cristiana, en su fuerza para hacernos trascender la bestia que llevamos dentro. Contra la venganza, Jesús propone el perdón incondicional. Contra la tendenciaególatra, la práctica de la humildad. Contra el instinto posesivo, la donación absoluta. Contra la violencia, la paz. Nietzsche dice que el cristianismo ha domesticado a la fiera, la ha amansado y ha perdido su esencia. El león se ha convertido en una mula de carga, en un camello. A mí me gusta pensar que el cristianismo, juntamente con otras tradiciones espirituales y filosóficas, ha contribuido y contribuye a hacer a la persona más noble y más libre, a humanizarla, a enseñarle a dar lo mejor de sí misma.

Seguiremos hablando de ello.

Un abrazo,

FRANCESC

CARTA 16
Vicenç Villatoro

Barcelona, 20 de septiembre del 2011

Querido Francesc,

tu última carta me ha ido acompañando durante un par de semanas, ¡mucho más del tiempo habitual! No es que no supiera qué contestarte, o que los temas que me incitaba no me parecieran suficientemente centrales, al contrario. Es que el inicio de curso es, en mi sector, el de la cultura, una verdadera temporada alta, llena de actuaciones, de viajes, de entrevistas. Teatro, música, artes plásticas... Es apasionante. Pero no deja tiempo para nada más. Ni para escribir literatura. Ni para contestar cartas. Aunque te acompañen mientras vas conduciendo y les vayas dando vueltas.

De hecho, desde que recibí la carta tenía unas ganas especiales de contestar, porque me parece que estamos tocando una de las cuestiones que ya sabíamos desde el principio de todo que nos importarían más a los dos y que nos resultarían nucleares en la conversación, fuesen cuales fuesen las derivadas circunstanciales: la idea de cómo vivir. Llamémoslo ética. Llámesmolo guía moral para la vida cotidiana. Me parece relativamente sencillo, incluso quizás demasiado sencillo, ponernos de acuerdo en unos principios de conducta, aunque los fundamentemos en puntos de partida diferentes. Para entendernos, no es aparentemente complicado que una persona con convicciones religiosas y una sin convicciones religiosas intuyan unas nociones del bien y del mal bastante parecidas y que, por tanto, se planteen una vida moral bastante equivalente.

Pero en tu carta me planteas indirectamente otra cuestión. Miramos a nuestro alrededor y vemos un problema. En su percepción debe de ser en buena parte el mismo problema, y muchas otras personas lo diagnostican. Pero cuando se formula el diagnóstico empezamos a marcar algunas diferencias. Hay quien dice que la nuestra es una época falta de valores, comparada con un pasado hipotético y a veces mítico de valores muy sólidos y muy arraigados. No me lo acabo de creer. Otros hablan de una sociedad repentinamente egoísta, materialista, hedonista. Quizás sí. Pero tampoco lo tengo claro, y menos si representa que lo contraponemos a unos tiempos mejores que eran exactamente de otro modo. Hay quienes nos dicen —y tú lo planteas como hipótesis, en unos términos más interesantes— que quizás existe una relación entre esta llamémosle mala salud moral de nuestra sociedad actual y la pérdida de peso social de las convicciones religiosas. Esto, en el fondo, nos vendría a decir que el fundamento laico de la ética es más débil, menos operativo, más fácil de asumir que su fundamento religioso o trascendente.

Yo no he vivido ninguna otra época más que la mía. Por tanto, me cuesta hacer comparaciones. Ciertamente, tengo testimonios de otras épocas, leídos en los libros y en los documentos. Pero como tengo la impresión profunda de que quienes quieran hacer un retrato moral preciso de nuestra época a partir de testimonios como los que nosotros tenemos del pasado, la memoria filtrada, el testimonio público, la literatura, los recuerdos construidos, no acabarán de saber qué es lo que está pasando ahora, me temo que esto sirva también para el pasado. Quiero decir que me da la impresión de que siempre ha habido una moral pública y una privada. Una para proclamar y otra para cumplir. Una para dejar escrita y otra que dicta en secreto nuestros actos de cada día. En los escritos encontramos los rastros de la moral pública. La moral privada solo deja rastro en los hechos. Y los hechos que nos llegan del pasado, incluso de aquellos pasados mitificados en los que teóricamente aún no se había producido esta muy hipotética caída moral de la humanidad, son bastante lamentables. Tanto como los actuales.

¿Estoy diciendo, por tanto, que nuestra época es más o menos como todas las otras, en cuanto a la moral real de las personas, a sus valores? ¿Estoy negando la caída? ¿Estoy negando una cierta disolución de los principios éticos, un incremento del egoísmo explícito, del materialismo, del hedonismo, de la moral de la estricta voluntad individual? Pues no exactamente, tampoco. Creo que en nuestra época ha pasado algo realmente importante. Y creo, además, como tú insinuabas, que esta cosa importante tiene que ver con la pérdida de peso de las convicciones religiosas, o, como mínimo, de la presencia social de las religiones. Me explico.

Decía que probablemente en todos los tiempos ha habido una doble moral: una para proclamar y otra para usar, una que sale en las palabras y otra que sale en los hechos, una que se proclama y otra que se practica. Tradicionalmente, cuando la religión ha ocupado el centro de la plaza pública, la moral pública, la proclamada, legitimada por los principios religiosos, por la disciplina y por el dogma de las Iglesias, por la promesa de un premio o de un castigo trascendente, ha sido una moral restrictiva, de prohibiciones y de obligaciones fuertes, un corsé rígido que descansaba en los catecismos obligados. Por el contrario, la moral privada, la que se utilizaba los días de cada día, era infinitamente más permisiva, más ligera, menos rígida. A menudo nada teórica y nada teorizable; simplemente, la vida que salía por el rebosadero, aprovechando las fisuras en el corsé. Una moral pública ordenada, rígida y dogmática, y una moral privada pragmática, a menudo nada construida ni sistemática, fundamentada en la voluntad y el deseo.

En el mundo actual no ha dejado de existir una doble moral. Pero los papeles han cambiado. Observaba el buen amigo Jaime Vándor, en su espléndida tesis doctoral «Los ricos de espíritu», cómo la literatura occidental a partir del siglo XIX ha dejado de considerar la bondad, el bien, el hombre bueno, como una fuente de prestigio o como un modelo a proponer. Desde la alta cultura hasta la cultura popular, la propuesta en la plaza pública es la transgresión, la libertad sin límites, la voluntad al volante del coche de la vida. Hay pocos personajes buenos en la literatura contemporánea. Y uno de los pocos que hay es —no me parece casual— el protagonista de *El idiota*, el príncipe Mishkin, de Dostoievski.

Jaime Vándor, barcelonés de origen húngaro y austriaco, superviviente del Holocausto en Budapest gracias a la bondad de gente como Ángel Sanz Briz o Giorgio Perlasca, dedicó la tesis doctoral a la búsqueda del hombre bueno en la literatura contemporánea. Y escribió un prólogo a una biografía de Perlasca, que hablaba de la banalidad del bien, de aquel bien extraño y sorprendente, incomprensible, que le salvó la vida. La cultura del xix y del xx recela del bien y de la bondad. No me extraña nada, por su biografía, que le fascinen las fuentes del bien, como a otros les han fascinado las fuentes del mal. Que hable de la banalidad del bien como Hanna Arendt hablaba de la banalidad del mal. Pero lo que me parece relevante para lo que ahora estamos hablando es la conclusión: el recelo en la literatura, es decir, en la moral proclamada y publicada, de los antiguos estereotipos de la bondad. Nadie quiere escribir vidas de santos. El cielo cristiano no nos interesa, es más divertido el infierno. Las niñas buenas van al cielo; las malas, a todas partes. Con una sonrisa condescendiente, la bondad nos parece ridícula y risible, y el mal nos parece interesante. Titular un libro, hoy, *Las flores del mal*, como hizo Baudelaire, sería ya una redundancia.

El héroe literario contemporáneo no puede ser bueno. Puede ser malvado, cínico y amoral, y, por tanto, atractivo. O en todo caso, como mucho, debe ser capaz de un gesto sorprendente de bondad, que no tiene explicación y que sorprende en medio de su biografía. El héroe moderno no es un santo. Es en todo caso el Rick de *Casablanca*, que contra todo pronóstico biográfico se sacrifica en un último gesto moral. O el Schindler que hace listas para salvar judíos, pese a ser militante del partido nazi y parecer más bien un caradura. O el superhéroe, el policía o el pistolero que no es que hagan el bien, es que juegan en el equipo de los buenos, pero practicando las mismas tácticas y las mismas jugadas que se practican en el equipo de los malos. No es que el malo pegue y el bueno ponga la otra mejilla. Es que el bueno pega por una buena causa y el malo por una causa mala. La bondad y la maldad no son una práctica, son como mucho un objetivo final. Más bien, una adscripción, una camiseta, el equipo en el que estás encuadrado. La bondad es, como mucho, lo que hacen los buenos. Los buenos no son —muy a menudo, en la literatura y el cine— los que practican la bondad. Buenos y malos son bandos que existen antes de actuar de una manera u otra. Y a menudo se confunden con nosotros y ellos.

Podríamos decir, por tanto, que hoy la moral pública es permisiva, abierta, poco restrictiva, poco rígida. Pero, ¿estamos seguros de que la moral privada es hoy también así? Para entendernos, cuando las prácticas que las revistas del corazón nos presentan como normales y no escandalizan a nadie se trasladan a una escalera de vecinos, acaban a menudo a bofetadas o a cuchilladas. El ladrón es el bueno de la película, pero cuando haya un robo en casa tendremos que vigilar que no se le aplique la pena de muerte que piden los mismos ciudadanos indignados que la víspera han aplaudido la transgresión en el cine o en la novela. Una empresa pone anuncios en el metro ofreciendo la posibilidad de tener una aventura y de ser infiel a tu pareja —la moral pública—, pero, mientras, en la calle se disparan los crímenes de violencia de género, que, en parte, son la herencia de los viejos crímenes pasionales de toda la vida (la moral privada). Los papeles se han intercambiado. Siempre proclamamos una cosa y hacemos otra distinta. Antes proclamaban la prohibición e intentábamos saltárnosla. Ahora proclamamos la no prohibición, pero nos debe de coger el vértigo de la ausencia de límites y acabamos castigando en la práctica a quien hace lo que está prohibido. Los papeles se han intercambiado, pero perdura la tensión. Antes la teoría era restrictiva y la práctica permisiva. Ahora la teoría es permisiva y la práctica resulta más restrictiva.

¿Tiene esto algo que ver con la pérdida de peso del hecho religioso en nuestras sociedades? A mí me parece que sí. La vieja moral pública tenía un fundamento religioso. Nacía de la fe y el dogma. Se legitimaba con el precepto. Pero cuando el viejo dogma ha perdido crédito, cuando hemos reclamado la libertad individual y el imperio de la razón contra el dogma impuesto desde la fe, puede haber pasado que —siguiendo aquella vieja y gráfica expresión anglosajona— hayamos echado al recién nacido con el agua de la bañera. En la medida en que la idea antigua de bien, de bondad, de moral, de prohibición, de límites, estaba fundamentada en un dogma rígido, se legitimaba en una voluntad divina y necesitaba una autoridad, una disciplina impuesta, cuando le retiras el fundamento, cuando este fundamento se resquebraja, la vieja moral queda colgada del aire, no se aguanta por ningún sitio. Con el agua utilizada y manifiestamente renovable del dogma impuesto podemos haber vertido por el fregadero lo que iba asociado a él —pero que visto desde ahora podía ser valioso en sí mismo—, que era una norma de conducta, una guía para la vida, una noción práctica y aplicable del bien y del mal.

Por ello es imprescindible poner las bases —también— de una moral laica en un territorio alternativo al dogma en la dignidad de las personas, en las normas de la mejor convivencia pacífica, en la compasión por los débiles, en el respeto a los pactos y a los contratos, en el valor de la libertad humana. Porque cuando proclamamos en el espacio público la ausencia de límites, nos damos cuenta de que en la moral privada se piden, pero no se encuentran. O se encuentran mal, como los fósiles de la vieja moral pública mal conservada. Porque de la misma manera que la existencia de una moral pública restrictiva fundamentada en el dogma provocaba una tensión con la moral privada, la existencia en el espacio público de una moral supuestamente permisiva también los provoca. Todas las épocas se han quejado de esta tensión. Está aquel poema de Antonio Machado, nada sospechoso de clericalismo alguno, referencia laica, que dice:

> La envidia de la virtud
> hizo a Caín criminal.
> ¡Gloria a Caín! Hoy el vicio
> es lo que se envidia más.

Quizá se trate de esto, de un cambio de palabras. La noción de pecado es propia de una moral religiosa. Es la transgresión a la norma divina. ¿Hay pecados laicos? Sí, pero debemos llamarlos de otro modo. Y existe también la noción de virtud. Contaminada quizás por usos antiguos. Pero que nos remite a las viejas virtudes republicanas, que reivindica hoy el republicanismo político: la virtud cívica, el ciudadano virtuoso. ¿Conclusión? Si decimos en voz alta que el retroceso de la consideración pública de la virtud tiene que ver con el retroceso de los valores religiosos en la sociedad, la conclusión será que tenemos que recuperar los viejos valores religiosos para recuperar también las virtudes que llevaban asociadas. Pero si decimos —que no es exactamente lo mismo, aunque se le parece— que el descrédito de la moral en el espacio público tiene que ver con el hecho de que la vieja moral estaba asociada al dogma religioso, quizás la conclusión será que tenemos que construir —o reconstruir, o codificar, o simplemente establecer— una nueva moral disociada de este dogma religioso, sustentada sobre fundamentos que todos podamos compartir, creyentes y no creyentes. Y entonces, viendo tu carta, me doy cuenta de que estamos de acuerdo: esta roca sobre la que hay que construir el edificio es la dignidad de las personas. Y todo lo que se deriva de ella: la compasión, la convivencia, la seguridad, la fiabilidad. Por eso te decía un día, muy al principio, que yo aprecio cada vez más las convenciones —las cosas convenidas por el bien común— que las convicciones, que son cosa de cada uno. Cada día me gustan más los contratos.

Vuelvo al trabajo. Hoy toca hablar de libros en Agullana. Ayer, conversación sobre literatura con David Grossman en Barcelona. Saqué cosas que nos pueden servir para nuestras conversaciones. Pero esto ya será para alguna otra carta. Lamento haber tardado en responderte. El trabajo a veces atropella. Y a veces, para qué negarlo, las cosas más agradables —como en las comidas— las dejas para el final.

Afectuosamente,

VICENÇ

CARTA 17
Francesc Torralba

AVE Barcelona-Madrid, 27 de septiembre del 2011

Querido amigo,

tiene gracia esto de escribir una carta dentro de una cápsula tecnológica que atraviesa los Monegros a trescientos quilómetros por hora. La potencia que tiene la técnica es impresionante, y también su capacidad para modificar nuestros hábitos de trabajo, de consumo y de producción. El viaje deja de ser viaje y se convierte en la excusa, casi en el pretexto para poder pensar durante un rato. La velocidad, paradójicamente, no es inconveniente para meditar con lentitud, sino su condición de posibilidad. Puedo escribirte porque estoy aquí dentro.

Dentro de la cápsula el mundo se detiene y puedes trascender el espacio y el tiempo, seguir con tus preocupaciones y múltiples ocupaciones; puedes responder a un amigo que te escribe una carta, sumergirte en las aguas de una narración o bien embobarte. De vez en cuando levantas la cabeza de la pantalla y te quedas atónito por este paisaje casi desértico que te rodea, y te sorprendes: ¿Ya estamos en Zaragoza? Yo, a esto que estoy haciendo ahora, no lo llamo viajar; lo llamo trasladarse, porque, de hecho, es un trayecto puramente funcional. El viaje es una experiencia completamente distinta; es el contacto con una alteridad que interpela, inquieta y sugiere. El traslado es puramente instrumental; mientras que el viaje contiene en su interior una aventura potencial. En él puede pasar*te* algo de verdad.

Lo cierto es que me ha ido bien esta pequeña pausa en nuestra correspondencia. Yo también he tenido un principio de curso muy intenso y un montón de actos académicos. Esperaba tu carta, pero temía no poder contestarte con la agilidad de otros momentos. Ahora me encuentro en mejor situación. El tren de alta velocidad es un marco idóneo para contestarte. Espero que la batería respete el tiempo que necesito, porque tu misiva está llena de insinuaciones y de aperturas que estimulan mi curiosidad intelectual.

La fascinación por el mal y la indiferencia por la bondad es uno de los puntos que siempre han sacudido mi alma. Es verdad lo que dices: tanto en la literatura como en el cine, el personaje malvado, la encarnación de la perversidad, fascina; mientras que el personaje bueno, el que obra movido por su corazón, el que actúa generosamente, buscando la justicia y el bien, es poco seductor. El mal seduce porque en el mal está siempre la transgresión; se cruza una frontera, un límite que, por una parte, exige audacia, pero que, por otra, conecta con un mundo desconocido y, por tanto, incierto.

Lo he observado muchas veces en mi actividad docente. Cuando presentas a autores que han bordado una estética de la maldad, de la crueldad y de la perversión, como el Marqués de Sade o bien Charles Beaudelaire, el interés se eleva al máximo: no se oye ni una mosca en el aula; mientras que es prácticamente nulo el interés cuando presentas figuras que han vivido de una manera reglada y convencional. También teológicamente veo que interesa más el infierno, con todos sus aparatos y maquinarias de tortura, que las esferas celestiales que Dante describe en la última parte de la *Divina Comedia*. Los autores proscritos, los poetas malditos, son los que verdaderamente levantan pasiones. En una ocasión dije en clase que solo los que tuvieran mucho estómago podrían leer *Justine* y acabar la novela sin vomitar. Al cabo de unas horas, el libro ya había desaparecido del estante de la biblioteca.

Aún recuerdo otra anécdota. Hace un par de años me invitaron a unas jornadas sobre la génesis de la maldad en las que se discutió a fondo sobre las raíces biológicas, educativas, sociales y culturales de las conductas malvadas. Se quería investigar cómo nace y se construye un hombre malvado. Nunca había visto a tanta gente en una sala. Acudieron todo tipo de medios de comunicación y se hicieron eco incluso en la televisión. Le dije al organizador que si al año siguiente hacía unas jornadas sobre la genealogía de la bondad, quizás no encontraría a nadie en la sala. Quizás ni tan solo habría ponentes disponibles.

Bromas aparte, ¿qué tiene el mal que fascina? Adán podía comer de cualquier árbol del jardín del Edén, pero sintió la seducción de la transgresión y cruzó la línea. Tuvo que coger el fruto prohibido, el único que Dios le había prohibido. El mero hecho de que una actividad no se pueda hacer por ley, excita, por definición, el mismo acto de la transgresión. Un filósofo como George Bataille ha estudiado a fondo este mecanismo de seducción y explica que es un móvil humano universal. Y, a pesar de ello, necesitamos, como el aire que respiramos, arquetipos de bondad, ejemplos literarios y cinematográficos de la bondad. Solo los *exempla* generan mecanismos de imitación social. El príncipe Mishkin, dicho de otro modo, el idiota, es ignorado por la gran mayoría, como también lo es otro mito de la bondad del siglo XIX como Jean Valjean, de Victor Hugo.

La bondad no fascina; más bien inquieta y molesta. Cuando vemos este tipo de personajes ideales, nos sentimos pequeños, mediocres y mezquinos. No somos capaces de ejercer la caridad de Jean Valjean, ni la generosidad del príncipe Mishkin, y esto nos hace sentir mal. La ética de máximos siempre es inquietante, porque enciende la difícil y compleja maquinaria de la culpabilidad. Como no me quiero sentir culpable, por eso prefiero consumir éticas de mínimos. Me gusta vivir en un minimalismo moral que no tense demasiado la cuerda del arco, el músculo moral de la sociedad.

Tú dices que los recuerdos son punzantes; yo digo que la bondad quema. También me inquieta la relación entre bondad e idiotez. Cuando somos receptores de una acción pura y gratuita, cuando alguien nos da amor gratuitamente, sentimos desconcierto; experimentamos la necesidad de devolver el don recibido. Parece que el que actúa gratuitamente, generosamente, el que, diciéndolo a la manera cristiana, pone la otra mejilla, da todo lo que tiene, se pone a la cola para servir a los últimos, es un bobo, un pobre inocente que no sabe de qué va la vida ni cómo las gasta el mundo.

Esta es una objeción muy frecuente hacia la ética de raíz cristiana. Creo que es del todo necesario mostrar que la bondad no entra en conflicto con la inteligencia, que la bondad es una posibilidad humana a la que todos estamos llamados. Hay una inteligencia al servicio del propio interés y beneficio. Es lo que llamamos la razón instrumental; pero también hay una inteligencia amorosa, capaz de abrirse al otro y de responder, con acierto, a sus necesidades. No se trata de escoger entre la bondad o la inteligencia, sino entre la bondad y la maldad. La bondad sin inteligencia no llega lejos; pero la inteligencia al servicio de la bondad es capaz de hacer grandes obras. La huída hacia el relativismo es una huída del ideal de bondad; un mecanismo de defensa ante la culpabilidad.

Desde mi perspectiva de fe, la Biblia es un texto que presenta tanto arquetipos de bondad como encarnaciones de la maldad. En ella están todos los argumentos que la mente humana pueda imaginar. Está Abel, pero también Caín. Está Jesús, pero también Judas. Hay amor, pero también odio. Hay perdón, pero también venganza. También los grandes literatos del siglo XIX tienen esta capacidad de presentarnos el alma buena y el alma atormentada por la inclinación al mal. Los personajes de Dostoievski son angelicales, pero también demoníacos. Esta es su grandeza.

Lo confieso: Jesús es mi arquetipo de bondad humana. Y querría que mis hijos lo conocieran y lo tuvieran en su horizonte mental. Tanto Fiódor Dostoievski como Victor Hugo, cada uno a su manera, beben de las fuentes del evangelio a la hora de configurar sus mitos literarios. Esta luminosidad del personaje bueno nos ciega y nos recuerda cuán lejos estamos del verdadero hombre que habita en nosotros. No niego que otros textos espirituales y religiosos de la historia de la humanidad, de tradiciones más antiguas que el cristianismo y, también, de tradiciones posteriores al nacimiento de nuestra era, puedan hacer esta función de inspiración, pero entiendo que es esencial que estos relatos no sean olvidados ni ignorados por los ciudadanos, porque en ellos están las semillas de la verdadera bondad, ejemplos a imitar, referencias arquetípicas a las que todos estamos vocacionalmente llamados.

Aún hay otro aspecto muy interesante en tu última carta: la distinción entre moral pública y privada, y tu pequeña digresión sobre la supuesta metamorfosis de valores que estamos viviendo o sufriendo en nuestra sociedad. De entrada, tengo que confesarte que para mí es muy importante la distinción entre ética y moral. La moral es el conjunto de costumbres y hábitos que se dan en un tiempo y en un lugar determinados; mientras que la ética es esencialmente una experiencia interior, una llamada que a menudo choca con las costumbres vigentes. El discurso de la ética, como filosofía práctica que es, es, en esencia, una crítica de las costumbres. Dicho llanamente: lo que es moral no siempre es ético; lo que es un hábito aceptado por todos, no necesariamente es legítimo. La ética, tanto en la Antigüedad griega como en la Modernidad, ha tenido esta función crítica de las costumbres, depurando hábitos bárbaros que estaban profundamente insertados en el imaginario colectivo.

Como tú insinúas, tampoco creo que vivamos en el peor de los tiempos posibles. No soy apocalíptico, pero tampoco un apologista de la contemporaneidad. Creo que el divorcio entre la moral pública y la privada está siempre presente y manifiesto. Una cosa son los valores que decimos que tenemos y, otra, los valores que *realmente* vivimos en la esfera familiar, laboral y social. Vicios privados; virtudes públicas. Es posible que antes la teoría fuera muy restrictiva, pero, en cambio, hubiera mucha permisividad en la práctica; mientras que hoy la teoría es permisiva, pero la práctica se ha hecho más permisiva todavía. Yo no soy tan confiado como tú: creo que, en el presente, la teoría, es decir, el marco moral, se ha reblandecido, pero la moral privada sigue siendo tan permisiva como antes. Soy bastante escéptico respecto de la evolución moral de la humanidad.

Más bien lo que observo que se está produciendo es la transformación de la ética en cosmética. Nunca como ahora se habían escrito tantos códigos deontológicos y guías de buenas prácticas. Empresas, partidos políticos, organizaciones no lucrativas, clubes de fútbol, federaciones deportivas, centros de salud, centros geriátricos, comunidades educativas, entidades bancarias, todo tipo de organizaciones solicitan a los expertos códigos de conducta, pero muy a menudo solamente realizan un trabajo de imagen. En todos estos ámbitos, la palabra *valor* es objeto de codicia y de deseo. Se dibujan unos valores como horizontes de referencia y, supuestamente, se buscan prácticas coherentes con estos valores.

Sin embargo, muy a menudo, y salvando honrosas excepciones, se remoza la fachada de la casa y las prácticas siguen siendo como antes. Este hecho nos inquieta mucho a los que enseñamos ética aplicada y formamos parte de distintos comités de ética de organizaciones muy diferentes. Si la ética se convierte en pura cosmética, deja de tener la función crítica y catártica que le es inherente y se convierte en una fachada bonita para cualquier organización, es decir, cosmética para limpiar el cutis de las instituciones.

Soy de los que defienden que es necesario restituir la ética de las virtudes y poder defender, como han hecho algunos filósofos agnósticos contemporáneos, una ética de las virtudes públicas. La virtud no es patrimonio exclusivo de las tradiciones religiosas. Aristóteles diserta abundantemente sobre las grandes virtudes y lo hace desde la racionalidad práctica, desde la ética ciudadana. También lo hacen McIntyre, Vladimir Jankélévitch y Comte-Sponville. Los neoaristotélicos reivindican en el panorama actual una ética de las virtudes que trascienda los principios generales. No basta con decir que la gente debe respetar la equidad, los principios constitucionales; es necesario también que se esfuercen en ser pacientes, tolerantes, justos, prudentes, compasivos y hospitalarios. Todo esto son virtudes.

Un error demasiado frecuente es identificar la ética de las virtudes con una ética estrictamente religiosa. La virtud es un buen hábito, una calidad que hace mejor a la persona, la hace más deseable y también más excelente en todos los sentidos. Decimos de un pianista que es virtuoso cuando toca muy bien el piano, y si lo pensamos, sabemos que lo toca bien porque, además del talento personal que le ha sido dado, ensaya muchas horas cada día del año. El resultado es la excelencia.

El antónimo de virtud es vicio, pero la palabra *vicio* ha caído en desuso. Aunque el pecado sea un término de naturaleza religiosa, la palabra *vicio* es laica. Pero tiene mala prensa. El vicio es un mal hábito, una forma o estilo de vida que genera malas consecuencias. Beber en exceso, fumar o conducir en moto sin casco son malas prácticas que perjudican gravemente la salud. Debemos ser capaces colectivamente, desde un lenguaje secular y laico, de identificar los buenos hábitos y los malos hábitos, las virtudes de la vida cívica y los vicios de los ciudadanos, para mostrar cómo afectan negativamente a la salud corporal, mental y emocional y qué gasto inmenso generan en todos los órdenes. Buena parte del gasto que sufrimos en salud, por ejemplo, tiene su origen en malos hábitos de vida que acaban pasando factura al cuerpo.

Termino ya. Te propongo un tema, para la próxima carta, que aún no hemos tratado. Dejemos de lado, provisionalmente, la cuestión de la bondad y hablemos de la experiencia de la belleza. Tengo que confesarte que la belleza es, para muchos hombres y mujeres espirituales, un camino de encuentro con el misterio, un vector de trascendencia, una experiencia extática que nos pone en contacto con lo desconocido. Te propongo dejar de lado la ética para ir a la estética. ¿Qué te parece?

Por cierto, no quería despedirme sin decirte que mi mujer fue a escucharte el otro día en la conversación que mantuviste con el escritor judío David Grossman. Disfrutó mucho. ¡Enhorabuena!

Un abrazo,

FRANCESC

¿EXISTE LA BELLEZA?

CARTA 18
Vicenç Villatoro

Matadepera, 9 de octubre del 2011

Q̇uerido Francesc,
con estas cartas nuestras, y en estos días de comienzo de un curso febril y movidísimo, tanto en cultura como en política, me pasa algo muy curioso. Por un lado, las tengo muy presentes en toda mi actividad diaria, y en todas partes —en libros, en películas, en conferencias, en exposiciones donde me toca participar— me parece encontrar reflexiones y ejemplos que nos servirían para las cosas de las que queremos ir hablando. Pero, por otro, el mismo hecho de participar en todas estas cosas retrasa la redacción de la carta. Y las cosas se acumulan. Quizás en otra experiencia de correspondencia estaría bien hacer casi un dietario paralelo en línea, una especie de blog a cuatro manos en el que cada día fuéramos introduciendo las experiencias propias vistas desde la perspectiva de este diálogo.

Puesto que me parece que la explicación anterior me ha quedado confusa, intento aclararla con algunos ejemplos. Me decías al final de tu carta que tu mujer había asistido al diálogo que mantuvimos el extraordinario escritor israelí

David Grossman y yo mismo en Barcelona, en la Pedrera. Creo que fue muy bien. Y en este diálogo fui apuntando cosas que me habría gustado compartir contigo a través de esta correspondencia. Grossman es un escritor que utiliza la literatura para hablar de cuestiones de gran calado. En nuestro diálogo hay un sobreentendido que subrayamos relativamente poco. Su última novela publicada, *Toda una vida*, es la historia de una madre que se va de casa mientras el hijo mayor está en unas maniobras militares israelíes, porque tiene un mal presentimiento y piensa que si la mala noticia no puede llegarle, si no la encuentra en casa, si tiene desconectado el móvil, la noticia misma no podrá producirse. Grossman escribía esta novela y la daba a leer a su familia, entre ellos su hijo Uri, de veinte años. Uri fue llamado a la guerra del Líbano y allí murió, el último día. Grossman acabó la novela —¡precisamente esta novela!— cuando la noticia le había llegado. Por tanto, es una novela en la que la presencia del dolor y la relación entre la escritura, el dolor, la perplejidad, el impacto de la muerte, están muy presentes. Salvando todas las distancias, mi última novela publicada, *Moon River*, tiene algo que ver con ella, en los grandes temas de fondo: empecé a escribirla cuando diagnosticaron a mi mujer un cáncer muy grave. La fui escribiendo mientras vivíamos juntos la enfermedad, ella la iba leyendo, pero la acabé después de su muerte. Evidentemente, en una conversación sobre literatura con Grossman, todo esto estuvo muy presente —aunque no se dijera— en todo momento. Y las reflexiones que brotaban tenían mucho que ver con las cosas de las que hablamos en estas cartas.

No es el único caso. Con mucho gusto, pero por razones también de trabajo, he visto estos días dos películas catalanas recientes. O he ido a ver las representaciones de *El Comte Arnau*, de Maragall, una encarnación de un mito nietzscheano y de una perplejidad entre vida terrenal y vida trascendente. Pero me centro en las películas. Una es *Pa negre*, después de su selección para los Óscar. La otra, *Eva*, que inauguró el festival de Sitges. Ambas plantean cuestiones trascendentes en el terreno de juego donde se mueven las cartas que compartimos. *Pa negre* desde una perspectiva más histórica y realista, y *Eva* desde una perspectiva más simbólica y a través aparentemente de la ciencia ficción, nos plantean de una manera u otra el problema de la génesis del mal. Y nos plantean también otros problemas: la transmisión de los valores dentro de la familia, en el caso de *Pa negre*. Los límites de la ciencia, cuando hablamos de creación de inteligencia artificial y, por tanto, de una nueva edición del mito de Prometeo, o del de Frankenstein: el hombre que crea vida, el hombre que hace algo reservado a los dioses. Puesto que me toca hacer muchas cosas como estas en mi vida laboral, tengo muchas ganas de hablar de ellas. ¡Pero precisamente porque me toca hacerlas tengo poco tiempo para escribirte! ¡Es la paradoja ambivalente de la que te hablaba al principio de todo!

Pero al final de tu última carta me planteabas un salto temático que no querría rehuir, entre otras cosas porque no lo tengo nada claro. Y me gusta más hablar de lo que sé que no tengo claro que no de lo que creo —a menudo erróneamente— ver clarísimo. Es la cuestión de la belleza. Me propones saltar de la ética, que era el tema en nuestras cartas anteriores y que no dejará nunca de serlo del todo, a la estética. De entrada, un agradecimiento: me planteas un salto y no una continuidad. Me parece muy bien. El vínculo de ética y estética me parece peligroso, aunque interesante. Puedo creer, en los momentos de mayor optimismo, que existe una belleza de origen llamésmole moral: que la belleza es la expresión física de valores morales, de la sabiduría, de la verdad, de la nobleza... Pero que no toda la belleza es esto. En cualquier caso, me inquieta la máxima del «nulla æsthetica sine ethica», porque ha servido a menudo para encorsetar a la creación artística con el dogma ideológico. A la sombra de la máxima, la creación artística se ha vuelto instrumental, herramienta de una ética, pero sobre todo de una ética política y, por tanto, de una política. A través de esta máxima, se han desacreditado opciones estéticas legítimas porque se han considerado éticamente reprobables. Y se han considerado éticamente reprobables porque no casaban con los propios principios o con los propios proyectos de futuro. Al final de todo del camino que pasa por excluir opciones estéticas a través de la censura de la ética está el totalitarismo. Esto no significa que todo valga, por supuesto. Ni que no nos pueda parecer éticamente repugnante algo que puede ser alabado desde el punto de vista estético. Existe una relación. Pero el vínculo indisociable me parece peligroso. Por tanto, estoy de acuerdo, y contento, en hablar de estética al margen de la ética. En hablar de la belleza.

Pero, ¿existe la belleza? O incluso: ¿existen las cosas bellas, universalmente, atemporalmente, esencialmente bellas, más allá del tiempo y del espacio, de la historia y del gusto, de la evolución de la cultura? Tengo mis serias dudas. Ciertamente, nos podríamos hacer la misma pregunta sobre la bondad. Y de hecho nos la hemos hecho en cartas anteriores: ¿existen la bondad, las cosas buenas, transversalmente en todas las culturas y en todas las convicciones, en todas las religiones y en todas las no religiones? ¿Hay, por decirlo así, una bondad objetiva, en el núcleo duro, en la destilación máxima de todas las bondades subjetivas que han ido variando de una manera evidente a lo largo de la historia y que varían aún en función de la geografía y de los principios? Poco o mucho, hemos ido quedando en que sí, en las cartas anteriores. ¿Podemos hacer la misma operación con relación a la belleza? No estoy muy seguro de ello.

Empecemos por la belleza más obvia, más directa, la de las personas, la de los rostros y los cuerpos humanos. En culturas diferentes, en momentos diferentes, los cánones de belleza han sido contradictorios. Hay civilizaciones que valoran como bellas transformaciones del rostro y del cuerpo que en otras se rechazarían. Podríamos decir, como una especie de principio general, que el canon de la belleza tiene que ver con las necesidades de reproducción de la especie: debería de parecernos bello el más saludable, el que presenta mejores condiciones para la reproducción, el que evidencia un mejor material genético... Y en el fondo quizás sea así, pero muy matizado por la cultura. Una imagen enfermiza se convirtió en atractiva en el Romanticismo. En la Edad Media, la blancura de la piel era un signo de belleza —«la color y la blancura», como canta Manrique—, porque una piel morena connotaba trabajo en el exterior, en el campo. «Soy morena, pero hermosa», empieza el Cantar de los Cantares. Cuando en la era industrial la blancura connota trabajo en la fábrica, que no te dé el sol, la piel morena se asocia al ocio y, por tanto, al tiempo libre y, en definitiva, a la riqueza. A la clase. La belleza es salud y juventud, en su fundamento. Pero inmediatamente después, y a veces por encima incluso de este impulso genético esencial, la belleza pasa a ser distinción social. La riqueza es bella. Lo que denota riqueza —es decir, gusto, clase, que viene a ser lo mismo— se convierte en bello. En buena parte, los cánones de belleza son la expresión de la estratificación social.

¿Solo en lo que respecta a la belleza humana, a la belleza del cuerpo o del rostro? Quizás también a las otras formas de belleza, a las artísticas, que son aún más evidentemente culturales. Es bello lo que es distinguido. Cuando el color púrpura tenía que obtenerse con productos costosos, era el color de la realeza. Si se puede obtener tan fácilmente como cualquier otro color, deja de distinguir, deja de parecer bello. En un cierto sentido, también en el juicio sobre la creación humana existe un acuerdo de que una cosa es bella, es de buen gusto estético, cuando es relativamente inaccesible y valorada solo por unos cuantos, por los mejores, en una forma de aristocracia del dinero o del cultivo del propio gusto, si ambas cosas no son de hecho la misma. Ante la belleza pasa un poco —y perdón por la comparación frívola— como con los bares o los restaurantes de moda: primero circulan solo entre un pequeño mundo de gente enterada, y cuando lo sabe todo el mundo, cuando todo el mundo va, estos mismos se separan de ellos, se genera la idea de que han perdido mucho, de que ya no son exclusivos, y los esnobs iniciales se van a buscar otros sitios.

Personalmente, en términos estéticos, me cuesta mucho hablar de gusto o de buen gusto. No creo que esto exista de una manera autónoma respecto de la convención social. Y la convención social está diseñada para distinguir, es decir, para jerarquizar, es decir, para excluir. ¿No hay, por tanto, cosas bellas, universalmente y eternamente bellas, sino cosas que nos parecen bellas en un determinado momento y en un determinado lugar, dentro de una dialéctica social y cultura?

No sabría decirlo. Pero si hay cosas bellas, de un modo u otro, si la palabra *belleza* abarca a la vez dos mundos, el de las cosas que son bellas siempre y el de las cosas que hemos quedado que el buen gusto de una clase social encuentra bellas en un momento determinado para distinguirse, la palabra adopta entonces una polisemia un poco inquietante. Cuesta hablar de belleza, con un solo término, cuando estamos hablando tanto de una cualidad esencial y sustantiva como de un pacto inventado para distinguir a unos y excluir a otros. Al hecho de percibir la belleza lo hemos llamado buen gusto. Y al hecho de *tener buen gusto* lo hemos llamado *tener clase*. La expresión es transparente: tener clase es ser de la clase que tiene clase.

Por tanto, no hablamos de belleza. O sí, pero entonces separémosla del buen gusto y de la clase. Hay combinaciones placenteras y no placenteras. Hay valores positivos, la verdad, la nobleza, la inteligencia, la bondad, que se encarnan físicamente. Que se encarnan en imágenes y en palabras y en sonidos. ¿No hay belleza sin verdad? ¡En absoluto! Hay mentiras bellísimas. Hay un soneto barroco castellano en el que el poeta nos informa de que la belleza de Doña Elvira

> no tiene de ella más, si bien se mira,
> que el haberle costado su dinero.

Es decir, no es de verdad, sino construida por el maquillaje. Pero el mismo poeta nos dice que da igual, que muchas cosas que nos parecen bellas —el propio cielo azul— no son verdaderas ni naturales, pero no por ello dejan de ser bellas. El placer estético no tiene que ver con la verdad o con la nobleza. Es una convención, y una convención que se trabaja y que se educa. En el Barroco, especialmente dado a la teatralidad, la belleza está precisamente en el artificio, no en la verdad. El hecho de que una cosa, la belleza, el gusto, sean una convención, no significa que no existan. No quiere decir que el placer estético sea ficticio. Quiere decir simplemente que es histórico, que es variable, que no remite a unas reglas universales y eternas. «Azul y verde, muerde», me decían de pequeño, porque se consideraba una combinación de colores fea, de mal gusto. Hoy es habitual. Lo bello y lo feo se mueven, porque se pactan.

Pero vayamos a lo nuestro. Machado, hablando del artificio barroco, escribía:

> El pensamiento barroco
> pinta virutas de fuego.

Es decir, crea incendios artificiales, es todo él un artificio, una pintura que finge ser fuego. Pero acaba diciendo:

> Sin embargo...
> —Oh, sin embargo,
> hay siempre un ascua de veras
> en su incendio de teatro.

Muy bien, la belleza —especialmente la barroca— es artificio y es pacto. Pero la cosa funciona de verdad cuando detrás del artificio y el pacto notas el fuego real, el «ascua de veras». Quiero decir que el arte, la belleza en el arte, como la belleza en los rostros y en los cuerpos, esté quizás cuando más allá del pacto del maquillaje, del artificio y de la construcción social del buen gusto, adivinas «un ascua de veras». Una cosa de verdad. Una verdad. Una nobleza. Una serenidad. Una profundidad. Una sabiduría. Quizás la verdadera belleza sea esta, la conjunción de una cosa y la otra. En mi novela de la que te hablaba antes, *Moon River*, hago hablar al protagonista de la belleza de la protagonista:

> Pensé que era bella, antes que cualquier otra cosa. [...] En la belleza hay —al menos en la belleza serena y transparente— una categoría moral, una forma de bondad. A veces menospreciamos la belleza como si fuera un don gratuito, sin ningún mérito, como si la inteligencia, el altruismo o el valor no fueran también dones regalados por el azar, del mismo modo, también sin mayor mérito o esfuerzo por parte de quien los recibe. La belleza es un regalo de los dioses, pero es muy sencillo estropearla. La maldad, la indiferencia, la vulgaridad, la insensibilidad, la estropean. [...] Para decirlo a la manera de los antiguos, no hay verdadera belleza en el rostro si no hay nobleza en el alma. Y si no queremos decir nobleza, digámoslo de cualquier otra manera: una vibración, una fuerza, una llama en el alma.

¡Me proponías un tema y salgo yo con un trozo de novela! Y en mi concepción de las cosas, el texto literario, sobre todo el texto narrativo, está más bien dotado para plantear perplejidades que para dar respuestas. Me temo que no he dibujado una posición respecto a lo que me decías. Ni tan solo sé si es lo que me decías, si era lo que me proponías. Te he hablado de pacto social, pero también de nobleza del alma. Son expresiones que pertenecen a dos lenguajes diferentes, incluso contradictorios. Quizás sea eso. Escribo novelas para expresar dudas. Para decir ideas que quizás no peguen. Y me temo que esta carta me ha salido un poco novelesca. ¡No me lo tengas en cuenta! Y, por favor, dame tu opinión sobre esto. Si me proponías el tema, es que tú también has pensado en ello. ¡Y seguro que lo tienes más claro que yo!

¡Espero tu carta! ¡Un abrazo y hasta pronto!

VICENÇ

CARTA 19
Francesc Torralba

AVE Barcelona-Madrid, 13 de octubre del 2011

Apreciado Vicenç,

de nuevo, te escribo desde el tren. El vagón se ha convertido en una prolongación del despacho, pero con una mejora sustancial, porque durante dos horas y media no hay ningún tipo de interrupción y puedo abstraerme del mundo que me rodea y centrarme en las ideas que expones en tu última carta.

Mientras la leía, me venía a la memoria la proposición 6.421 del *Tractatus* de Ludwig Wittgenstein, «Ética y estética son uno». Siempre me ha despertado curiosidad esta identificación, identificación que encontramos también en otros autores muy anteriores al filósofo vienés. La unión entre ética y estética está, al fin y al cabo, presente en la obra de Platón, pero también en los grandes metafísicos medievales. Para los medievales, la bondad y la belleza son lo mismo. Los trascendentales se convierten mutuamente: la belleza en la bondad, pero también en la verdad y la unidad. Lo que es uno es bello, lo que es verdad es bello y lo que es bueno es bello. Ahora, no obstante, no quiero seguir por este camino, porque antes quiero prestar atención a algunas ideas que viertes en tu misiva. Después retomaré esto.

Hay muchos aspectos de tu reflexión que comparto profundamente. Creo, por ejemplo, que es imposible identificar un concepto objetivo y universal de belleza. Entiendo que cada persona la percibe según su propia visión, que no hay unos patrones compartidos universalmente y que la noción de belleza se transforma según las épocas y los contextos. Cuando identificamos unos rasgos ideales de belleza como la simetría de las partes, la proporcionalidad, el orden o la mesura, enseguida me encuentro con obras que considero sumamente bellas y que, pese a ello, no tienen ni orden, ni simetría, ni proporcionalidad.

Las esculturas de Fidias, por ejemplo, son bellas según los criterios de proporcionalidad griegos, pero, en cambio, las figuras de Giacometti, Chillida o bien de Botero no cumplen los mínimos requisitos objetivos para ser consideradas bellas y, no obstante, soy un apasionado de los tres escultores y encuentro muy bellas sus obras, además de muy sugerentes. Lo mismo ocurre con la poesía. La poesía bella parece que tenga que cumplir con los ritmos y los estilos objetivamente definidos, pero yo encuentro sumamente bella la poesía del último Brossa o de Joan Salvat-Papasseit, y difícilmente se pueden encajar en los moldes tradicionales. Pienso también en las grandes obras surrealistas del primer tercio del siglo xx. Soy un apasionado de este movimiento estético. Me gustan Salvador Dalí, René Magritte o André Breton, y en sus producciones es difícil ver algún rasgo de la idea objetiva de belleza.

Soy, por tanto, perspectivista en el terreno estético, pero no puedo serlo en el terreno ético. Un concepto objetivo de belleza es, como tú dices, muy peligroso porque puede convertirse en un pretexto para castrar la creatividad, la singularidad y el talento creativo de los artistas, puede ser un pretexto para homogeneizar la producción artística y acabar sucumbiendo a una especie de totalitarismo estético.

La historia del siglo XX está llena de expresiones de esta imposición de criterios estéticos objetivos por parte de los regímenes totalitarios, tanto de izquierdas como de derechas. Es especialmente deplorable la condena del llamado *arte degenerado* durante el Tercer Reich. Creo que hay que favorecer la libre espontaneidad del creador, entendiendo —sin embargo— que, como toda actividad humana, tiene límites, y que también el arte está sometido a estos límites. Una cuestión muy espinosa es, precisamente, identificar estos límites. Muy a menudo, el autor que escandaliza en su tiempo, porque transgrede y rompe los tópicos y tabús establecidos, se convierte en un verdadero referente para la historia. Gaudí, por ejemplo, fue muy criticado en su tiempo, especialmente por la Pedrera, y hoy, paradójicamente, si Barcelona está en el mapa turístico es, en buena medida, gracias a Antoni Gaudí.

Creo que ser perspectivista en el terreno estético no tiene las consecuencias que se derivan del perspectivismo ético. El todo vale conduce, necesariamente, al abuso y a la explotación de los débiles: de aquí surge la necesidad de los límites, de la mesura, de la ética mínima. En el terreno de las relaciones humanas, de la vida cotidiana, entiendo que debamos identificar, con más firmeza que en el terreno estético, unos límites éticos precisos para evitar estas transgresiones que acaban causando daño a los más débiles.

Aun así, creo que es esencial ser críticos también con los modelos estéticos femeninos y masculinos que nos presenta la cultura actual y que generan todo tipo de trastornos, de obsesiones e, incluso, de patologías. La noción de cuerpo bello se ha transformado vertiginosamente en menos de cien años. El arquetipo femenino de los románticos es muy distinto del arquetipo femenino posmoderno, pero en ambos casos genera procesos de imitación que tienen consecuencias en la forma de vivir y de consumir de las personas. Por tanto, los modelos no son inocuos. Todo el mundo, poco o mucho, aspira a imitar lo mejor que puede el modelo que se presenta en la sociedad, y esto desencadena una ascética secular que comporta sacrificios de todo tipo.

De las mujeres voluptuosas y blancas del siglo XIX a los esqueletos bronceados que circulan por las pasarelas europeas hay, ciertamente, un abismo en la concepción de la belleza femenina. Es pertinente ejercer una crítica racional e inteligente de estos modelos, teniendo en cuenta las consecuencias que se derivan de ellos en la vida social. Ahora bien, no hay argumentos decisivos para afirmar que aquella mujer blanca y rellena del siglo XIX era más bella que la mujer esbelta y bronceada del siglo XXI. Es una cuestión de percepción individual, pero que tampoco es ajena a los múltiples estímulos e influencias del entorno. Arthur Schopenhauer, por ejemplo, considera que la mujer bella debe ser voluptuosa y redondeada, porque es así como expresa su feminidad. No me imagino qué diría el hosco pensador de Danzig sentado ante una pasarela en Milán. Me pregunto si realmente somos libres a la hora de decidir lo que es bello y lo que no lo es, o bien si fluimos en una corriente mucho más poderosa que nuestros criterios que nos arrastra a todos hacia el mismo puerto.

Vuelvo a tu carta. Distinguías allí entre la belleza externa y la belleza interna. Esta distinción es esencial en mi pensamiento. La belleza externa es, a mi entender, la que percibimos a través de los sentidos externos y que, como he dicho, varía según las personas y también según las culturas y los momentos históricos. La belleza interior es un concepto problemático. Para muchos es ramplón, incluso una forma de resentimiento contra los que exhiben una belleza externa manifiesta. Puesto que no pueden exhibirla, se refugian en una pretendida belleza interior que, supuestamente, sería mejor y más noble que la primera. Los románticos alemanes se refirieron al alma bella («die schöne Seele»), y aún hoy muchos pensadores se refieren a la belleza interior.

Pero, ¿qué es la belleza? ¿Es tan relativa y circunstancial como la belleza externa? ¿Cómo la percibimos? ¿Qué nos permite decir que una persona tiene belleza interior? ¿Van asociadas la belleza interior y la belleza exterior? Las preguntas se amontonan sobre la mesa, pero esto no es nuevo, forma parte del oficio del filósofo. Pensamos, ingenuamente, que responderemos a algunas, pero de hecho lo que realmente ocurre es que unas eclipsan a las otras y se quedan allí, como en suspenso.

Pero voy a coger el toro por los cuernos. Tal como yo lo concibo, *la belleza interior es la bondad*. Lo que hace interiormente bella a una persona es su carácter, su manera de ser, lo que los filósofos griegos denominaban su *ethos*. La belleza interior está conformada por un conjunto de virtudes, de cualidades morales, que somos capaces de entrever en una persona a través de su manera de vivir, de relacionarse, de trabajar, de vincularse con el mundo.

La belleza interior, por tanto, no se refleja en los bíceps, ni en las manos, ni en el color de los ojos, tampoco en los senos; se muestra, para decirlo a la manera de Wittgenstein, en las acciones, en las palabras, en los silencios, en la conducta que tiene. Decimos, por ejemplo, que una persona es bella, en este sentido, cuando es prudente, justa, compasiva, amable y receptiva, cuando es temperada y pacífica y sabe escuchar. Incluso en castellano, cuando decimos de alguien que es una *bella persona*, no estamos pensando en un modelo, ni en una persona que sobresale por su forma física, sino que nos estamos refiriendo a su carácter.

En este sentido, creo que es acertada la proposición de Wittgenstein: la ética y la estética son uno, porque lo que hace interiormente bella a una persona no son sus órganos, sino su bondad, es decir, el cultivo de determinadas virtudes. Sin embargo, ahora me encuentro con una segunda pregunta: ¿esta belleza interior es objetiva? Entiendo que el concepto de bondad también se transforma y cambia según las épocas, pero a diferencia de la idea de belleza externa, me gusta decir que es posible encontrar un hilo transversal, una especie de universal implícito en todas estas diversas concepciones de bondad.

Cuando se explora la idea de bondad en las grandes tradiciones espirituales y religiosas de la humanidad es posible entrever unas características comunes. El arquetipo de bondad en el cristianismo y el arquetipo de bondad en el buddhismo tienen grandes afinidades, pero también se puede decir lo mismo del que deriva de la tradición judía y musulmana. Incluye necesariamente la práctica de la compasión y de la benevolencia universal, de la misericordia y del amor a todos los seres, también del desinterés y la gratuidad. Entiendo, por tanto, que la bondad se dice de muchas maneras, pero no de tantas maneras como la belleza externa.

El santo cristiano es un referente que comparte muchas virtudes con el referente judío y el musulmán. También la santidad laica incluye una idea de bondad que tiene muchas afinidades con la santidad religiosa. El arquetipo de bondad que dibuja Mahatma Gandhi en su obra escrita tiene muchas afinidades con estas tradiciones recién citadas. Esta belleza interior, sin embargo, no se consigue gratuitamente ni por arte de magia. Exige, como en el caso de la belleza exterior, una ejercitación, un trabajo del alma, la lucha contra el ego, la vanidad y el orgullo, y el cultivo de virtudes tan fundamentales como la humildad, la justicia, la esperanza y la compasión. En este sentido, pues, la belleza física y la belleza interior no van necesariamente unidas, ni una garantiza la otra; tampoco, necesariamente, son contrapuestas.

Me gusta especialmente una frase que citas de tu obra, *Moon River*: «La belleza es un regalo de los dioses», y dices también que es «un don gratuito». Esta es la última cuestión quiero compartir contigo en esta carta estética.

Vuelvo a la experiencia personal. La belleza es, tal como yo la concibo, un regalo, algo que nos es dado. Nos encontramos, sin esperarlo, con un paisaje bello, con un rostro bello, con el cuadro de un pintor, o bien con una poesía, y todo esto nos es dado. Podemos disfrutarlo o podemos pasar de largo. Las experiencias más intensas de belleza las he tenido en la montaña, en el bosque o en el campo mientras paseo solitariamente a primera hora de la mañana.

La rosa se da gratuitamente; muestra su forma, su color, su aroma, y después se marchita y muere. La belleza es, tal como yo la concibo, una experiencia de trascendencia, porque te transporta lejos de donde estás, te eleva, te hace pensar, y conecta con el fondo misterioso de la realidad. No siempre, sin embargo, somos capaces de gozar de esta belleza natural que se nos da gratuitamente, de saborear su simplicidad y sencillez. Tendemos a taparla, a enmascararla detrás del artificio. Pero la belleza pura no necesita ornamento ni maquillaje.

La belleza del mundo no demuestra, de ningún modo, que haya un Dios que la haya creado, porque en el mundo, como recuerda Friedrich Nietzsche en el *Zaratustra*, también hay mucha fealdad; pero la belleza me causa una doble vivencia: consuelo y herida. Consuelo porque es un bálsamo, un refugio ante el caos de la vida; pero herida porque sugiere un paraíso perdido, un mundo armónico y unitario que se ha perdido definitivamente. Es, en definitiva, una experiencia que tiene profundas resonancias espirituales, que me hace interrogarme sobre el sentido del mundo y sobre la razón de ser; que refleja un mundo lejano pero, al mismo tiempo, muy cercano.

Desde los ojos de la fe, el mundo es creación de Dios y, por tanto, todo lo que hay en él evoca a su creador. El creador habla a través de las criaturas que ha creado. La contemplación de la obra permite entrever la personalidad del creador, pero la obra no es el creador. La belleza del mundo no es tan solo una experiencia estética: es una vivencia espiritual. El fragmento se siente parte de un Todo inmenso, de un cosmos que lo trasciende y lo abraza. La belleza que hay en cada ser, por pequeño que sea, es un reflejo de la Luz que viene de lo alto. En este sentido, es un regalo de Dios.

Bueno, es hora de replegar las velas. Estamos llegando ya a la capital del Reino. Los pasajeros se dirigen hacia las puertas, aunque el tren aún no ha parado. Todos tienen prisa por llegar los primeros a la cola del taxi y proseguir la jornada. Hace mucho calor en Madrid. Estamos de lleno en el otoño y tengo la impresión de que aún estamos en julio. ¡Me queda tan lejos ya el verano en Morgovejo!

Espero tu carta. No te propongo ningún tema esta vez. Quizás habrá que recuperar algunos de los temas que han quedado en el tintero y ponernos a ellos de nuevo. Tengo muchas cosas que decirte.

Un abrazo,

FRANCESC

EL MISTERIO DEL MAL

CARTA 20
Vicenç Villatoro

Matadepera, 22 de octubre del 2011

Apreciado Francesc,

como pasa siempre, las sugerencias, los caminos de reflexión que me van abriendo tus cartas, acompañan a los que va ofreciendo la propia vida, los libros leídos, los viajes hechos, todos los estímulos que comporta vivir en medio del mundo. ¡Pero no siempre van en la misma dirección! Me pongo a escribirte a la vuelta de Varsovia. He estado allí unos cuantos días, por trabajo, pero he aprovechado las horas que tenía para visitar zonas de la ciudad que no había visto y que además me sirven para un proyecto literario que tengo entre manos. Al grano: ayer a esta misma hora, a la hora en que te estoy escribiendo, estuve paseando por el antiguo gueto de Varsovia. Aún estoy impresionado. No por lo que se ve: sobre todo por lo que no se ve. La memoria de lo que allí pasó es tenue, casi imperceptible. No es cómoda para los viven allí hoy. Supongo que tampoco para los que hoy mandan ahí.

Los rastros del gueto están borrados y los pocos que quedan son casi clandestinos, con algunas excepciones pensadas más para los visitantes de fuera —me temo que casi resignadamente por parte de los habitantes actuales— que no para compartir su memoria. Es como si por debajo de una ciudad normal del este de Europa, reciclada en la lógica de mercado, contemporánea, incluso sorprendentemente contemporánea, hubiera una ciudad antiquísima soterrada. De vez en cuando, muy de vez en cuando, aparece un elemento material: un trozo del muro, un fragmento de calle con las casas de entonces. Hay también bastantes nombres; la toponimia urbana, los nombres de las calles, nos dicen cosas a los que nos hemos interesado desde hace tiempo por la destrucción del gueto de Varsovia, por la muerte del medio millón de personas que lo habitaban, pero también por su insurrección, el hecho armado que me parece más emocionante de la historia. Las calles no son como eran, las casas ya no existen, pero los nombres de las calles —Mila, Zamenhoff…— aún siguen ahí. Y nos hablan.

Cuando ves las obras del metro, piensas que saldrá la ciudad oculta. Pero paseas por las calles, vas a actos, entras en teatros, y tienes la certeza de que la mayoría de las personas que están allí no tienen conciencia de lo que llegó a pasar ahí mismo. Yo tenía la sensación de pisar tierra sagrada. Ya comentamos en unas cartas anteriores que la densidad del dolor y de la muerte convierten en sagrado un espacio, incluso para los que no participamos de una idea de trascendencia.

Así pues, bajo los impactos de esta visita, ahora podría volver a todo el tema del mal, de la perplejidad ante el mal. ¿Dónde coño estaba Dios, si es que hay un Dios providente, mientras pasaba todo aquello? Ya lo sé, la pregunta debe de ser demasiado fácil, demasiado sencilla, demasiado obvia. Pero no me sale la respuesta. Ya hemos hablado de ello.

Volveremos a hablar de ello. Le daremos vueltas. Pero no sé si llegaremos a algo. Tengo un poema en *Sense invitació* ['Sin invitación'], mi último libro de versos, que se titula «De què va la Bíblia». Son poemas cortos, casi aforísticos. Dice tan solo:

> Si Dios tiene que ver con lo que pasa en el mundo,
> ¿por qué los justos sufren
> y exultan los malvados?

Un amable lector me ha devuelto el libro anotado y en este poema me ha dejado escrito: «La Biblia no va de esto.» Quizás no. Pero entonces, ¿de qué va? Como mínimo, también debe de ir de esto. Desde los Salmos hasta Job, pasando por el Eclesiastés. Si hay premio y hay castigo, ¿por qué se reparten con tanta injusticia?

Pero te decía que no quería que esta experiencia tan reciente de viaje cortase el hilo de lo que íbamos hablando —aunque es un hilo flexible, que va y vuelve, que se desovilla por el impulso de muchas cosas diferentes—, y que quería entrar en las sugerencias de tu última carta. Hay muchas. Abren muchos caminos. Ética y estética. Continúo desconfiando del matrimonio. No pido ningún relativismo ético. Creo en el relativismo estético. La belleza —la verdadera belleza— ¿es la bondad? No lo sé. La belleza, ¿es la naturaleza? Tampoco. La palabra es tan polisémica que me da miedo utilizarla con mayúsculas.

Pero esto también lo hemos dicho. Quería aprovechar el hilo de tu última carta para introducir un tema nuevo, que me parece que me toca introducir precisamente a mí, y que quizás se agota con una única reflexión, que quizás es un tema menor, pero que me parece que en un momento u otro debe quedar dicho. Es un tema, pero de hecho podría tener dos presentaciones. Una: me parece execrable la iconoclastia del ateísmo o incluso del agnosticismo. Dos: me parece que desde el agnosticismo e incluso desde el ateísmo hay que respetar y valorar el hecho religioso y hay que defender la divulgación y el conocimiento —también en el ámbito de la enseñanza de las nuevas generaciones— de la cultura religiosa. En un sentido muy amplio, pero con la necesaria profundidad. Son cosas dichas quizás muchas veces, y por tanto ya no viene de una.

Empecemos por el principio. Desde el agnosticismo, hay quien ve en el pensamiento religioso una admirable y sofisticada construcción cultural y al mismo tiempo una guía moral positiva para la conducta de las personas: se aprecia el efecto aunque no se comparta la causa. Pero hay quien ve el pensamiento religioso como una iluminación que ofrece a las personas la seguridad de la posesión de la verdad y las invita, por tanto, a imponerla por encima de todos los demás. Son dos hipótesis posibles sobre la vivencia religiosa ajena, una positiva y otra negativa. Y la historia de la humanidad ha ayudado a alimentarlas ambas. El pensamiento religioso ha sido una fuente de solidaridad humana, de bondad en el sentido más pleno de la palabra. Pero ha sido también una fuente de intolerancia y de exclusión. Y todas las tradiciones religiosas tienen en su propia historia ejemplos de una cosa y de la otra. La frase, supongo que apócrifa, que se atribuye al conquistador musulmán de Alejandría antes de ordenar supuestamente el incendio de la biblioteca, es significativa, pero serviría para todos los que creen de una determinada manera en una verdad revelada: si los libros de la biblioteca están de acuerdo con el Corán, son superfluos y redundantes; si están en desacuerdo con él, son blasfemos. En un caso y en el otro se pueden quemar o se deben quemar.

Ciertamente, el hipotético incendiario de la biblioteca de Alejandría no preveía una posibilidad intermedia: que los libros dijeran cosas diferentes del Corán, ni las mismas ni las contrarias. O dicho de otro modo, que cupiera la posibilidad de decir cosas al margen del Corán. Repito que no estoy hablando solo del islam, sino de casi todas las tradiciones religiosas en un momento u otro de la historia. Puede haber en ellas una vocación de totalidad: la verdad revelada se refiere a todo y, por tanto, no hay nada que sitúe al margen, solo se puede estar a favor o en contra. Cuando se inventaron el término *totalitarismo* para definir los regímenes más terribles del siglo xx, y del xxi, algunos de ellos de fundamento religioso, creo que acertaron. El totalitarismo nace de esta ilusión de totalidad. Todo está dentro. Y si todo está dentro, hay motivos para forzar las convicciones de quien está fuera. Tienen coartada para imponer. Y tienen coartada para quemar y destruir. Conmigo o contra mí. No hay espacio exterior. La verdad única lo empapa todo. (Por cierto, otro motivo para reclamar el divorcio amistoso entre ética y estética: evitar la tentación de que en nombre de una ética, que remite siempre a una verdad, se excluyan estéticas, se proclame la estética única, que corresponde a la verdad revelada. El realismo socialista. La carga contra el arte llamado degenerado. La destrucción de las imágenes de las otras religiones. En nombre de la ética se han quemado muchas bibliotecas.)

Decía, de ahí veníamos, que desde el agnosticismo se puede tener una visión positiva o negativa del hecho religioso en su conjunto: generador de solidaridad y bondad o generador de totalitarismo y exclusión. En parte, esta disyuntiva es el reflejo en el espejo de la misma disyuntiva que las religiones, las tradiciones religiosas, han sentido en su interior a lo largo de la historia. Dicho de otro modo, según hagan las tradiciones religiosas, según opten por una u otra cosa, así serán vistas y tratadas desde el agnosticismo. Pero esta visión es parcial. Convertiría al agnosticismo en un árbitro por encima del bien y del mal. Y también en el agnosticismo —y aún más en el ateísmo militante— pueden darse las dos pulsiones, la constructiva y la destructiva, la complementaria o la totalitaria. También el pensamiento agnóstico, como el pensamiento religioso, puede tener este afán de totalidad y, por tanto, de exclusión y de persecución. Ha ocurrido. El ateísmo, en este sentido, se ha comportado como las tradiciones religiosas a las que se confrontaba, y de la misma manera que ha construido un humanismo positivo, ha provocado persecuciones sangrientas, su propia versión de las inquisiciones más terribles. La frase del hipotético conquistador musulmán de Alejandría también se podría poner en boca, cambiando solo algunos términos, de aquellos anarquistas que quemaban en los años treinta todo lo que olía a religión. Como se puede poner en boca de los que quemaban libros judíos y decadentes ya en la primera Alemania hitleriana o en la de los estalinistas que prohibían y deportaban la palabra y a los que la decían. Como dijo Heine, allí donde se queman libros, se acaba quemando personas.

Vuelvo a lo que iba: de la misma manera que tenemos que pedir a las tradiciones religiosas que renuncien a esta vocación excluyente de totalidad, que dejen espacio al otro, que respeten las creencias ajenas, que permitan hablar de otra cosa —no solo a favor y en contra de la cosa única—, también el pensamiento agnóstico y ateo debe respetar las tradiciones religiosas como un patrimonio inmaterial de la humanidad de una trascendencia cultural extraordinaria y de una potencialidad moral muy positiva. En un cierto sentido, una actitud es el espejo de la otra. Se pueden alimentar mutuamente. Ante un pensamiento religioso evolucionado, que no renuncia a sus creencias, pero sí a la voluntad totalizadora —en el sentido que decíamos antes—, resulta viciada, anacrónica, rechazable, profundamente equivocada, la deriva anticlerical e iconoclasta que ha tenido en algunas épocas el pensamiento agnóstico y, aún más, el ateísmo militante.

No creer no significa pelearse con los que creen, o a la inversa. No tener religión no significa ver a las religiones como una fuente inevitable y fatal de males para la humanidad, sino que es posible exactamente lo contrario: no tener religión y creer que una sociedad donde las convicciones religiosas estén sinceramente enraizadas —y estén asociadas a un ideal de convivencia, de tolerancia y de respeto mutuo— puede ser mejor que una sociedad donde esto no exista. La presencia del factor religioso puede percibirse como un bien público, incluso por quien no comparte sus fundamentos. Ciertamente, en unas determinadas condiciones. Pero en unas condiciones que hoy por hoy parecen posibles, como mínimo en una parte importante del planeta. Quizás, lamentablemente, no en todo el planeta. Ni en relación con todas las formas de entender la religión.

Voy a la segunda deriva, que es consecuencia de la primera. Simplemente, añadirme a la lista y manifestar mi acuerdo con algo que, afortunadamente, a mi entender, ya se ha dicho mucho: no va contra la laicidad del estado el hecho de garantizar a todos los ciudadanos una información y una cultura religiosa básica, de todas las tradiciones religiosas en general, pero sobre todo de aquellas más presentes en la historia y el presente de cada territorio. Alguien ha dicho que sin esta cultura religiosa no se entienden buena parte de las obras artísticas y culturales que nos han sido legadas, y es verdad. No añadiré ejemplos a la lista de los que se han dado, de la imposibilidad de entrar en un museo y comprender la pintura barroca, el románico y el gótico, incluso el Renacimiento, sin unos mínimos conocimientos sobre el cristianismo, sobre su iconografía, que remite inevitablemente a su visión del mundo. Pasa lo mismo con el mundo musulmán o con el judío o con las religiones orientales. Sin unos conocimientos básicos de sus liturgias, de sus cosmologías, de sus tradiciones, es imposible entender el mundo contemporáneo, no se pueden encontrar los significados ni de su arte ni de su calendario, ni tan solo de su vida cotidiana, de su gastronomía, de su manera de celebrar las fiestas. Por tanto, esta ya sería una razón obvia para pedir la garantía de la cultura religiosa para el conjunto de la ciudadanía.

Pero es que las religiones no son tan solo la clave para entender la cultura. Son también cultura. No se trata solo de saber quién era santa Lucía o san Jerónimo para poder entrar en el Museo Nacional de Arte de Cataluña o en el Museo del Prado, y entender algo, o para asistir a un concierto de música de Bach o para contemplar una catedral gótica o para pasear por las ciudades de cualquier lugar del mundo cuando hay fiestas. Es que en ella misma la religión es una de las grandes construcciones culturales de la humanidad, que como tal merece ser conocida y respetada incluso por los que no comparten su convicción de fondo.

Debemos ser los no creyentes los que levantemos antes la mano para reclamar esta cultura religiosa y para evitar los excesos iconoclastas. Yo soy de los que no le ven ningún sentido a convertir los pesebres navideños en paisajes de invierno. Con perspectiva histórica, a todos nos parece ya ridículo que en los años treinta cambiaran el nombre de Sant Cugat por Pins del Vallès, para evitar mencionar el santoral. Respeto, conocimiento y convivencia ante el hecho religioso. Un hecho intrínsecamente positivo. Me parece que los no creyentes tenemos que proponernos esto..., pero que los creyentes deberían ayudarnos. Y hay que decir que no todos ayudan o que no siempre ayudan. Hay trabajo por hacer en uno y otro lado, si es que podemos hablar de uno y otro lado. Quizás deberíamos decir que todos tenemos trabajo por hacer.

Perdona la deriva un poco extraña de la carta de hoy. Dejaré reposar la visita a Varsovia. Y algunas lecturas de estos días que tengo sobre la mesa: por ejemplo, un texto de Steiner sobre los libros que nos dice que, aun viviendo en el mundo occidental bajo el prestigio del libro, los dos fundamentos de nuestra cultura, Sócrates y Jesús, no escribieron nunca nada. ¿A que hay tema? Es la gracia. No se acaban nunca los temas.

Hasta pronto, entonces. Un abrazo,

VICENÇ

CARTA 21
Francesc Torralba

Barcelona, 26 de octubre del 2011

Querido Vicenç,

en tu última carta has dado en el clavo. La pregunta por el misterio del mal en el mundo es, verdaderamente, la cuestión más difícil que todo creyente debe encajar si quiere ser consecuente con lo que cree y no quiere escurrir el bulto. No se vale minimizarlo, tampoco sirven las clásicas respuestas de que el mal es necesario para darnos cuenta del bien que hay en el mundo, de la grandeza de Dios, de su bondad. Todos, tanto creyentes como no creyentes, podríamos imaginar un mundo mejor, más justo, más fraterno, más benévolo. No es nada complicado pensar un mundo más armónico, más equilibrado, más ordenado. Los niños son capaces de hacerlo. También los adultos.

Quizás hayamos llegado al meridiano de nuestra correspondencia. ¡Quién sabe! Si es así, has escogido el mejor tema posible para entrar a fondo en el misterio de la fe. Pero vayamos por partes. No es mi intención elucidar el misterio, desenredar el enredo. Sería insensato, pretencioso y petulante por mi parte el intentarlo, teniendo en cuenta que las mentes más privilegiadas del pensamiento filosófico y teológico occidental se han quemado las cejas para aportar un poco de luz a la cuestión y ninguno de sus argumentos es definitivo. Se exploran caminos, formas para intentar entender la presencia del mal en el mundo, pero cuando irrumpe con su gravedad, solo se oye el grito de Job o bien el grito de Jesús en la cruz: «Dios mío, Dios mío, ¿por qué me has abandonado?»

La pregunta, ciertamente, como dices, es fácil. Aflora a los labios espontáneamente, sin demasiadas dificultades. Cuando observamos las expresiones del mal radical en el mundo, la crueldad, la destrucción, la xenofobia, el sufrimiento de tantos inocentes a lo largo de la historia, la pregunta por la legitimidad de un Dios que permita esta oceánica manifestación del mal atormenta cualquier mente que honestamente intente dar razón de su esperanza.

Siempre me ha parecido ingenuo pensar que vivimos en el mejor de los mundos posibles. Tampoco creo que vivamos en el peor de los mundos posibles. Ni opto por Leibniz, ni opto por Schopenhauer. Creo que vivimos en un mundo claroscuro, un entremedio entre cielo e infierno. Podemos participar del cielo en este mundo, como mínimo en algunos instantes, como Joan Maragall subraya, pero también podemos cruzar el umbral del infierno y experimentar la desesperación, el desasosiego, la impotencia y el crujir de dientes. Hay belleza, bondad, unidad y verdad; pero también fealdad, maldad, fragmentación y farsa. Hay luz y hay oscuridad.

El mal atraviesa la historia y es motivo de interrogación. Me gusta el término *misterio*, más que el término *problema*, cuando me refiero a esta cuestión. En el problema hay expectativas de resolución a través de la razón, mientras que cuando hablamos de misterio nos referimos a una cuestión que trasciende los límites de la racionalidad. Esto exige humildad, cuidado, prudencia, y practicar la paciencia de la espera. El mal que sufren los inocentes es, verdaderamente, lo que sacude la mente y el corazón del creyente, porque querríamos imaginar a un Dios justo, un Dios que premia a los que se portan bien y que castiga a los que actúan perversamente, pero la historia y la vida de cada día violentan esta lógica infantil, y ante esto solo hay dos posibles salidas: o bien negar a Dios, por injusto, insolidario, cruel y sanguinario, o bien cuestionar esta imagen pueril de Dios que subsiste en el imaginario colectivo y explorar, una vez negada esta imagen, si hay espacio para pensar, «autrement, Dieu», como diría Emmanuel Lévinas.

Job es el caso paradigmático. No entiende por qué tiene que soportar todo tipo de sufrimientos, él que es un hombre bueno, honesto y honrado. No comprende la lógica de Dios, y por esto se rebela contra Él y maldice el día en que nació. El grito de Job se oye en los hospitales, en los funerales, en la vida cotidiana de tantos inocentes. Solo cuando se ha desembarazado de la imagen mecánica de Dios que tiene en su mente, Job puede penetrar en el misterio del mundo y del mal. Entonces se da cuenta de que Dios no es un brazo mecánico que obedece nuestras consignas, que no se rige por la lógica humana. Capta que Dios siempre está más allá de nuestras ideas, «au delà de l'idée», como dice Lévinas. Se ve obligado a romper la concepción antropomórfica que hasta entonces tenía de Dios y se reconcilia con Él, aceptándolo tal como es.

La persistente presencia del mal en la historia es, en todo caso, un signo de interrogación, pero, a la vez, una paradoja tan grande que estimula, a la máxima potencia, el ejercicio del pensamiento. Søren Kierkegaard afirma, en un bello texto, que un pensador sin paradoja es como un amante sin pasión, es decir, un triste pensador. La fe cristiana está llena de paradojas, un campo minado de cuestiones difíciles de disolver racionalmente. La paradoja del mal es, probablemente, la mayor de todas, que obliga a pensar, a meditar a fondo sobre el mundo, Dios y la libertad.

Si el mundo es, en palabras del conocido bioquímico y premio Nobel Jacques Monod, el resultado del azar y de la necesidad, el mal es tan azaroso como el bien; pero si el mundo es el fruto de una mente inteligente, de un Dios creador y bueno, entonces la cuestión irrumpe con toda su potencia. El mal es, por tanto, enigmático para el creyente, porque se ve obligado a conjugarlo con la idea de un Dios bueno. No es extraño que la cuestión del mal se haya utilizado, a lo largo de la historia, como el gran argumento *contra Deum*. Es el caso, por ejemplo, de Arthur Schopenhauer, cuando afirma que si él fuese Dios se avergonzaría del mundo que ha hecho. El protagonista de *La peste* de Albert Camus, el doctor Rieux, maldice el mundo y a Dios por causa del mal de los inocentes. No puede aceptar que Dios permita la muerte de tantos inocentes en la ciudad de Orán, a consecuencia de una peste. Aparece la misma pregunta siempre que irrumpe un drama colectivo.

¿Por qué tanto mal en el mundo? Has puesto sobre la mesa la pregunta de las preguntas. La formulas como quien no quiere la cosa, casi *en passant*, pero es la cuestión más seria que pueda plantearse a alguien que cree en Dios, en un Dios supuestamente bueno y supuestamente omnipotente. Para muchos pensadores, la cuestión del mal conduce, necesariamente, al ateísmo, al denominado ateísmo de revuelta. Es un tipo de ateísmo que me merece el máximo respeto. No hay que confundirlo con la indiferencia, tampoco con el ateísmo positivista o bien con el laicismo de vuelo gallináceo. El ateo rebelado es, en el fondo, un ateo piadoso que desearía creer en Dios, querría abrazarlo, poder confiar en Él, pero no puede hacerlo, no puede aceptar que permita el mal en el mundo. Puesto que no puede admitir un Dios que permite tanto mal y puesto que no puede negar el mal, tiene que negar, necesariamente, a Dios, pero lo hace de mala gana, quejándose.

Otros entienden que la persistencia y tenaz presencia del mal en el mundo obliga a prescindir de alguno de los atributos tradicionales de Dios. Es el caso, por ejemplo, de un pensador judío muy perspicaz como Hans Jonas, en una conferencia que tiene un título muy significativo, «El concepto de Dios después de Auschwitz». Razona así: si Dios es bueno, pero permite el mal, entonces no es omnipotente; pero si es omnipotente, pero permite el mal, no es bueno. En cualquiera de los dos caminos de la argumentación, Dios pierde un atributo fundamental y, al perderlo, deja de ser Dios, porque es difícil pensar un Dios débil o bien un Dios perverso. Jonas opta por un Dios débil, que renuncia a dominarlo todo, a controlar la historia, a mover los hilos de la vida humana, porque cede al hombre la libertad. Entiende que Dios no puede dejar de ser bueno, pero que renuncia a su omnipotencia para que el hombre pueda decidir qué quiere hacer con su vida y para que sea verdaderamente el protagonista de la historia.

Sin embargo, la resolución de la disyuntiva, tal como propone Hans Jonas, no me convence, porque la idea de un Dios débil me parece una contradicción en los términos. La debilidad es un atributo humano, pero no divino. Cuando rezamos a Dios, rezamos a Alguien que concebimos como una roca sólida, como una Tierra Sólida, como Aquel que puede resguardarnos de la incertidumbre. No puedo entender un Dios débil; tampoco un Dios perverso que goza viendo cómo sufren los hombres y las mujeres en su periplo por este mundo. Puedo entender que Dios, al crear al hombre, le dé el tesoro de la libertad, un tesoro envenenado, como dice Eugenio Trías, porque el hombre lo puede utilizar tanto para el bien como para el mal. Le da la posibilidad de la libertad, pero al dársela le abre el campo del mal. Un Dios que crea a un ser clónico incapaz de obrar libremente es un Dios poco creíble, demasiado miedoso para ser Dios.

Entiendo que Dios crea el mundo, que coloca en pleno centro a un ser capaz de actuar libremente, de tomar conciencia de su ser y de su misión. Este ser puede respetar la lógica del mundo, entender su lugar en el mundo, la condición de criatura, la belleza y la bondad de la creación, o puede, también, rebelarse contra el *logos* que rige el mundo y devastarlo todo. Dios lo crea con esta posibilidad. ¿Por qué? Es un enigma. Crea a un ser a imagen y semejanza, y si es parecido a Dios tiene que ser necesariamente libre. Sin embargo, Dios, al contemplar la devastación, sufre infinitamente. No puedo imaginar a un Dios indiferente al destino de la humanidad, ajeno a sus sufrimientos. De hecho, cuando Dios se revela a Moisés lo hace a partir de un acto previo de escucha: ha escuchado las súplicas y los sufrimientos de su pueblo y, conmovido por estos clamores, se revela, rompe su silencio y se da a conocer con una finalidad clara, nítida, sin ambigüedades: la liberación del pueblo oprimido.

Existe una larga tradición espiritual que se articula a partir de la imagen del *Deus patiens*, de un Dios que desde su infinito amor sufre al contemplar la manera en que el ser humano trata a sus semejantes, trata la naturaleza y se trata a sí mismo. La idea de un Dios que sufre puede parecer contradictoria con la naturaleza de Dios, pero si Dios es Amor, como se afirma en la Primera Carta de san Juan, entonces es inherente al amor el sufrir, querer el bien del otro, sufrir cuando el otro opta por el mal. El amor no niega la libertad; más bien la potencia, y tampoco no la quita cuando esta libertad se expresa irresponsablemente.

No quiero cansarte. El tema es vasto, lleno de fisuras y de filtraciones. El teólogo lo sabe bien. No se vale salir de la paradoja con los dos argumentos fáciles. Es un enigma que un Dios omnipotente lo permita. Aun así, si la omnipotencia de Dios se comprende como una potencia infinita de amar, también su sufrimiento debe ser infinito y también el respeto a la libertad de la criatura que ha forjado con el barro, como se dice simbólicamente en el Génesis. El amor humano es finito, limitado; el Amor de Dios es infinito. El amor humano no puede frenar a la muerte ni vencerla. El amor infinito de Dios puede hacer vivir al que estaba muerto. Al final, es una opción clara. Para el cristiano, el Amor es más fuerte por la muerte y este es el único argumento que abre las puertas a la esperanza. Jesús había muerto, pero fue resucitado por obra del Espíritu Santo. El Amor reconstruye, salva, edifica, incluso, lo que el ser humano, con el mal ejercicio de la libertad, ha destruido, derrumbado, devastado.

Frente al mal, todos, tanto creyentes como no creyentes, tenemos que responder solidariamente. No se vale esperar a una intervención divina. Dios actúa a través de las personas que, con buena voluntad y firmeza, luchan contra todas las manifestaciones del mal que se expresen en el mundo.

Como dice André Glucksmann, el mal existe. No podemos enmascararlo ni esconderlo. Humanizar el mundo es luchar por vencerlo. Cada uno tiene sus medios y sus capacidades. El mal es un signo de interrogación, pero también es una ocasión para responder, activamente, a los sufrimientos del otro, una llamada a obrar compasivamente. En la respuesta, se pone de relieve la verdadera naturaleza ética de la persona.

En la última parte de tu carta haces referencia a un tema muy espinoso. Me gusta mucho tu incursión en la cuestión de la verdad y su relación con las tradiciones religiosas. Creo que la verdad no es la posesión de ninguna tradición espiritual y religiosa, es un horizonte de referencia, una aspiración de todo ser humano. La alteridad infinita de Dios exige prudencia y humildad a la hora de referirse a la verdad, porque Dios siempre está más allá de nuestras formulaciones, concepciones e ideas. Cuando uno se cree excesivamente sus esquemas conceptuales, éticos y simbólicos, acaba confundiendo *su* visión del mundo con *la* verdad. La verdad última nos trasciende, pero asintomáticamente podemos aproximarnos a ella. El camino del diálogo, de la escucha, de la profundización en la realidad nos abre, progresivamente, nuevos niveles de descubrimiento de la verdad.

El totalitarismo excluye la trascendencia, la alteridad, y convierte la verdad en un patrimonio ideológico. El Todo siempre nos trasciende. Somos parte y no podemos dejar de serlo, pero somos una parte consciente, reflexiva y anhelosa de la verdad. El Todo no cabe en un concepto. Tampoco cabe el Tú. El corazón del hombre es un misterio. La muerte es un misterio. Estamos sostenidos en un universo de los muchos posibles que existen. Podría no haber mundo. Podría no haber vida. Podríamos no existir los seres humanos.

Todo es contingente. La cuestión, no obstante, es que estamos en él (de momento) y que tenemos la suerte de poder establecer vínculos, aprender mutuamente los unos de los otros. Quiero creer que toda esta retahíla de fenómenos no es una casualidad, ni el resultado de una secuencia de combinaciones azarosas. Me gusta verle una lógica, una finalidad, una orientación, y me gusta sentirme parte de este inmenso proyecto de Dios.

Te propongo un tema menos conceptual, pero tanto o más vital que el que hemos explorado ahora: la transmisión de las convicciones y de los valores a los hijos o a los nietos. Me interesa saber cómo te planteas esta cuestión, porque yo estoy de lleno en ello.

Un abrazo,

FRANCESC

CARTA 22
Vicenç Villatoro

Matadepera, 29 de octubre del 2011

Querido Francesc,
al final de tu última carta me propones un tema que me apetece mucho incorporar a nuestros diálogos: el de la formación de los hijos, el de la transmisión de los valores o de las creencias o de las actitudes. ¡Pero me parece que seré un poco indisciplinado! En parte porque me gustaría dar algunas vueltas a la cuestión que tú mismo considerabas central en esta carta tuya, y que en cierto sentido las precede y las preside todas: la cuestión del mal y del dolor. También de la muerte. En mi carta anterior yo regresaba, casi directamente, de una visita al gueto de Varsovia. Todas nuestras cartas están escritas y leídas en un tiempo en el que, para mí, la cuestión de la muerte —y de la muerte de una persona joven, vitalista, con muchos proyectos por delante— está extremadamente presente. Por tanto, me cuesta zafarme de la cuestión. Y me da la impresión de haber ido tocándola a la ligera hasta el momento.

Pero aún hay, para mí, otra invitación a la indisciplina, y también es autobiográfica, por decirlo así. Es una anécdota, pero pensé mucho en estas cartas mientras la vivía (y así lo iba explicando a los otros protagonistas). Ayer por la tarde, en Tarrasa, mi ciudad, hubo un concierto de la Coral Egara en homenaje a Josep Freixas Vivó, un muy buen compositor local. Había sido mi profesor de música, el pobre (¡mi oído es muy limitado!). En el homenaje se interpretaban composiciones suyas, y la parte central es un conjunto de poemas míos, escritos cuando tenía dieciséis años, a los que él puso música. Los poemas pertenecen a un libro publicado en 1974, y escrito por tanto en 1973, que se titulaba —¡y espero que no te sorprenda, en el contexto de estas cartas!— *Passió, mort i resurrecció de Nostre Senyor Jesucrist* ['Pasión, muerte y resurrección de Nuestro Señor Jesucristo']. Vaya, que este corresponsal tuyo, que hace aquí —con toda la sinceridad y la honestidad posibles— de descreído y agnóstico, escribía a sus dieciséis años poemas sobre la Pasión desde una perspectiva religiosa.

Para explicarme (y para explicar por qué lo explico), solo una pincelada sobre la génesis del libro. En 1973 había ganado algún premio juvenil de poesía, sobre todo un par en Andorra, en los Juegos Florales juveniles. Salvador Alavedra, un patricio de Tarrasa, una persona extraordinaria, culta y sensible, había hecho muchos dibujos sobre la Pasión, altamente impresionantes y modernos, lo contrario de cualquier estampa. Dibujos sobre el sufrimiento, rotos y tensos. Me los trajo por si quería hacer unos poemas a partir de aquellas ilustraciones: ¡de hecho, eran los poemas los que ilustraban los dibujos! El resultado le gustó, publicó un libro muy bien editado, pedimos un prólogo al padre Pere Ribot, y después el maestro Freixas —que era mi profesor de música y que había sido mi director en la escolanía de la Sagrada Familia de Tarrasa— quiso musicar muchos de aquellos poemas. Cuando el otro día, en el Auditorio de Tarrasa, los volvieron a cantar, los leyeron en voz alta y los proyectaron en una pantalla, me causó una gran impresión. Me reconocía en ellos, en muchas cosas. En otras, muy poco: yo era por aquel entonces un chaval de dieciséis años que no había hecho clases de catalán, de una limitada formación religiosa (en casa no lo eran nada) y con unas pocas lecturas poéticas. Como le decía a los miembros de la Coral para marcar la distancia temporal que nos separaba de aquellos poemas: hay más años entre un libro escrito en el 73 y ahora, que entre este mismo libro y la destrucción del gueto de Varsovia, por utilizar una fecha aparentemente muy lejana y bajo cuyo impacto aún estaba, y estoy.

Prosigo con la autobiografía, y pido perdón por ello. No sé si rompo las reglas del juego o, al contrario, si las cumplo a rajatabla, porque una carta es también siempre una confidencia. Si alguien lee esto —un chico que a los dieciséis años escribía poemas a la Pasión y a los cincuenta y cuatro se proclama agnóstico—, supondrá qur tuve una crisis religiosa al final de la adolescencia o la juventud, un debate espiritual interno, una especie de lucha del alma. Una decepción, una crisis o una iluminación, según como se mire. No soy consciente de haberla tenido nunca. Miro mi vida y en este terreno no encuentro ni grandes subidas ni grandes bajadas. Tampoco he tenido la sensación de que esto, la relación con la religión, haya sido nunca una de mis principales preocupaciones. Entonces, ¿por qué escribía en aquel momento poemas a la Pasión, sin tener ninguna sensación de impostura? ¡La clave me la dabas tú, en tu anterior carta! Me decías que la gran pregunta ha sido siempre cómo puede haber mal, si hay un Dios omnipotente y bueno. Y me hablabas de Job, de los Salmos y de la frase de Jesús en la cruz: «Señor, Señor, ¿por qué me has abandonado?»

Cuando leo los poemas de hace casi cuarenta años, me doy cuenta de que de hecho hablan de esta frase, la que mencionabas como central, y le van dando vueltas. De hecho, en la versión montserratina de Mateo, es el lema de uno de los poemas principales del libro: «Dios mío, Dios mío, ¿por qué me habéis desamparado?» Y el hilo conductor de aquellos versos antiguos era precisamente esto, la perplejidad ante el sufrimiento, la compasión ante la Pasión, la incomprensión del desamparo. La injusticia y el mal y la muerte como misterios. Por tanto, quizás no esté tan lejos de aquella versión ingenua de mí mismo cuarenta años más joven. Quizás aún hablo de las mismas cosas. Quizás aquellos poemas, escritos sin romper con la tradición religiosa, desde su interior, y estas cartas, escritas desde la exterioridad, no contienen la inmensa contradicción que puede parecer, y son de hecho variaciones sobre un mismo tema. O quizás no. Quizás he ido cambiando y lo que antes me parecía compatible, ahora me parece contradictorio. Pero hablando de lo mismo.

La cuestión del mal. El gueto de Varsovia. El cáncer y la muerte de mi mujer. La gente que ahora sufre por la crisis. Mi profesor de religión, en el Instituto Blanxart, en bachillerato —¡no salgo de la autobiografía!—, que era un cura progre de una parroquia de un barrio de Tarrasa, decía que detrás del mal siempre estaba el pecado. Le preguntábamos por las víctimas de la riada de Tarrasa, entonces relativamente reciente, en la que habían muerto tantos inocentes. Y él nos contestaba: es el producto de un pecado. No porque ha llovido demasiado, que esto sería culpa de Dios, sino por haber hecho casas en el lecho del antiguo torrente, por imprudencia o por especulación. Incluso los desastres naturales se convertían en desastres porque se asociaban a un pecado de los hombres. La pregunta que yo le habría hecho entonces es por qué el pecado lo hacen unos y el mal lo reciben otros. ¡Ya lo sé que detrás del exterminio del gueto de Varsovia hay un pecado! Pero muchos de los que mueren son plenamente inocentes. La humanidad no es una unidad en la que se pueda calcular un precio global: unos reciben por los pecados de los otros. Está formada por personas, cada una portadora de una dignidad, de una esperanza, de una inocencia o de una culpa. La teoría no me acababa de gustar, pero la intuición de que detrás del mal había un pecado sí que me parecía iluminadora.

Ahora bien, ¿pecado contra qué? Alguien me habría contestado entonces que contra Dios y su ley. Quizás sí, pero entonces Dios no acaba de funcionar del todo, ni como legislador ni como juez. Ahora, en los tiempos eclécticos y un poco frívolos que corren, alguien me contestaría: pecado contra la ley de la naturaleza. Es lo que se lleva: la naturaleza es sabia y buena, y cuando el hombre se enfrenta a ella, peca. El pecado de hacer las casas al lado del torrente es olvidar la ley natural, el lugar por donde el agua ha bajado siempre. Lo que es natural es bueno y lo que es artificial es malo. ¿Y si fuera exactamente lo contrario? ¿Y si el pecado fuera, precisamente, violar la ley humana que hemos pactado y construido para combatir la ley injusta y cruel de la naturaleza? Vuelvo a Albert Cohen y sus *Carnets*. La ley de la naturaleza es la ley de la selva: el fuerte se come al débil, la regla principal de la supervivencia es la primacía de la propia voluntad y la propia necesidad, todo vale para la supervivencia individual, pero aún más para la continuidad y la expansión de la especie. ¡No hay nada más cruel que los documentales sobre la vida en la sabana que hacen después de comer por televisión! Contra esto, para combatir lo que esto tiene de injusto y de cruel, para proteger al débil, para poder creer en ciertas cosas elevadas por encima de la propia voluntad y el propio interés, la humanidad dicta unas leyes basadas en la convivencia, en la protección del débil, en la compasión, en el amor. Las dicta, pero no las cumple. O no siempre las cumple. Las proclama más que practicarlas. Peca cuando se las salta.

¿Dónde está el mal, entonces? ¿Cuál es el pecado? Si pudiera decirlo provocativamente, porque ahora los términos han adquirido connotaciones diferentes, es la obediencia a las leyes de la naturaleza por encima de las leyes de la humanidad. Los nazis —Cohen habla de ellos como de «los hombres de la naturaleza»— proclamaban el derecho al espacio vital, el derecho a exterminar a las razas inferiores o a las razas enemigas, y lo planteaban como una ley extraída de los comportamientos de la naturaleza, y no les faltaba razón. La competencia por los recursos, la exclusión de los débiles, la voluntad de dominio, son perfectamente naturales. Lo que es absolutamente artificial es la compasión. La reproducción es natural. El amor es artificial. La preeminencia del más fuerte es natural. El acuerdo, el convenio, el pacto, el contrato, son artificiales. El dolor de cabeza es natural. La aspirina es artificial. La muerte es natural. Luchar contra la muerte, intentar retrasarla, salvar vidas, es artificial. Cuando digo *artificial*, que viene de *artificio*, de cosa construida, de cosa manufacturada, quiero decir *humano*, hecho por la humanidad contradiciendo a la naturaleza. Decía Gianni Rodari que Dios había creado el mundo inacabado, imperfecto, y que había dejado a los hombres el encargo de perfeccionarlo: Dios había puesto ríos en él, pero se trataba de que los hombres pusieran puentes. La humanidad, la ley humana, sería esto. Este encargo divino. O este pacto humano.

¿Significa esto que todo lo que es artificial es bueno y que lo que es natural es malo? En absoluto. La contraposición no es entre naturaleza y artificio, sino entre la ley de la selva y la ley de la humanidad. Y se hacen artificios en nombre de la ley de la selva (el gueto de Varsovia). Este es el pecado: la acción de los hombres contraria a las leyes humanas. La evolución, el azar o lo que sea han puesto sobre la tierra a una especie dotada de una cosa tan extraña como la conciencia de sí misma y de sus actos. A partir de esta conciencia, la humanidad ha imaginado un mundo mejor del que la naturaleza le ofrece, del que gobiernan las leyes de la naturaleza. Lo ha imaginado, lo ha expresado y lo ha codificado, a través de ideales —el amor, la compasión, la justicia, la libertad—, y ha intentado crear instrumentos para la realización de estos ideales. ¿Cuándo peca la humanidad? Cuando se contradice a sí misma, cuando proclama una cosa y hace otra, cuando se enfrenta a estos ideales básicos que ha intuido y que ha codificado. La ley de Moisés no es la ley de Dios, en esta concepción, sino la ley de los hombres para construir un mundo mejor.

Cuando yo era pequeño, si hacías una travesura, a menudo te decían: «¡No seas animal, no seas bestia!» O al revés: «¡Sé persona!» Pecar es dejar de ser persona, en lo que hemos acordado y establecido que significa ser persona, en lo que se supone que nos singulariza como humanidad. No hace falta la presencia divina. No hace falta tampoco negarla con fanatismo. Es un debate humano-humano, de nosotros con nosotros mismos. Un debate introspectivo. Me temo que mi visión de todo ello es más heredera de la literatura que del pensamiento filosófico. Quizás también se trate de esto: nuestras cartas no son tan solo el diálogo entre dos posiciones establecidas (¡muy poco establecidas, en mi caso, como se ve por mis poemas de los dieciséis años!), sino también entre dos disciplinas, entre dos mundos de referencias diferentes, incluso entre dos lenguajes. Espero que la gracia esté aquí. ¡Y que la tenga!

Escuchando las canciones sobre los poemas de la Pasión, me doy cuenta de que escribía hace cuarenta años, librescamente en parte, ingenuamente, pero no impostadamente, sobre la humanidad, sobre el hombre. Jesús me importaba como hombre. La cuestión de la divinidad me superaba por todas partes. Un hombre que sufre pudiendo ahorrarse el sufrimiento. Un hombre que será asesinado y que lo sabe. En el primer poema del libro, Jesús se dice a sí mismo: «Si no hubiera piel, ni cruz, ni clavos, ni venas...» El dolor nos llega por lo que nos es más corporal, más natural, la piel, los nervios... Pero hay una serie de acciones humanas, la ciencia y el pensamiento, el arte y el amor, la compasión y la solidaridad, que, por decirlo así, intentan corregir este mal inicial, este pecado original. En el fondo estamos hablando siempre de lo mismo. Y los que nos dedicamos a la literatura intentamos encarnar nuestras perplejidades en metáforas, en palabras.

La otra especificidad humana: la palabra, la posibilidad de trascender lo que es tangible a través del concepto, de la abstracción, de lo genérico. La posibilidad de acumular experiencia y de transmitirla. Al fin y al cabo, la palabra es esto: la posibilidad de explicar a nuestros hijos lo que hemos vivido y lo que hemos aprendido. La posibilidad de que el mundo no empiece con cada nacimiento. Que el conocimiento, la experiencia, la técnica, la sabiduría, se puedan acumular y se puedan transmitir. La transmisión. El tema que me proponías. El tema que yo, indisciplinado, he rehuido en esta carta, y que me gustaría tratar en la próxima. Pero antes sabré cómo lo ves tú, qué piensas de ello. Veré hasta dónde llegan los acuerdos, que supongo que hasta muy lejos, y también los desacuerdos, que imagino no demasiado grandes.

Perdona que te explique mi vida en fascículos, ¡versos de los dieciséis años incluidos! Pero en el fondo estamos hablando de la vida. Y, aún más, desde la vida.

Afectuosamente, un abrazo,

VICENÇ

LA TRANSMISIÓN DE VALORES Y CONVICCIONES

CARTA 23
Francesc Torralba

Martinet, 1 de noviembre del 2011

Querido Vicenç,

en esta festividad de Todos los Santos te escribo desde Martinet de Cerdaña. Hemos venido a pasar el puente y a disfrutar de estos paisajes otoñales. Cada año me cautivan más los colores que despliega la naturaleza durante esta estación. El verde del abeto contrasta con el amarillo del chopo, pero entre uno y otro hay toda una gama de colores ocres y rojizos que solo duran un par de semanas. El espectáculo polícromo es efímero, porque pronto se caerán todas las hojas y quedará la rama desnuda, completamente desvestida hasta la primavera.

Sin embargo, antes de morir, la hoja parece gritar, mostrar la belleza más potente de que es capaz para dejarse caer suavemente sobre el camino y formar una estera compacta de hojas de todo tipo: pequeñas, medianas e inmensas. La tierra húmeda desprende un olor especial, y si tienes la suerte de pasar por el camino cuando se levanta viento, se desprende una lluvia de hojas que se despiden para siempre del árbol. Es un ritual que cíclicamente se repite. No hay llantos ni lágrimas; no hay ningún tipo de tragedia. El círculo del tiempo gira fatalmente sobre sí mismo y nada lo detiene: verano, otoño, invierno, primavera, verano, y vuelta a empezar. Nosotros lo contemplamos mientras pelamos las castañas cerca del fuego, pensando que somos ajenos al círculo de la vida. ¡Y no lo somos!

Las hojas, que habían estado muy juntas en el seno de la rama, caen, revolotean hacia el río y se deshacen, poco a poco, convirtiéndose en humus. Final de trayecto. Si fuera tan fácil para nosotros asumir este desenlace. Durante el trayecto, hemos creado vínculos, nos hemos querido, nos hemos abrazado, y no queremos ni imaginarnos la posibilidad de desprendernos del árbol sin volver a vernos nunca más. Las hojas caen y se deshacen, pero nosotros queremos permanecer en la vida, queremos vivir, vivir siempre (como dice el Comte Arnau), no queremos deshacernos sobre el camino. Nos duele la ausencia del otro, nos desasosiega la idea de no poder verlo nunca más. Estamos hechos para una Vida mayor y por esto nos rebelamos contra la muerte, porque cuando irrumpe, la percibimos como una intrusa inesperada, como una tía a la que nadie esperaba y que entra de golpe en medio de la fiesta. Queremos estar ahí, seguir estando ahí, porque estamos hechos para la vida y no para la muerte. Quiero creer que este deseo de Vida plena no es absurdo ni estéril, es la semilla de eternidad que hay dentro de nuestro ser. Quiero comprender que este anhelo tan intenso y universal tiene respuesta.

Tu carta contiene una revelación que desconocía. Ignoraba tu interés por la poesía y, menos aún, por la poesía religiosa. Escuchar tu poemario sobre la pasión de Jesucristo casi cuarenta años después de haberlo escrito debe de haber sido seguramente como emprender un viaje en el tiempo. Estaría bien que publicaras de nuevo estas poesías, pero con las anotaciones de un hombre que ha madurado con el tiempo. Sería interesante contrastar qué queda de lo que aquel joven poeta escribió y cómo la historia ha macerado un saber más profundo y, tal vez, más escéptico. Sería interesante ver el hilo conductor y las alteraciones y rupturas que la riada de la historia siempre arrastra.

Yo, curiosamente, el primer ensayo que escribí fue sobre el pensamiento del joven Friedrich Nietzsche. Había cumplido veintidós años y me animé a presentarlo a un premio, ya extinguido, el Premio Xarxa de ensayo. Se publicó en Edicions 62. Entonces era un devoto de Nietzsche, un ferviente admirador de su prosa y del vitalismo que desprende todo su pensamiento. Comprendí a fondo por qué Joan Maragall se quedó maravillado con el *Zaratustra* y, en particular, con algunas de sus metáforas y parábolas.

Ya ves, el etiquetado espiritual siempre es peligroso, porque toda persona es más que la imagen que nos hacemos de ella. Desde fuera es fácil y simple hacer taxonomías entre creyentes y no creyentes, conservadores y progresistas, ateos y agnósticos, pero cuando rascas en el interior del alma y salta la costra, cuando sigues el hilo de la intrahistoria de cada uno, siempre te encuentras con sorpresas que desactivan el fácil etiquetado espiritual que enganchamos en la espalda de las personas.

Quería compartir contigo las preocupaciones de la transmisión. Tú tienes a los hijos mayores, al menos, mucho más mayores que yo y, por tanto, en este terreno tienes muchas más experiencias que las que yo pueda tener. Mi hija mayor cumplirá tan solo diecisiete años y la más pequeña del grupo tiene nueve. Me encuentro en aquel momento tan intenso de la educación. Querría que adquirieran unos determinados valores, pero sé sobradamente que la adquisición de los valores no va por el mismo camino que la transmisión de conocimientos. Una cosa es saber qué es la justicia y otra, muy distinta, es ser justo. Lo que verdaderamente me preocupa es que algunos valores fundamentales queden bien insertados en la estructura de su personalidad. Me refiero a valores como por ejemplo la prudencia, la justicia, la templanza, el esfuerzo, el sentido crítico, la austeridad o la compasión. Más que valores, lo que deseo es que tengan buenos hábitos de vida, que sean virtuosos en el sentido más clásico del término.

Tú lo sabes mejor que yo. Es un trabajo cansado, a veces ingrato y lleno de decepciones. La transmisión de estos valores choca con un entorno que, muy a menudo, es hostil. Los mensajes que les llegan desde los medios de comunicación de masas y desde la publicidad son, muy a menudo, deseducadores, y en lugar de fortalecer el potencial humanizador que hay en ellos, más bien va en sentido opuesto, les atrofia o les animaliza. Es un tópico, ya lo sé, pero contiene elementos de verdad. Muy a menudo, los padres nos sentimos como Juan Bautista, como una voz que clama en el desierto. Entiendo que no podemos ni tenemos que delegar este trabajo en la escuela y sacarnos, así, el muerto de encima. La escuela y la familia deben cooperar inteligentemente en la transmisión de valores, en la adquisición de virtudes y de buenos hábitos de vida, pero los padres somos los principales agentes educativos, porque somos nosotros quienes hemos puesto a los hijos en el mundo.

En la transmisión de valores siempre he pensado que lo más relevante es el testimonio y la ejemplaridad. Los padres no son, naturalmente, perfectos, pero solo tenemos autoridad moral para exigir ciertas prácticas y ciertas conductas si los hijos ven que nosotros intentamos ser coherentes con los propios mensajes. La coherencia es el principal activo, pero no es condición suficiente, porque he visto padres muy coherentes, muy congruentes y, pese a ello, sus hijos han optado por estilos de vida muy alejados y a veces contraproducentes.

Tampoco debemos esperar que los hijos sean pequeños clones, imitadores en el mal sentido del término. Cada ser humano está llamado a hacer de su vida un proyecto personal. Los padres no somos propietarios de los hijos. No lo somos nunca, ni tan solo cuando el hijo está en el seno de su madre. Nuestra misión es hacerlos crecer, estimular todas sus potencialidades, aceptarlos tal como son, incondicionalmente; acompañarlos en su propio camino; pero entiendo que para hacer realidad sus sueños necesitamos determinados valores, valores tan humanos y tan comunes como el esfuerzo, la constancia o la tenacidad. Alguien debe decírselo.

La educación moral va ligada al mismo proceso educativo. No la concibo como una actividad artificial. Trasmitimos valores a través de la vida, cuando comemos juntos, cuando viajamos juntos, cuando vamos de excursión. Los valores no se transmiten verbalmente, sino a través de pretextos, de ocasiones concretas. Muy a menudo, falta tiempo de vida compartido. Vemos que los hijos se van haciendo mayores y que, de hecho, nos son desconocidos. No podemos anticipar fácilmente sus reacciones. Esto es bonito, pero también causa angustia.

La repetición es clave. Los clásicos lo decían de una manera categórica: «Repetitio, mater studiorum est.» En efecto, solo la repetición acaba transformando a la persona. ¿Cuántas veces se le ha de repetir a un hijo que agradezca un favor para que finalmente lo agradezca? Es imposible contarlas, pero al final aquella repetición ha dejado rastro en él, y cuando le sirves agua dice *gracias*. Este agradecimiento no es nunca una casualidad. Es el resultado de un esfuerzo sostenido a lo largo del tiempo. Si la repetición es tan importante, es necesario que sean diversos los agentes que educan, porque si no es así, fácilmente se producen el cansancio, la fatiga y el desencanto.

En la transmisión de valores cuenta especialmente un valor básico: la paciencia de la espera. Los padres debemos superar aquella tendencia a la inmediatez que está tan presente en nuestra sociedad y que quiere efectos inmediatos en el trabajo realizado. Es un trabajo a fondo perdido. Hay que tener paciencia y entender que más allá de lo que nosotros, los padres, podamos comunicar, los verdaderos aprendizajes se hacen en primera persona del singular. Queremos evitarles fracasos, rodeos innecesarios y sufrimientos de todo tipo, y queremos hacerlo porque les queremos y deseamos lo mejor para ellos, pero no podemos evitarles todas las experiencias negativas, y, muy a menudo, son estas vivencias las que los transforman por dentro. Solo con el tiempo se toma conciencia de los valores recibidos en casa, de lo que realmente era valioso para el padre y para la madre. Muy a menudo, sin embargo, para entender al padre hace falta haber sido padre; como hace falta también trabajar para entender que todo cuesta sudor y esfuerzo.

La asimetría de experiencias es lo que nos permite decir alguna palabra autorizada. Los padres hace más tiempo que estamos en el mundo y hemos visto cómo es y qué se necesita para llevar adelante la vida; también hemos detectado los peligros que ellos aún desconocen. No son los estudios, ni los libros, lo que nos legitima para educarlos, para transmitirles valores. Es la experiencia vivida, la vida pasada, los fracasos bien digeridos. Podemos decirles algo de la vida porque hemos catado su sabor, a veces dulce, pero muy a menudo amargo.

Aún no te he hablado de la transmisión de las convicciones espirituales, de las creencias. Algunos padres optan por guardar silencio respecto a esta cuestión y no influirles para que ellos puedan tomar su decisión, libre y responsable, cuando sean adultos. Nunca he creído en esta estrategia, porque me parece artificial e inviable. Las creencias y las convicciones, cuando realmente lo son, se viven con naturalidad en el espacio íntimo y se transmiten hacia fuera. En casa, por ejemplo, bendecimos la mesa con toda naturalidad. No debemos esperar que los hijos crean necesariamente en aquello en lo que creemos los padres, pero sí que debemos comunicarles lo que creemos que es valioso y sensato. Les damos el mejor alimento para que tengan un buen crecimiento físico; ¿por qué no deberíamos alimentarlos espiritualmente?

Querría que mis hijos diesen valor al silencio, a la oración, a la contemplación; que conocieran algunos fragmentos del Evangelio y fueran capaces de ver el potencial liberador en las Bienaventuranzas. Es difícil acercarlos al ritual y más aún a la vida de comunidad. Lo hacemos habitualmente y observo dificultades de todo tipo. Entiendo que en este ejercicio no estamos solos, que Dios actúa también en el interior de cada uno como el Maestro invisible que va dando forma al alma.

Pero en este trabajo de comunicación de convicciones y creencias hay que ser muy cauteloso. Un exceso de celo puede comportar un movimiento pendular de rechazo; pero un déficit es insuficiente para entrar en el corazón de las creencias. Entiendo que llega un momento en el que el hijo debe tomar distancia respecto a lo que ha recibido en casa y debe ver mundo. Como el hijo pródigo, tiene que irse. Es su vida y nadie debe ponerle trabas. Puede volver a la casa paterna o buscar otras comunidades. Es su decisión, pero es bueno que tenga unos referentes y, sobre todo, un buen recuerdo de lo que ha vivido y celebrado en casa. Esta toma de distancia es absolutamente necesaria para asumir en primera persona lo que se ha recibido.

La transmisión de creencias y de convicciones, del orden que sean, no es un proceso mecánico. Hemos bautizado a los cinco hijos y los hemos acompañado también a hacer la primera comunión. Pero la fe es un don, y, como tal, no se puede transmitir. Podemos crear las condiciones óptimas para que cada uno de ellos experimente la llamada de Dios y el encuentro personal con Cristo, pero no podemos, de ningún modo, suplantar este encuentro ni exigirlo. El ritual tiene una función instrumental. No es un fin en sí mismo. Lo que de verdad cuenta es la profundidad espiritual de cada ser humano, su capacidad de trascender y de ir más allá de las fórmulas y las repeticiones.

Los padres nos equivocamos constantemente, y ellos no esperan ni un segundo para recordárnoslo. Afortunadamente, no todo depende de nosotros. Es bueno que nos lo repitan, porque hay muchos factores que inciden en la formación de una persona y sería insensato creer que todo depende de la pericia personal de los padres.

Bien, así es como entiendo el proceso de transmisión. Sin embargo, nunca he concebido al hijo como un sujeto pasivo, como un receptáculo que se limita a recibir influencias externas. Entiendo que atesora todo un potencial creativo e innovador en su interior, que irá desplegando con el tiempo. Nosotros pensamos que les damos forma, pero olvidamos que ellos también nos configuran a nosotros y, muy probablemente, nos estimulan a vivir unos valores que antes de su nacimiento teníamos olvidados. Sin quererlo, nos estimulan a ser pacientes, responsables, comprensivos y tolerantes. Solo por esto, el ejercicio de la paternidad es una gran lección.

Voy a dar una vuelta. No quiero perderme la oportunidad de disfrutar de este paisaje otoñal antes de volver a la ciudad.

Con afecto,

FRANCESC

CARTA 24
Vicenç Villatoro

Barcelona, 7 de noviembre del 2011

Querido Francesc,

te decía en una carta anterior que a veces, a la hora de escribirte, pesan más las experiencias cotidianas que me voy encontrando —la visita al gueto de Varsovia, un determinado aniversario— y que me parece que tienen que ver con la temática de fondo de nuestra conversación, que los mismos temas que nos proponemos dialécticamente uno a otro a través de las cartas. Pero a veces pasa precisamente lo contrario, es decir, que una anécdota o una experiencia de la vida cotidiana me hace pensar en la respuesta a una cuestión de fondo que tú me has propuesto.

Hace dos cartas me proponías la cuestión de la transmisión, de los hijos. En mi carta de respuesta, experiencias más recientes dejaron esta cuestión para más adelante. En tu última carta retomabas el tema con perspectivas que yo compartiría del todo desde un punto de vista teórico, una vez leídos. Francamente, he pensado mucho en los hijos. Les dediqué un libro, *De part del pare* ['De parte del padre'], que era en un cierto sentido la mirada perpleja y orgullosa hacia los hijos que habían dejado ya de ser pequeños, que se convertían en personas plenamente autónomas, con sentimientos y valores y opiniones propias.

Diría que la mirada sobre mis hijos, el mayor de treinta y dos años, el mediano de veintiocho, la pequeña de veinticinco, ha sido más desde el orgullo y la disculpa que desde la reflexión racional. Temo haber sido un padre demasiado ausente. No creo haber sido un mal padre. Mis hijos son lo que más me importa en el mundo, ahora al lado de mis nietos. Pero la cuestión de la transmisión me la había planteado poco. Han ido al colegio, al colegio público, y me parece que les he presionado más bien poco. Quizás debería haberlo hecho más, y quizás ahora tendrían derecho a reclamármelo. No creía mucho en la escuela, lo siento. Quizás tampoco creía demasiado en la transmisión. Y quizás creía demasiado en el propio descubrimiento, en la propia construcción. Pero no he pensado mucho en ello. En la cuestión de los hijos, he sentido más que pensado. Y no lo digo con satisfacción. Más bien es descriptivo.

Me habría fastidiado que hubieran asumido valores que me repugnaran, que fueran lo contrario de lo que yo creo que hay que ser, que no me parecieran —como me parecen— buena gente. Me habría fastidiado que la vida les hubiera ido mal, que hubieran tenido que sufrir más de la cuenta, que les faltaran herramientas para enfrentarse al mundo. Me habría dolido que se alejaran de mí, que me rechazaran, que no se mantuvieran unos lazos constantes de proximidad y amor. No ha pasado ni una cosa ni la otra. Al contrario: creo sinceramente que mis hijos son mejores que yo. Y no tan solo me hacen compañía, en un momento difícil que ya hace muchos años que dura, sino que me protegen y me ayudan. Si intento definir qué he hecho para conseguirlo, tiendo a pensar que muy poca cosa, que han sido ellos quienes han sabido construirse así. Pero si lo han hecho, quizás sea porque tampoco lo hice tan mal.

Resumo: quizás no contesté enseguida al requerimiento de una reflexión sobre la transmisión de valores a los hijos porque nunca había pensado en ello desde este punto de vista. Ni para escoger colegio, ni para escoger trabajo, ni para hablar con ellos. He creído que tenía que transmitir sabiduría, conocimientos prácticos, instrumentales. No he pensado en cómo transmitir valores. Pero debo contestar y, en cierto sentido, como te decía al principio, la respuesta me la ha dado más una anécdota personal que una larga reflexión. Esta semana he estado dando una charla sobre literatura en una universidad. Había quizás un centenar de alumnos. A partir de una novela mía, *Moon River*, les he explicado mi teoría sobre la novela: la importancia del porqué inicial, la necesidad de encontrar un qué adaptado a tus objetivos (que tienen siempre más que ver con la perplejidad que con la convicción, más con las preguntas que con las respuestas), la técnica para escoger un cuándo, un dónde, un quién. Y finalmente, la búsqueda de un cómo, de una manera de escribir, no solo clara y comprensible, sino estratégica y con voluntad de estilo.

Todo esto, yo lo represento con una especie de esquema de círculos concéntricos. Llego al aula, empiezo a explicarlo y a dibujar mis círculos, y cuando me giro veo a un montón de chicos y chicas copiando el dibujo y apuntando una por una mis palabras. Me inquieto y casi me escandalizo: ¡no hace falta apuntar! ¡Por favor, no toméis apuntes! ¡Esto que estoy diciendo no es una ley física, una teoría construida, algo que valga la pena apuntar! Son simplemente mis maneras de explicarme, mis opiniones, algunas metáforas que me parecen esclarecedoras. No hay que apuntarlas. Hay que escucharlas, hay que entenderlas y hay que discutirlas. Yo soy el primero que las discutiría. Pero a mí me sirven. Y me parece que también les pueden servir a ellos, para sacar sus propias conclusiones. Quizás diferentes.

Al salir de clase, un profesor me comentó que, del año anterior —hablé de lo mismo, con alumnos diferentes y hablando de otra novela—, aún se encontraban rastros en los exámenes: alumnos que citan la teoría de los círculos concéntricos o que incluso los dibujan en las hojas de examen. Mi dio una vergüenza horrorosa. La misma que me dio mi primer día de profesor universitario, explicando géneros de opinión periodística, la sensación de que una parte de mis alumnos se creía lo que yo les decía: ¡el objetivo no era que se lo creyeran! ¡El objetivo era hacerles pensar, aunque llegasen a las conclusiones contrarias! Efectivamente, nunca he dado clases de física ni de matemáticas. Siempre he dado clases de cosas opinables. Pero precisamente por esto me ha provocado un escalofrío ver a los alumnos tomando apuntes. Me ha parecido que con ello daban solemnidad a lo que era solo intuición, que convertían en certezas lo que eran hipótesis de trabajo. No escribo para convencer. Escribo para hacer dudar. Siempre. Como novelista y como periodista.

¿Podría ser que esta actitud como profesor sirviera para explicar mi actitud como padre? Me parece que en parte sí. En casa, con mis hijos, hemos hablado mucho y hemos discutido mucho. Les he inyectado, me parece, el gusto por la discusión y por la argumentación. Pero cuando me ha parecido que los había convencido demasiado, que les había inyectado una idea axiomática, me he asustado y les he pedido que se la repensaran: también puede ser razonable lo contrario, bien explicado. No les he adoctrinado. Y no porque esté en contra de la doctrina, sino porque no he estado suficientemente convencido de la propia doctrina. ¿El resultado? En casa estamos de acuerdo en casi todas las cosas esenciales, pero —lo pongo como ejemplo— no votamos lo mismo. Cuando escucho a mis hijos, reconozco en ellos cosas mías, visiones mías, pero siempre purificadas, benéficamente exageradas. Si yo soy más o menos una cosa, ellos son la misma, pero mejor, más clara, más neta, menos contradictoria. Quizás las contradicciones les llegarán con los años. De tal palo tal astilla. Pero hay palos y hay astillas.

Alguien me dirá: la transmisión de los valores no se hace con los discursos, sino con el ejemplo. La propia vida es el ejemplo que transmitimos a nuestros hijos, pero también la vía por la que heredan nuestras convicciones. No sabría decirlo. Primero, y no es ningún ejercicio de falsa modestia, no me considero en absoluto ejemplar. Mi vida no me parece un ejemplo. No me siento especialmente contento de ella. No me gustaría que la repitieran mis hijos. Me he equivocado mucho y he sufrido equivocaciones ajenas. No son una buena herencia. Creo ser una persona buena —pero, ¿hay alguien que no crea serlo?—, pero no creo tener una biografía ejemplar. He intentado evitar siempre hacer daño a los demás, a cualquiera, de manera consciente. Seguro que lo he hecho de manera inconsciente. Pero no me parece que si mis hijos han salido mejor que yo sea gracias a haberme copiado. Al contrario: gracias a haber copiado cosas y haber rechazado otras. Sí que he sido, supongo, un espejo. Un espejo donde aprender. Pero aprender para hacer y para deshacer. Si es que alguna vez aprendemos las cosas en la experiencia de los demás. Si es que no tenemos que aprenderlas todas de la propia experiencia. El conocimiento es acumulativo, e intransmisible. Quizás los valores no lo sean. Ni una cosa ni la otra.

No soy un relativista. En absoluto. Creo en el bien y en el mal. En su existencia. Creo en la bondad, y me parece una aspiración noble. Querría que mis hijos fueran buenos. Pero también me gustaría que fueran felices. Y que no sufrieran. ¿Puede ser todo a la vez? Como no lo sé, como no lo tengo claro, quizás les he pasado una herencia demasiado desbaratada. Quizás en la vida no se den valores químicamente puros, sino una especie de coalición de valores contradictorios, unas determinadas líneas rojas que no se pueden traspasar, un equilibrio delicado entre cuerdas que nos estiran en diferentes direcciones. No querría que mis hijos sufrieran demasiado por el hecho de ser buena gente. Pero tampoco que dejen de ser buena gente para no sufrir. Quizás me gustaría que fueran tan buena gente como sea posible para sufrir lo mínimo posible. No sé si es esto lo que les he transmitido. No sé si esta es mi herencia contradictoria. Pero cuando los contemplo, me siento orgulloso de ellos y pienso que, aunque haya pasado por canales poco ortodoxos y sea matizable en tantas cosas, la herencia no ha sido mala.

Entonces, me hago la pregunta, que quizás tiene el máximo sentido en este diálogo nuestro: ¿puede ser que esta dificultad mía para transmitir convicciones absolutas, para pasar doctrina a los hijos, para predicar con el propio ejemplo, pero también con el propio discurso, tenga algo que ver con mi, llamémosle, escepticismo religioso? Intuyo vagamente que sí. O dicho de otro modo: si yo tuviera convicciones religiosas profundas, si yo me sintiera ligado a una verdad revelada, probablemente habría vivido de una manera distinta, pero también me habría relacionado con mis hijos de una manera diferente. Si tú crees, es fácil desear que los que te rodean crean. A favor suyo, sin ningún egoísmo. Pero, ¿y si no crees? ¿Si tienes más opiniones atravesadas por las dudas que verdades reveladas? ¿Si te parece más importante el método —el diálogo, la discusión, la duda, la coherencia, el pacto, el contrato— que el contenido? Entonces quizás lo que acabas haciendo sea transmitir método. Y esto sí que debo de haberlo hecho. Transmitir método.

Ya te he dicho, y estoy muy convencido de ello, que no soy relativista. Quizás sea un poco fresco, eso sí. No creo que los hijos en concreto y la sociedad en general sean de plastilina y que les puedas dar la forma que te dé la gana cuando encuentras el molde justo: la escuela, la familia, los amigos, la televisión, los libros, las compañías... Quizás las personas tendemos a una forma y la acabamos construyendo dialécticamente respecto a todos estos estímulos exteriores. El de la familia es de los más importantes, porque en él participa el afecto. Y no hay nada más constructor que el afecto: amar es construirse alrededor de aquel al que se ama. Y al final ya no sabes qué era tuyo y qué era suyo. Pero quizás es esta sensación de que no hay moldes que valgan contra la propia forma lo que me ha hecho tener poco respeto reverencial hacia los moldes. ¿A qué colegio? Donde lo hagan mejor, cerca de casa, ¿Qué libros? Los que les puedan gustar. ¿Qué televisión? La que les explique cosas. Contra una idea excesivamente dramática, y que lo carga todo de terribles responsabilidades, la idea de que nos vamos haciendo con la pasta de la que estamos hechos y con la levadura de lo que podemos aprender, admirar o amar.

Tengo, un poco como siempre, la sensación de responder mal a preguntas tuyas claras. O dicho de otro modo, responderlas en un registro diferente, quizás equivocado, muy vinculado a la propia vida. Me parece que ya te lo he dicho en otra carta: es lo que me veo capaz de hacer. Algunas de estas reflexiones, incluso en territorios que sé objetivamente esenciales, me las he planteado poco. Por así decirlo, no han sido el tema de mi vida. Hay personas para quienes el debate sobre las creencias, resuelto a través de la fe religiosa o del agnosticismo o del ateísmo, es el debate central de la propia existencia. No lo ha sido de la mía. Por eso, como te decía, podía escribir versos religiosos a los dieciséis años, escribir ahora cartas agnósticas y no haber pasado por en medio por ninguna gran crisis. Al contrario, tener la sensación de una continuidad esencial.

La transmisión de valores no ha sido, quizás, mi tema. No recuerdo grandes discusiones familiares sobre el colegio al que tenían que ir los chavales. No recuerdo haberles dicho que tal programa de televisión estaba prohibido. Recuerdo haber discutido mucho y muy a fondo de grandes temas, políticos, morales, literarios, humanos. Discutir sin dejarles ganar, a por todas. Pero sin esperar en el fondo que el otro se rindiera y que saliera convencido. Al contrario: si salía convencido, empezar a preocuparme. Es aquella vieja anécdota, supongo que apócrifa, que explico mucho y que no sé si ya he utilizado en estas cartas, del profesor que entra en un aula y hace una extensa explicación. Al final de la clase pregunta a los alumnos si les ha quedado todo bien claro. Los alumnos, correctos, le responden que sí, que todo absolutamente claro. Y entonces él mueve la cabeza de lado a lado y dice en voz alta: pues entonces es que me he explicado mal.

Conseguir que parezca claro lo que no se ve claro no me parece una meta pedagógica. Ni paternal. Ni literaria. Si lo vemos complejo, quizás lo que debemos transmitir es la confusión. Y una guía para caminar por la confusión. Quizás era esto. Quizás me ha salido mejor de lo que pensaba. O quizás me he explicado mal.

Afectuosamente, un abrazo,

VICENÇ

CARTA 25
Francesc Torralba

AVE Barcelona-Madrid, 9 de noviembre del 2011

Apreciado Vicenç,
la última carta te ha salido redonda. Más clara, imposible. Observo que, ciertamente, escribimos en registros diferentes. Esto puede ser más interesante de lo que teníamos previsto, porque tu tiendes a tratar los temas de manera muy personal, incorporando todo tipo de elementos autobiográficos; mientras que yo, quizás por deformación profesional, tiendo a la abstracción, a buscar las ideas-eje del tema, aunque intento, en la medida de lo posible, hacer referencia a alguna anécdota de tipo personal o familiar.

Sin embargo, entiendo que el género epistolar es tan canónicamente libre que admite tanto una como otra forma de escritura. Permite transitar de la anécdota a la categoría y de la categoría a la anécdota sin tener que pedir permiso al destinatario ni a los lectores que nos leerán. El filósofo tiende, por definición, a elaborar categorías; mientras que el narrador construye historias, personajes ficticios que, poco o mucho, siempre revelan algo de la persona de carne y hueso que escribe. No obstante, tengo que confesarte que soy partidario de una filosofía de calado existencial, que pivote alrededor de la vida y de sus sufrimientos. Creo que el giro existencialista de la filosofía en el siglo XX ha salvado, en parte, a la filosofía de convertirse en un constructo abstruso y completamente irrelevante en la vida de las personas.

La cuestión es que el tema de la transmisión es una de las cuestiones que más me apasionan. Quizás porque detecto verdaderos problemas a la hora de transmitir lo que creo y lo que siento a mis hijos. No es una cuestión meramente personal. Lo detecto en todas partes. En muchas conferencias que dicto durante el año en varias comunidades cristianas del país, muchas personas exponen esta dificultad. Ven que los hijos ya no participan de sus convicciones espirituales, que no participan de los rituales ni bautizan a los nietos. También me lo han confesado personas protestantes y ortodoxas.

Algunos lo sufren como una derrota personal, mientras que otros se resignan a la situación. Quizás, como tú decías, la cuestión afecta especialmente a los que queremos mostrar una manera de vivir de raíz religiosa. Desearíamos estimular la inteligencia espiritual de los hijos, querríamos que frecuentaran ciertos textos sagrados, que experimentaran el silencio e hicieran, de vez en cuando, meditación. Querríamos que no vivieran su vida centrados en la producción y en el consumo, sino en la solidaridad y en la gratuidad. Esta dificultad no solo la experimentan los padres de convicciones cristianas: también los que tienen otras convicciones religiosas y perciben que sus hijos ya no participan de este mundo.

Me lo explicaba hace poco un padre musulmán que había venido a trabajar a la ciudad de Vic y que había traído consigo a su familia. Me decía que para él hay un elemento básico de su identidad que, por lejos que esté de casa, siempre irá con él: la fe en el profeta Mahoma. Me decía que gracias al trabajo puede alimentar a la familia y ofrecerle un futuro mejor que el que podía ofrecerles en su país, pero que los hijos, a causa de la influencia del entorno, ya no vivían la fe que él experimenta. También las comunidades religiosas no cristianas tienen dificultades para comunicar sus contenidos a las generaciones más jóvenes y que sean verdaderamente significativos para ellas.

Una de las constataciones más claras de todos los cristianos es la dificultad de hacer llegar el mensaje liberador y pacificador de Jesús a nuestro mundo. Da la impresión de que es una tarea imposible, una misión condenada al fracaso, porque el mensaje choca, muy a menudo, con los usos y costumbres de esta sociedad. A veces, el contenido del mensaje llega tan deformado y tergiversado que parece una caricatura.

El problema de la transmisión ha ocupado la mente de pensadores de referencia en nuestro país, como Lluís Duch, de quien he aprendido mucho leyendo sus obras. Durante siglos, la antorcha de la fe se ha transmitido por vía oral e intergeneracional, de padres a hijos, sin la menor dificultad. Parecía un proceso puramente mecánico. Desde hace unas décadas, sin embargo, observamos que hay una profunda crisis de las transmisiones. Los hijos han dejado de creer en lo que creían sus padres y optan por estilos de vida diferentes. No hago una lectura de este hecho como si fuera una derrota, porque la libertad es un valor sustantivo de nuestra cultura y los padres debemos potenciar, en su grado máximo, la libertad responsable e inteligente de nuestros hijos, pero este corte en la transmisión da que pensar y obliga a reflexionar sobre cómo transmitimos lo que creemos a nuestros hijos, sobre qué imagen se construyen de Dios, de la fe, del bien y del mal, del más allá, del sentido de la existencia.

La transmisión no es un proceso mecánico. Tampoco es un mecanismo que se rija por leyes científicas. Es un proceso artesanal, una comunicación que incluye todo tipo de elementos, verbales y no verbales, explícitos e implícitos. La deserción de los jóvenes de la comunidad cristiana, el desmoronamiento de las tradiciones que estaban muy vivas en el pasado, obliga a reflexionar, a pensar seriamente en cómo lo estamos haciendo. No vale imputar siempre la responsabilidad al entorno o al receptor. Jesús se explicó bien. Utilizaba un método narrativo, parabólico, con la voluntad de llegar a todos los segmentos de población, especialmente a los más humildes y vulnerables. No enseñó desde ninguna institución académica. Como Sócrates, enseñaba en la calle.

Me gusta lo que has escrito sobre el método. El método no es inocuo ni irrelevante. Es una de las mejores herencias que podemos dejar a nuestros hijos. Hace falta método para trabajar, para escribir, para organizar la vida social, para discutir cuestiones difíciles, para explorar la propia vida. Soy un devoto de Sócrates y de su método mayéutico. La verdad está en el interior de cada uno, pero solo quien es capaz de adentrarse en el propio ser y buscarla puede aclarar quién es y qué está llamado a hacer en la vida. Sócrates, con su método interrogativo, obliga a pensar, a comprender la posición del otro y a entender la debilidad de la propia posición. No llega a conclusiones sólidas, pero estimula el músculo del pensamiento, y de eso se trata especialmente cuando educamos.

Jesús, como Sócrates, también se puede considerar, entre otras cosas, educador de calle. Para los cristianos, Jesús es más que un maestro moral: es el Hijo de Dios hecho hombre, pero esto no excluye toda su dimensión histórica, educativa, que, de hecho, es básica para comprender su naturaleza. Entendemos que el acceso a Dios pasa irremisiblemente por comprender la figura histórica de Jesús, sus palabras, sus silencios, sus gestos y sus obras.

Si nos aproximamos a la figura, nos damos cuenta de que Jesús transmitió su mensaje y lo hizo de manera oral, sin escribir ni una línea. Es el mismo caso de Siddharta Gautama, Buddha. Ahora disponemos de un inmenso arsenal de textos, de unas sofisticadas tecnologías de la información y de la comunicación, pero tenemos verdaderos problemas para comunicar aquello en lo que creemos a nuestros hijos, sobre todo cuando lo que creemos tiene un origen religioso y no se adecua a los patrones establecidos en la sociedad.

En esta cuestión de la transmisión hay un aspecto que no hemos tratado. La transmisión de las creencias, más allá del círculo íntimo de la familia. Entiendo que los padres tenemos derecho a decidir cómo queremos educar a nuestros hijos. Los hemos traído al mundo y tenemos derecho a educarlos, pero, al mismo tiempo, derecho a decidir qué educación moral y espiritual queremos darles. Edith Stein critica el Estado totalitario del Tercer Reich por injerencia en esta tarea y por imponer una educación moral y espiritual determinada sin tener en cuenta el derecho de los padres a decidir. Comprendo que esto es vulnerar la autonomía de los padres.

La historia está llena de ejemplos en esta dirección y nuestro país no es ninguna excepción, más bien al contrario. Esta imposición estatal de unos parámetros morales y religiosos, además de vulnerar el legítimo derecho de los padres a escoger, genera, de rebote, un efecto contraproducente: un odio a la transmisión impuesta e, incluso, un resentimiento que persiste de manera dilatada a lo largo de la vida.

Soy de tradición liberal. Creo que la libertad de los educadores y de las instituciones educativas es decisiva. Los padres decidimos, pero nunca podemos perder de vista —como te decía en mi última carta— que los padres no somos propietarios de los hijos, y que no son objetos a nuestra disposición. La diferencia entre adoctrinar y educar no siempre está clara, pero Edith Stein me ayuda a precisar la diferencia cuando dice que educar requiere, como condición indispensable, el respeto a la libertad del educando. Me pregunto y te pregunto cuál debe ser el papel de la escuela, y, en particular, de la escuela laica. Es evidente que la escuela de naturaleza confesional debe ser coherente con su misión y su proyecto y que, por tanto, parece lógico que presente una imagen del mundo y del hombre que sea congruente con su existencia.

Sin embargo, ¿la escuela laica debe ser totalmente ajena al desarrollo espiritual del niño? Entiendo que no pueda optar por ninguna tradición religiosa, pero, ¿puede ser indiferente a potenciar la capacidad espiritual del niño? Entiendo que todo ser humano tiene unas capacidades que le son inherentes y que solamente a través de la educación se pueden estimular y activar. En algunos países del mundo, como el Canadá y, en particular, en Quebec, se están planteando programas de educación de la dimensión espiritual de la persona en entornos no confesionales, en la escuela pública. Si es verdad, como intentaba demostrar en uno de mis últimos libros, *Inteligencia espiritual*, que todos estamos dotados de esta forma de inteligencia, ¿por qué no deberíamos estimularla y educarla?

Entiendo que los problemas son muy evidentes, porque fácilmente se puede sucumbir a una educación unilateral o bien tendenciosa desde el punto de vista religioso, pero creo que es valioso que nuestros alumnos sepan admirarse de la realidad, preguntarse por el sentido de su existencia, valorar su vida, tomar distancia de los estímulos externos, meditar y contemplar, actuar solidariamente y ver lo que une antes que lo que diferencia.

En una ocasión participé en una mesa redonda que tenía un tema de debate muy punzante: ¿la Biblia debe ir a la escuela? En la mesa había dos profesores que defendían con toda la energía posible que la Biblia no tenía que ir a la escuela, porque era un texto religioso de consumo privado. En el otro lado de la mesa había un pensador agnóstico que defendía todo lo contrario y un servidor que sintonizaba profundamente con su tesis.

Entiendo que los estudiantes deben conocer este texto y también las historias que en él se narran. Esto no significa adoctrinarlos, sino presentarles uno de los códigos fundamentales para entender la cultura occidental, pero yo voy más allá de esta argumentación cultural, porque creo que los textos sagrados, ya sea la Biblia o los Vedas o el Daodejing, tienen la capacidad de estimular la inteligencia espiritual de las personas, de activar en la conciencia las grandes cuestiones humanas. Por esto creo que es valioso que sean objeto de trabajo en las escuelas, más allá de su confesionalidad o aconfesionalidad.

Tal vez me preguntarás: ¿Por qué la Biblia y no otros textos sagrados? Puedo darte una respuesta cultural, pero no es decisiva. Entiendo que la Biblia ha marcado el imaginario colectivo occidental y que, por este motivo, es básico que los estudiantes la conozcan, pero esto no excluye, de ningún modo, el conocimiento de otros textos sagrados de la historia de la humanidad.

En nuestro país, plantear la educación de la inteligencia espiritual en el mundo escolar laico es verdaderamente complejo, por no decir temerario. Hay demasiadas heridas del pasado abiertas y prejuicios de todo tipo hacia el mundo *espiritual*. En otros entornos, la palabra *espiritual* evoca profundidad, apertura, receptividad y gratuidad. ¿Quién no desea que sus hijos sean profundos, abiertos, receptivos, desprendidos y gratuitos? El problema radica en el hecho de que pesa una inmensa losa de prejuicios sobre la cuestión espiritual.

Me vienen muchas preguntas a la mente, preguntas que yo me formulo, pero me gustaría que te sintieras invitado a recoger alguna de ellas, ni que sea para seguir desenredando la madeja. ¿Cómo debemos transmitir los cristianos nuestras creencias para ser significativos en el mundo y no residuales? Una mirada desde fuera de la tribu puede ser muy oxigenante. ¿Cómo estimular la espiritualidad en nuestros niños? ¿Te parece que puede haber una espiritualidad sin Dios, sin Iglesia y sin dogmas tal como hoy la defienden muchos pensadores europeos?

Ya ves que siempre acabo formulando preguntas. Seguramente, también esto es una cuestión de deformación profesional. Bertrand Russell dice que la calidad de un filósofo no se mide por sus respuestas, sino por la calidad de sus preguntas. Bien, en cualquier caso, júzgalo tú.

Un fuerte abrazo,

FRANCESC

CARTA 26
Vicenç Villatoro

Matadepera, 18 de noviembre del 2011

Querido Francesc,
en tu última carta, como en todas las tuyas, hay incitaciones diversas a la reflexión, propuestas y preguntas que invitan a la respuesta y al encuentro. De la última, escojo tres, y espero poder relacionarlas. Una, que no es estrictamente estilística, sobre las maneras diversas con las que abordamos el género epistolar o que en otro sentido organizan nuestra particular manera de pensar. La segunda, la continuación de una reflexión sobre la transmisión de valores y de visiones del mundo y muy particularmente en el ámbito de la enseñanza y de la escuela. La tercera, unas preguntas sobre la mirada exterior a lo que una propuesta cristiana puede aportar al mundo de hoy, incluso para los que no comparten el punto de vista inicial.

Las tres propuestas me parecieron de entrada sugerentes, pero la vida te pasa por encima, y estos días son de tareas diversas: temporada alta en cultura y también en periodismo, entre otras cosas porque estamos en víspera de unas elecciones (como casi siempre) y en medio de una época económicamente convulsa, que hace temer un futuro difícil, no tan solo económico, sino también político y social. Todo esto compite por el poco tiempo que tenemos todos con las cartas que nos vamos intercambiando, pero en cierto sentido también las complementa y les da contexto.

Empiezo por la primera. Quizás porque no provengo del mundo académico o quizás porque soy más bien anárquico, envidio profundamente la sistemática en el pensamiento, la claridad y el orden. Los envidio, pero no lo imito, quizás porque intuyo que no me saldría bien. Tendemos a adoptar las formas que disimulan mejor nuestros defectos y donde podríamos lucir más nuestras hipotéticas virtudes. Quizás por esto, y porque mi ámbito más natural es el de la literatura de creación, tiendo a vincular la reflexión con la vida, y muy particularmente con la propia vida, y teñirla constantemente de autobiografía. No explico mi vida, por así decirlo, pero explico en la mía y a veces con la mía. Y la otra obsesión asistemática es la transversalidad.

A mí, de mayor, me gustaría ser Steiner. Supongo que ya llego tarde en muchas cosas y que no lo conseguiré nunca, pero más vale ser ambicioso en los modelos. Y lo que más me admira de Steiner es la capacidad de relacionar, de conectar, de contemplar las cosas desde otro punto de vista, de encontrar ejes transversales entre temas aparentemente impermeables. Buscar iluminaciones en la cultura, siempre. Y en la vida. Pero cuando hablamos de cultura, en la cultura digamos culta, y en la popular o en la de masas. Encontrar iluminaciones en una novela, en un bolero, en un tango, en una serie de televisión, en Homero, en Dante. No creyendo que todo vale lo mismo que todo. Al contrario. Pero que hay un valor, un determinado valor, en todas partes. El valor de la experiencia vital o el de la reflexión intelectual. Desigualmente repartidos, claro. Pero repartidos.

Sirva todo este prólogo sobre la propia mirada para ponerlo en práctica en la segunda reflexión que me proponías, o que nos vamos proponiendo desde hace días, sobre la transmisión de valores y más específicamente sobre el papel de la enseñanza en esta transmisión respecto a los más jóvenes y en particular respecto a los hijos. Aparentemente no tiene nada que ver con ello, lo que quería decirte, pero me parece que en el fondo sí que hay una relación. Me parece que se podrían llegar a aplicar al caso algunas viejas reflexiones sobre el mundo del periodismo, sobre el oficio de periodista. En periodismo tendemos —al menos de manera teórica— a distinguir la información de la opinión. Y el periodismo es la suma de las dos cosas, o si quieres de tres: información, opinión explícita y opinión implícita, es decir, jerarquizacón subjetiva. Se dice que el periodismo debería ser objetivo. No lo creo. No creo ni que lo sea, ni que pueda serlo, ni que estaría bien que lo fuera. Debe ser objetivo en la información. No puede ser en absoluto, por definición, objetivo en la opinión. Si es opinión, es subjetiva. Y la opinión se ejerce escribiendo un editorial, un artículo firmado, o decidiendo qué va en la portada y qué va en la página cincuenta y cuatro. Qué va en letra grande y qué va en letra pequeña. Qué va antes y qué va después. Esto es subjetivo. Solo puede ser subjetivo. La gracia es que sea subjetivo.

¿Cuál es entonces la regla de oro del periodismo? Fundamentalmente dos. Que no siempre se cumplen, pero que son esenciales. La primera, que no debe confundirse la información con la opinión. La segunda, que la opinión va firmada. En la medida en que la firma es metáfora, cuando dices o ejerces una opinión tienes que haber explicado desde dónde la dices o la ejerces, cuál es tu punto de vista, cuál es la posición desde la que has contemplado el mundo y has emitido juicios de valor sobre las cosas. Son dos reglas de oro, imprescindibles para la credibilidad periodística. Pero difíciles de cumplir. Ciertamente, no es fácil distinguir lo que es información de lo que es opinión. Pero existe una distinción. La información, los hechos, son unos y sagrados. Las opiniones, diversas y legítimas. En la información existe la noción de verdad y de mentira. En la opinión, podemos pensar que una tiene razón y la otra no. A los alumnos de primero, cuando tenía, les intentaba explicar esto de una manera gráfica. Según su línea editorial, un diario deportivo puede decir que el Barça jugó bien o que jugó mal, que merecía ganar o perder, que el penalti era justo o injusto... Y todo vale. Si va firmado, en el sentido más amplio del término. Ahora bien, por muy barcelonista que sea un diario, no puede decir que ganaron por tres a cero un partido que perdieron por cuatro a uno. Decir que jugaron bien o mal no entra en la categoría de la verdad y la mentira. Dar un resultado falso es mentir. Los hechos son sagrados. Las opiniones, libres.

El problema es que a veces hay quien dice: decir que el penalti fue injusto es una verdad objetiva, tan objetiva como decir que quedaron tres a cero. Y, por tanto, no es opinión, es información. Puede ser cierto en algún caso —cuando hay pruebas incontrovertibles de que la zancadilla fue fuera del área, pongamos por caso—, pero normalmente hay alguien que considera una verdad objetiva que el penalti fue justo y alguien que, no menos sinceramente, considera verdad objetiva que fue injusto. Entonces, si es posible sostener la opinión contraria, por más que nos parezca incontrovertible la nuestra, estamos ante una opinión, no una información.

Un diario tiene la obligación de ofrecer todas las informaciones que considere relevantes para sus lectores —por tanto, de decir los hechos: ni cambiarlos ni ocultarlos—, puede valorarlos como crea conveniente y tiene la opción de publicar las opiniones que le parezcan oportunas, propias o ajenas, eso sí, diciendo que son opiniones y firmándolas, diciendo de dónde salen, en qué presupuestos axiomáticos se basan. Por esto hay diarios diferentes, porque tienen visiones y puntos de vista diferentes. Porque pueden dar opiniones explícitas e implícitas (jerarquizar, hacer la portada) diferentes. Sin opiniones diferentes, con diarios estrictamente objetivos, que solo expusieran los hechos sin jerarquizarlos ni valorarlos, con un diario nos bastaría y además nadie lo leería, porque necesitamos una cierta guía para la información. Pero lo que no pueden ser diferentes según los diarios que lees son los hechos. Uno puede ir con el Barça y el otro con el Madrid. Pero no te pueden dar dos resultados diferentes —o dos alineaciones diferentes— de un mismo partido.

¿Podría servir esto para nuestro tema, el de la presencia de las convicciones religiosas, de los valores, de la espiritualidad, en el mundo de la transmisión de valores, y especialmente en el mundo de la escuela? Yo creo que sí. También aquí valdría la máxima periodística: los hechos son sagrados, las opiniones son libres. Pero cuando explicitas una opinión debes decir que es una opinión, que existen otras igualmente legítimas, que tu opinión se fundamenta en unos determinados axiomas que los otros pueden compartir o no. El primer problema es que hay sistemas de transmisión de valores —¡como también hay diarios!— que te venden lo que es opinión como si fuera información, lo que es subjetivo como si fuera objetivo, lo que es opinable como si fuera la verdad. Ciertamente, todo el mundo tiene derecho a sentir las propias opiniones como verdaderas —como quien ve o deja de ver penalti en el área—, pero el conjunto del sistema debe poder distinguir una cosa y la otra. Y el sistema educativo, como el periodístico, debe garantizar el conocimiento general de los hechos, de las informaciones, que considera relevantes para todos los ciudadanos, y debe permitir la emisión de todas las opiniones, excepto las que nieguen la libertad y los derechos de los demás. Y siempre y cuando vayan firmadas, para entendernos. ¿Colegios confesionales? Por supuesto. Y que den, como los diarios confesionales, su opinión sobre las cosas. Pero habiendo dado antes la información. Los hechos. Y distinguiendo con una cierta claridad entre una cosa y la otra.

Ciertamente, en este campo, los hechos, la información, lo que es objetivo y no subjetivo, es mucho más difícil de definir. Por supuesto que decir que el Barça ha ganado cuando ha perdido es una mentira. Pero, ¿enseñar la teoría de la evolución es una verdad o una opinión? ¿Dudar entre enseñar evolucionismo o creacionismo es dudar entre una verdad o una mentira o dudar entre una verdad y una opinión? En determinados casos esto es muy complicado. Hay una convención de la que yo no participo, pero que no deja de ser una convención: atribuir a la ciencia y solo al ámbito de la ciencia la posibilidad de discernir entre verdad y mentira. No niego el carácter de convención, especialmente cuando hemos tendido a ampliar hasta el exceso los límites de la ciencia. La verdad científica es, por descontado, provisional. El descubrimiento de que los neutrones pueden viajar a mayor velocidad que la luz parece negar la teoría de la relatividad, que hasta hace poco presentábamos como una verdad científica. Y esto en el campo de la física, de una ciencia empírica, que utiliza el procedimiento científico de la observación, la experimentación y el establecimiento de leyes que permitan predecir lo que pasará y explicar lo que ha pasado. Cuando otorgamos la categoría de científico al conocimiento en otras materias, especialmente sociales, bajo la fascinación por las ciencias de la naturaleza y su capacidad de establecer leyes universales, aún se complica más. No olvidemos que el marxismo se autodefinía como socialismo científico, en contraste con el socialismo utópico. Porque se consideraba que lo que era científico era verdadero. Y porque se otorgaba la misma categoría de leyes científicas a las leyes naturales y a unas supuestas leyes del comportamiento social. El aval de la ciencia se ha utilizado de una manera abusiva y se han disfrazado de verdades científicas demostradas e incontrovertibles lo que eran de hecho opiniones más o menos inteligentes, interpretaciones más o menos lúcidas.

Resumo, porque me parece que ya he enseñado mis cartas. En mi opinión, la transmisión de conocimiento y de valores tiene un núcleo duro que en términos periodísticos denominaríamos *información*: hechos e informaciones de un conocimiento universal, que no pueden dejar de decirse. Este núcleo duro nacería en parte de una convención, pero de una convención que me parece bastante sólida: estaría formado por los conocimientos avalados por la ciencia, en el sentido más estricto del término, y por los valores compartidos por los que contemplan el mundo desde el axioma político de la libertad, la democracia y los derechos de las personas. A partir de aquí, todo son opiniones. Libres y legítimas, si no entran en confrontación con el núcleo duro, aunque maticen su lectura. Y siempre firmadas. Siempre advirtiendo de dónde salen, siempre distinguiéndolas de la información.

Soy consciente de que el paralelismo no responde a las preguntas, sino que puede plantear otras nuevas. Ya te decía que soy poco amante de los sistemas, porque estoy poco dotado para ello. Me gustan más los intentos de iluminación: una hipótesis, una metáfora, una comparación que nos ayuda a pensar y a veces incluso a entender. La posibilidad de que escuelas confesionales —de la confesión que sea— consideren que la creencia religiosa compite con el aval científico en el establecimiento de estas verdades nucleares, y por tanto que se puede dejar de explicar la teoría de la evolución, por decirlo de algún modo, me parece peligrosísima y lamentable. Totalitaria. Pero la posibilidad también de que la escuela niegue toda posibilidad de transmitir concepciones religiosas del mundo —entendidas como opiniones respetadas y respetables— y sobre todo niegue todo trato con la espiritualidad o la trascendencia, me parece igualmente peligrosa. ¿Sirve la distinción periodística entre información y opinión? Ya entiendo que no se puede trasladar mecánicamente. Pero me parece que no estorba.

Me ha vuelto a pasar como en otras ocasiones: la necesidad de explicar con una cierta extensión una idea me impide ahora alargar la carta con un intento de respuesta a tus preguntas finales. Si es posible una espiritualidad laica. Si la mirada cristiana sobre el mundo puede aportar cosas importantes y compartidas para los que no somos cristianos ni creyentes. No las puedo contestar en cuatro frases. Necesito más espacio y un poco más de tiempo. Pero hago trampa:

tengo la seguridad de que son cuestiones para las que tú ya tienes respuestas, y probablemente muy buenas respuestas. Mejores y más maduras que las mías. Quizás lo que esté haciendo —con la excusa del trabajo y de la extensión— sea algo que ya hice inconscientemente en una carta anterior: pedirte que me enseñaras tus cartas, porque me veo con más ánimos de añadir un matiz complementario, que de construir yo solo una sistemática alternativa. Lo que decíamos al principio: cada uno viene de donde viene y tiene las formas de escribir y de pensar que le corresponden.

Muchas ganas de leer tu próxima carta. Para aprender. Y para construir un pensamiento propio al lado, con los matices que sean necesarios, del que tú ya has ido construyendo. (Acabo de recibir tu libro *Jesucristo 2.0. El cristianismo ahora y aquí*. Me lo llevo para casa, para leerlo enseguida. Pero ya antes de leerlo, ¡felicidades!)

Hasta muy pronto. Cordialmente,

VICENÇ

CARTA 27
Francesc Torralba

Barcelona, 20 de noviembre del 2011

Apreciado Vicenç,
te escribo el día de las elecciones generales. Es un día de transición, de incertidumbre, aunque las encuestas apuntan claramente en un sentido. Pero veremos qué rumbo toma el país y que margen de maniobra tiene la democracia en un contexto esencialmente regido por un sujeto difuso, pero inmensamente poderoso, que denominamos *los mercados*. Desde hace unos meses tengo la impresión de que la economía tiene tanto poder que la soberanía de los pueblos y de la gente a la hora de tomar decisiones respecto a su futuro colectivo es muy escasa. Creo, de veras, que la democracia actual, tal como la conocemos, debe poder tener mecanismos de defensa frente a este enemigo oculto que son los mercados.

No hemos conversado nada de cuestiones políticas, porque nuestro foco de atención es la cuestión espiritual, la fe y las creencias, pero quizás en algún otro momento deberemos contrastar, también, nuestras opiniones en esta materia, que probablemente son más afines que en materia espiritual. En cualquier caso, soy de la opinión de que la democracia actual es una pálida expresión de lo que debería ser; que necesitamos dar un salto cualitativo y recuperar el potencial transformador de la ciudadanía y la capacidad para dominar y someter a la economía. La indignación ciudadana debe transformarse en energía creativa.

No es la persona quien debe estar al servicio de la economía, sino al revés. Esta también es una lección inherente al personalismo de raíz cristiana, que incluye una crítica rotunda a toda forma de economicismo. No puede ser que rijamos nuestra vida personal y colectiva por esta dictadura encubierta de los mercados que obligan a hacer cambios constitucionales a la velocidad de la luz y a cambiar gobernantes sin consultar las urnas. Primero, las personas; después, los mercados.

Bien, perdona el pequeño *excursus*, pero tu última carta entra en un territorio que me interesa mucho y te anticipo que esta misiva que te envío será, toda ella, un *excursus*, en nuestro intercambio epistolar, porque no te propongo afrontar cuestiones de orden espiritual, ni tocar la cuestión de la transmisión de la fe o de la espiritualidad laica. Quiero dejarlo para las siguientes, si te parece bien. Tu digresión sobre la filosofía del periodismo, tus sugerentes distinciones entre los hechos y las opiniones, y entre las verdades científicas y las opciones éticas y religiosas, me ha hecho pensar mucho y no quiero pasar de puntillas sobre ello. Es una cuestión de orden epistemológico, la que propones, y la epistemología o teoría del conocimiento es siempre un plato suculento para todo filósofo.

Como se desprende de tu carta, la información se basa en los hechos y tiene como objetivo describirlos nítidamente, entendiendo por hecho lo que ha ocurrido; mientras que la opinión, como expresión de la libertad humana que es, se refiere a la percepción, a la valoración que hace una persona de un hecho, de un acontecimiento, de una situación. Sin libertad de expresión no hay diversidad de opiniones ni de miradas. La necesitamos como el pan de cada día. Tú que tienes mucho recorrido en el campo del periodismo, muestras las dificultades que hay, a veces, para separar bien la opinión de la información, y evidencias que a veces se nos presenta una opinión como si fuera información y, a la inversa, se nos presenta una información como una opinión. Esta confusión semántica induce a todo tipo de abusos y errores. La opinión, para un filósofo, siempre se contrapone a la verdad. En la conocida parábola platónica, la opinión se da dentro de la caverna; mientras que la verdad es el conocimiento de las cosas tal como son en sí; el *des-velamiento* del mundo. Hay que salir de la caverna para encontrársela cara a cara.

Pero vayamos por partes. Tú consideras que la información debe basarse en hechos, y los hechos —dices textualmente— «son sagrados». Tiene gracia este recurso a lo sagrado, sobre todo viniendo de alguien que se confiesa agnóstico, pero se entiende lo que quieres decir. Los hechos son los que son y como tales no se pueden tocar ni alterar; son sagrados, mientras que las opiniones, por contraposición, deben ser profanas. Es interesante aplicar la distinción religiosa entre sagrado y profano a realidades mundanas que son ajenas a este terreno, como la información y la opinión. De hecho, como he puesto de relieve en otras cartas, también en el campo del deporte y del periodismo deportivo se mezcla mucha terminología que proviene del campo teológico y espiritual. Para muchos, el Camp Nou no es un estadio, sino un lugar sagrado donde tiene lugar, cada dos domingos, un ritual sagrado y una catarsis colectiva.

Pero volvamos a la distinción entre hechos y opiniones. Ludwig Wittgenstein, uno de mis pensadores de cabecera, afirma en la primera proposición del *Tractatus*: «El mundo es todo lo que ocurre», y en la 1.2 dice: «El mundo se deshace en hechos.» El hecho, pues, es lo que acontece, y lo que acontece parece que es independiente del yo que lo observa. Pese a ello, sabemos que el observador, en la medida en que observa el hecho, también lo transforma. La pregunta que me formulo y que te formulo es si de veras crees que tenemos un acceso objetivo al hecho o si, por el contrario, siempre lo percibimos subjetivamente.

Desde la teoría del conocimiento de Kant hasta la antropología cultural, pasando por la formulación del principio de incertidumbre de Heisenberg, ha quedado definitivamente claro que el hecho desnudo nunca lo conocemos. La cosa en sí siempre está más allá de nuestro alcance.

Conocemos el hecho observado, pero al observarlo ya lo transformamos. Cuando el antropólogo occidental observa a una tribu africana para ver cómo viven, cómo comen, cómo producen y cómo se relacionan, con su simple presencia ya altera el hecho. Por discreto que sea, el objeto observado ha cambiado poco o mucho. Cuando un diario publica las encuestas de intención de voto, los candidatos toman nota y alteran su campaña y la estrategia comunicativa, pero también los potenciales votantes o bien abstencionistas pueden transformar su intención de voto. El hecho observado deja de ser un puro hecho. Digámoslo claramente: al observarlo lo desacralizamos y, por tanto, ya no lo presentamos tal como es.

Después, lógicamente, está el problema de la transmisión del hecho, que dependerá de la retórica, de las intenciones, de la voluntad y los intereses de los transmisores. Escribe Wittgenstein en la proposición 6.43: «El mundo del feliz es distinto del del infeliz.» En efecto, si el hombre feliz describe el mundo que ve, pondrá unos acentos muy diferentes y será una narrativa muy distinta de la que elaborará el hombre desgraciado. No podemos trascender las mediaciones; no podemos superar los filtros. Los hechos son los que son, pero las descripciones están preñadas de subjetividad.

Con esto, sencillamente, intento decirte que lo que son los hechos en sí mismos nunca lo sabemos, y menos aún los hechos que los otros nos relatan. Me viene a la mente un ejemplo muy reciente. Durante este otoño ha habido todo tipo de manifestaciones de médicos, maestros, farmacéuticos y estudiantes. Cuando leo las cifras de participación en los diarios me quedo, sencillamente, atónito. Observo que, según los intereses de los observadores, se hinchan o se deshinchan las cifras de tal manera que, al final, la consecuencia que se deriva de aquel baile de datos es que el lector no tiene la menor idea de cuánta gente había en cada manifestación ni qué grado de seguimiento ha tenido. Lo que tiene claro es que hay muchos intereses estratégicos diferentes a la hora de presentar el seguimiento de una manifestación. Te lo digo porque cada vez me parece más artificiosa y más extraña la distinción entre opinión e información, entre expresión de la propia subjetividad y fidelidad a los hechos.

Yo no soy escéptico y lucho contra todo tipo de pirronismo, pero debo confesarte que mi tentación es acabar en una especie de agnosticismo epistemológico. Me confieso cristiano, pero si me preguntan si creo en la información que nos comunican los medios, debo decirte que lucho contra mi escepticismo. ¿Cómo salgo de este callejón sin salida? Contrastando fuentes de información, relativizando los diarios que leo, poniendo en entredicho las informaciones que me proporcionan y que me presentan, sencillamente, como verdades absolutas. Practico una desconfianza sistemática de cualquier fuente que se me presenta de manera unilateral e intento contrastar dialécticamente una y otra para ver si saco algo en claro.

En la supuesta información que nos presentan cada día, ya sea por la televisión o por la radio, están intercalados muchos juicios de valor, juicios desiderativos y solapadamente formas de prescripción. Siguiendo una lógica binaria pura, entre información y opinión, sería necesario que la descripción de los hechos fuera puramente descriptiva, debería moverse en el terreno de las proposiciones simples, en el ámbito del ser, pero el caso es que el transmisor incluye valoraciones subjetivas, consideraciones de todo tipo, y aunque no sea verbalmente, lo hace con su expresión gestual, con el tono de su voz.

En definitiva, Vicenç, creo que la distinción química pura entre hecho y opinión ya ha pasado a la historia. Cuando alguien cae en un discurso de tipo nostálgico rememorando un tiempo ideal en el que esto se mantenía, hay que hacerle ver que nunca conocemos los hechos en sí mismos, sino que siempre accedemos a ellos a través de un filtro, del tamiz humano, mediatizados por el lenguaje y la racionalidad humana.

En tu carta hay otra consideración sobre la verdad que me ha interesado mucho. Dices que participas de una convención: «Atribuir a la ciencia y solo al ámbito de la ciencia la posibilidad de discernir entre verdad y mentira.» Es, ciertamente, una convención que comparten muchos. José Antonio Marina, por ejemplo, afirma que hay verdades públicas y verdades privadas. Las primeras son las que aporta la ciencia, mientras que las segundas son las certezas o convicciones personales que, como tales, no se pueden presentar como verdades públicas.

Me gusta tu discurso, porque no caes en una especie de positivismo rancio, ni en una idolatría del discurso científico como si fuera poseedor de una verdad perpetua y eterna que casi se convierte en dogma. La ciencia evoluciona, cambia, se transforma. La historia de la física, como señaló Thomas S. Kuhn en su conocido libro sobre la estructura de las revoluciones científicas, es una historia llena de cambios y de revoluciones, de transformaciones paradigmáticas. No es un progreso evolutivo, sino que lo que era verdad en un momento dado deja de serlo posteriormente y a la inversa.

El último descubrimiento de la física sobre la velocidad de los neutrinos desafía los fundamentos de la teoría de la relatividad, que desafió, en su momento, a la física newtoniana y a la concepción absoluta del espacio y del tiempo. Comparto esta visión histórica y circunstancial de la ciencia y reconozco el valor epistemológico que tiene este discurso en el conjunto de la cultura humana, pero no participo de la convención de que *solamente* en el ámbito de la ciencia haya posibilidad de discernir entre verdad y mentira.

Lo que me resulta inquietante de esta afirmación es el *solamente*, es decir, la exclusividad de la verdad. Es evidente que para argumentar bien mi disensión tendría que, previamente, definir qué es la verdad, pero esto nos llevaría muy lejos. Si por verdad entendemos, provisionalmente, la expresión de lo que son las cosas, la transparencia entre el decir y el ser, el discurso que representa fielmente lo que es la realidad, afortunadamente disponemos de varios juegos de lenguajes, para decirlo a la manera de Wittgenstein, para describir la diversidad de mundos que hay en nuestro mundo.

La ciencia nos permite acceder a unos estratos de la realidad, pero no nos permite explorar la Totalidad de lo que hay. Es limitada y tiene un método y unos aprioris muy determinados. Nos permite comprender y penetrar en un nivel de la realidad, pero no agota la totalidad del mundo ni la totalidad de la realidad. En este punto tanto Raimon Panikkar como Lluís Duch se dan la mano. El primero critica enérgicamente el cientismo; mientras que el segundo reivindica el poliglotismo del ser humano y su poliédrica capacidad de empalabrar la realidad, es decir, de decirla. Comparto que hay diferentes discursos para expresar diferentes situaciones y que cada lenguaje representa un papel determinante en esta actividad.

Si pregunto cuál es la esencia del agua, la ciencia química me responde diciendo que es la suma de dos átomos de hidrógeno y uno de oxígeno. Este discurso es satisfactorio para acceder a la verdad del agua. Ahora bien, si quiero comprender qué es la nostalgia, o el amor, o la desesperación, o bien la tristeza, tal vez el discurso poético contendrá más verdad que la descripción bioquímica de lo que le pasa a un ser humano cuando experimenta alguno de estos estados emocionales. En resumen: reivindico que hay verdad en la poesía, en la música, en la filosofía, también en las tradiciones espirituales y religiosas. No comparto la exclusividad de la verdad científica; tampoco descarto su inmenso valor para comprender un estrato de la realidad. Si quiero entender qué siente una persona al trabajar en la fábrica, quizás me será más útil leer *La fàbrica* ['La fábrica'] de Miquel Martí i Pol, que no el conocimiento de los datos y de las condiciones de trabajo de los obreros de inicios del siglo XX.

Hay verdad en el arte, en la poesía y en la filosofía, también en la pintura y en la literatura. Vuelvo al primer Wittgenstein y reconozco que hay ámbitos de la realidad que son ajenos al discurso científico, a los que la ciencia no tiene posibilidad de acceder, que no podemos llamar con un lenguaje científico, pero que podemos mostrar con otras formas de lenguaje. El pensador de Viena distingue entre lo que se puede decir y lo que sencillamente solo se puede mostrar. El mundo se deshace en hechos, pero hay una esfera mística que no se puede describir con el lenguaje de la ciencia natural. Es el mundo de la ética, de la estética, de la espiritualidad.

Escribe el filósofo vienés en la proposición 6.52: «Tenemos la sensación de que incluso cuando *todas las posibles* preguntas científicas se han contestado, aún no se han tocado nada nuestros problemas vitales.» En efecto, el discurso científico es muy pobre a la hora de resolver los problemas que de veras nos preocupan. Cuando queremos saber qué ha sido de las personas que amamos o bien cuál es el sentido de la vida, la ciencia enmudece. Se impone la proposición séptima: «De lo que no se puede hablar, hay que guardar silencio.»

Ya lo ves, Vicenç, me ha salido un *excursus* muy wittgensteiniano. No era mi propósito pivotar mi respuesta a partir del *Tractatus*, pero ahora lo tengo muy presente porque lo estoy releyendo con entusiasmo.

Te ruego que retomemos el hilo. Hablábamos de la transmisión de lo que creemos. ¿Cómo lo hacemos los cristianos? ¿Qué percepción tienes de ello desde fuera? Cuando presentamos nuestra fe, ¿somos creíbles? ¿Qué da credibilidad? Aún teníamos otra pregunta en el tintero que me interesa compartir contigo: ¿crees en la posibilidad de una espiritualidad laica? ¿Te inquieta la palabra *espiritual* o te sientes cómodo con ella?

Un fuerte abrazo,

FRANCESC

¿EXISTEN LOS CRISTIANOS?

CARTA 28
Vicenç Villatoro

Matadepera, 25 de noviembre del 2011

QUERIDO FRANCESC,
 me escribías el día de las elecciones españolas y yo te contesto en la semana de comentarios electorales y de digestión de los resultados. Es cierto que hemos hablado poco, muy poco, de política. Y me da la impresión de que si habláramos mucho, estaríamos muy poco de acuerdo. De hecho, en tu última carta me has provocado más sensación de desacuerdo de fondo, de distancia entre nuestros puntos de vista. Es curioso, se supone que nos han propuesto cruzarnos cartas porque tenemos puntos de vista antagónicos sobre el hecho religioso, sobre la trascendencia. Y mientras hemos hablado de ello, quizás porque hemos ido uno y otro con cautela y ganas de encontrarnos, no se han producido grandes desavenencias. Pero cuando hablamos de periodismo y de política, me da la impresión de que tenemos visiones muy contradictorias, quizás precisamente porque estos son conocidos y reconocidos como territorios para la discrepancia, terrenos de juego en los que no tan solo todo vale, sino que es necesario, forma parte de las reglas del juego, expresar opiniones diferentes.

Es posible también que estos puntos de vista tan contradictorios en lo que se refiere a la visión de la política —¡y al final quizás los dos acabemos votando lo mismo, o casi!— nazcan de aproximaciones vitales diferentes. De concepciones diferentes y de biografías diferentes. Para mí la política no ha sido nunca estrictamente una ocupación —ha sido más bien una actividad coyuntural a la que he llegado por extensión de otras actividades que me son más próximas, como el periodismo y la literatura o la cultura en general—, y ha sido en determinadas épocas un espacio observado desde la atalaya del periodismo. Respecto al periodismo, para mí sí que ha sido fundamentalmente un oficio sobre el que había que pensar, pero sobre todo que había que ejercer. En uno y otro oficio, el de la política y el del periodismo, ejercerlo significa decidir. Fundamentalmente, tomar decisiones. Y reconozco que esto da un punto de vista muy específico.

Empecemos con la política. No entiendo, de verdad, la distinción entre política y mercado o entre política y economía. No me parecen realidades situadas en planos simétricos. Los mercados, o mejor, la economía, forman parte de la realidad. Como la meteorología, la geografía, la ciencia o la demografía. La política es la forma de gestionar la realidad en beneficio del bien común. Y la realidad está formada por intereses contradictorios —muy a menudo todos ellos legítimos; a veces, algunos no tan legítimos— que no hay que negar, sino que hay que arbitrar. En una manifestación de preindignados, hace unos años, leí en una pancarta: «Muera la economía». Me pareció una tontería inmensa. Como si dijéramos «Muera la lluvia» o «Mueran los Pirineos». Y si muere la economía, ¿qué? ¿Viva la mística? ¿Viva la metafísica? ¿Viva la religión?

Hay un pensamiento antioccidentalista, contrario a los principios de la modernidad, que está presente en el embrión de muchos totalitarismos de derecha y de izquierda, que niega o menosprecia precisamente el hecho económico, el fabricar, el comprar, el vender. El dinero es pecado. La guerra hispano-norteamericana de 1898 fue presentada por la prensa reaccionaria española de la época como una confrontación entre «un pueblo de soldados caballeros» (los españoles) y «una turba vil de mercaderes» (los americanos). Los valores del honor, de la sangre, del valor, contra los valores mercantiles, el interés, la codicia, el comercio. Esto está muy extendido en el mundo católico, también en el musulmán, menos en el mundo protestante o en el judío. A mí me gustan los principios de la economía traspasados al mundo de la política: cuando hay intereses contrapuestos, se negocia, se llega a pactos, se cede, se intercambia, se firman convenios y contratos. Comprar y vender, trabajar y fabricar, me parecen cosas nobles. Me gusta más esto que la versión mística de la política, el honor y la verdad revelada, que está en el embrión —aunque no siempre se llega del embrión a la criatura— de los pensamientos totalitarios. Me gustan más los valores de los mercaderes que los de los soldados (o los de los sacerdotes). Creo en la democracia occidental. ¿Otro mundo es posible? ¡Por supuesto! No uno, ¡cincuenta mil! Pero muchos de estos mundos posibles son infinitamente peores. Y tenemos experiencia histórica de ello.

Por tanto, para mí el debate político no es entre Estado y mercados, entre política y economía. Es entre democracia y populismo, entendiendo por populismo el recibidor del totalitarismo. Y me da la impresión de que en el pensamiento antieconómico está el germen de la negación de la democracia y la libertad. El «poderoso caballero es don Dinero» de Quevedo, uno de los más brillantes exponentes del pensamiento reaccionario español, antisemita, anticatalán y contrario a los valores de la modernidad, vitupera el poder del dinero, de la economía, porque «es él quien hace iguales al Duque y al ganadero». Es decir, el dinero, la economía, el trabajo, la riqueza, son malos porque hacen iguales lo que Quevedo considera que es y deber ser desigual por la sangre y por la voluntad de Dios, el duque y el ganadero, el noble y el burgués, el cristiano viejo y el converso; lo que es desigual por la sangre lo convierte en igual el dinero. Precisamente por esto, yo estoy más a favor del dinero que de la sangre. La política debe trasformar la realidad, debe arbitrar entre intereses divergentes. Pero no puede ni negar la realidad ni inventarse una falsa.

Por cierto, siempre he pensado que una de las características del populismo, y aún más del pensamiento totalitario, es el gusto por las teorías conspirativas, por la definición de un poder oculto y conspirativo que es quien realmente mueve los hilos de la realidad. Los Protocolos de los Sabios de Sión. Pero también los jesuitas, los ricos, los comunistas, la trilateral, los poderosos, los curas, los banqueros... En algunas de las enmiendas que se hacen hoy a los mercados —no hablo en absoluto de las que hacías tú, ¡que conste!, las tuyas no las comparto, ¡pero no son esto!— veo renacer este gusto por los poderes ocultos, por las conspiraciones en la sombra. Los Protocolos de los Sabios de Sión con protagonistas cambiados (o no). Y cuando señalas la existencia de un poder maléfico en la sombra y lo haces culpable de todos los males, acabas queriendo eliminarlo. Es lo que ocurrió en los años treinta. En ambos lados de las teóricas fronteras ideológicas.

Digo *teóricas* porque a mi entender la gran frontera ideológica no está entre derechas e izquierdas, sino entre demócratas y totalitarios. Un demócrata de derechas está más cerca de un socialdemócrata que de Mussolini, Franco o Hitler. Un demócrata de izquierdas, más cerca de un liberal que de Stalin, Castro o Chávez.

La propia biografía me lleva a discrepar también sobre la cuestión de los hechos y de las opiniones, respecto a los medios de comunicación, al periodismo. La práctica periodística me ha enseñado que la frontera entre una cosa y otra es muy difícil de establecer. Quizás imposible de establecer. Y nuestra tarea de cada día ha sido, laboriosamente, sufriendo en el empeño, intentar establecerla. Porque la frontera es ambigua y está mal dibujada, pero la distinción conceptual existe. ¡Por supuesto que hay hechos, al margen de las opiniones! Gadaffi se ha muerto o no se ha muerto. El Barça ganó o perdió. Los hechos puros existen. Las opiniones puras, también. El problema —el problema práctico, a la hora de decidir— son las fronteras, los espacios intermedios, ambiguos. Hay en cada extremo dos polos que me parecen indiscutibles, pero entre medio hay un amplio territorio indefinido. En un poema de *Sense invitació* ['Sin invitación'], hablando de hecho de otra cosa, intentaba decirlo a través de un ejemplo. El poema se titula «Arco Iris» y dice así:

> En el espectro electromagnético de la luz
> no hay una línea clara que separe,
> por ejemplo, el rojo del naranja.
> Pero hay rojo y hay naranja.
> (Así son las verdaderas fronteras:
> invisibles y azarosas.

> No sabes cuándo la has cruzado.
> De repente te das cuenta
> de que ya estás irremisiblemente en el otro lado.)

Buena parte del trabajo de los periodistas es no cruzar ciertas fronteras invisibles y azarosas, llenas de dudas. Y en mi gremio periodístico hay quien ha aprovechado la coartada del escepticismo epistemológico para ahorrarse el trabajo: si la distinción entre hechos y opiniones es falaz, si en el fondo todo es opinión, si no hay nada objetivable e indiscutible, todo vale. Si no hay hechos que respetar, podemos decir lo que nos salga de las narices. (Por cierto, la frase «los hechos son sagrados, las opiniones, libres» no es mía; es un viejo principio del periodismo liberal, que hago mío, pero en el que no soy yo quien ha introducido el concepto de *sagrado*. Aunque ya en una carta anterior te decía que para mí *sagrado* es sinónimo de merecedor de respeto, ¡y por tanto me apunto a ello!) Dicho de otro modo, hay colegas míos que pueden usar a Wittgenstein, o no sé qué referencia a la física cuántica, o cualquier expresión de escepticismo epistemológico, para ahorrarse de entrada la muy laboriosa tarea de decidir. Pero también más adelante se puede usar a Wittgenstein como coartada para mentir. Del relativismo epistemológico, de la negación de los hechos como tales, de la conversión de todo lo que dices o puedes decir en puras opiniones, tan válidas como las contrarias, puedes inferir la imposibilidad o la impertinencia de la verdad. Y si no hay verdad ni mentira, solo opiniones, todo está permitido. Todo se puede decir. Todo es igual a todo. Y en periodismo, en información, hay verdades y mentiras. Quizás muy pocas, pero sagradas. Y a su alrededor, un océano de opiniones legítimas.

Al final de tu última carta me haces unas cuantas preguntas que teníamos pendientes desde hacía días. Quizás porque ya voy lanzado con un cierto tono de polémica amical y de discrepancia afectuosa, continúo por aquí. Me preguntas cómo lo hacéis los cristianos, en cuanto a la transmisión de los valores y las convicciones, si sois creíbles en la presentación de vuestra fe... Empiezo la respuesta de una manera conscientemente provocadora: ¿existís los cristianos? ¿Existe en términos modernos algo parecido a la cristiandad, a la comunidad de los creyentes? ¿La Iglesia es esto? Me explico, preguntando todavía más: ¿Te parece que hay realmente una unidad de acción y de percepción que podamos denominar *los cristianos*? ¿Te parece que hay, en cuanto a las maneras de transmitir —pero también en el núcleo duro de los valores y de las convicciones—, un común denominador que una profundamente a todos los que se proclaman cristianos y que los diferencie nítida y globalmente de todos los que no nos proclamamos así? Debo decirte, desde fuera, como observador de la realidad —pero, claro, de la realidad visible y, por tanto, según cómo solo aparente—, que no me lo parece. Que cuando alguien me dice que es cristiano, si quiero saber cosas esenciales sobre sus convicciones y sobre sus valores, necesito adjetivar este cristianismo, necesito hacerle más preguntas.

Como venimos de la política, déjame que intente explicarme a través de un símil político, aun sabiendo que en muchas cosas no será adecuado. Una Iglesia, o una religión, no son un partido político: presento una metáfora y las metáforas no son de goma, no se pueden estirar indefinidamente. Cuando he escrito artículos sobre partidos políticos, he distinguido dos tipos: los que quieren dar testimonio de unas ideas y los que aspiran a la hegemonía. En los primeros se encuentran pocas personas que están de acuerdo en muchas cosas. En los segundos, muchas personas que están de acuerdo en pocas cosas (si bien consideran que están de acuerdo en lo esencial). Los primeros aspiran a una gran coherencia, a un nivel muy bajo de contradicción y de discrepancia interna, y pagan el precio de no ser mayoritarios: defienden unas ideas y quieren conseguir que la sociedad las haga suyas. Los segundos aceptan un grado mayor de discrepancia interna, de ambigüedad en los planteamientos, para sumar muchas personas diversas en torno a un núcleo duro de convicciones compartidas. Son partidos de suma, que intentan articular mayorías sociales heterogéneas, que tienden a no excluir ni expulsar, y que gracias a esto se convierten en una especie de grandes coaliciones en torno a un programa de mínimos.

Si tuviéramos que clasificar a los cristianos en uno de estos dos grupos, sería con toda seguridad en el segundo. Los cristianos serían, como sujeto, un grupo amplio y diverso, con un nivel alto de contradicción o de heterogeneidad interna, con una ambigüedad suficientemente grande para que les permita proclamarse como tales a personas muy diferentes, con lecturas distantes e incluso aparentemente contradictorias del cristianismo. Entre el Opus Dei y la teología de la liberación hay distancias enormes en casi todos los temas. ¡Y estamos hablando solo de católicos! Si encima añadimos a los protestantes, ortodoxos, etcétera, el nivel de diversidad se multiplica aún más. Pero esto no es necesariamente un mal. La ambigüedad y la capacidad de contradicción no son un mal: permiten articular mayorías sociales, permiten ampliar horizontes, permiten sumar personas al proyecto.

Y aquí viene mi segunda pregunta. Ser una voz testimonial, una voz profética, que clama en el desierto, tiene grandes virtudes. Pero exige una enorme coherencia y un carácter muy compacto y unívoco del grupo. Los cristianos, como tales, no son esto. Pueden serlo cristianos individuales o en grupos pequeños, pero entonces deben explicar que hablan no desde el cristianismo en su conjunto, sino desde su lectura del cristianismo, particular y no compartida por otros que se proclaman cristianos. O se dice que estos que no lo comparten no son cristianos verdaderos, que solo hay una manera de serlo, o el cristianismo pertenece al segundo modelo: es una coalición de sensibilidades diferentes en torno a un núcleo duro común, compartido, relativamente concentrado y tenue, aunque central. Muchas personas que están de acuerdo en pocas cosas, pero que consideran que estas son las esenciales. Ahora, la pregunta: ¿existe este núcleo duro entre todos los que se proclaman cristianos? ¿Hay cosas sustanciales, no puras adscripciones, compartidas? ¿Se consideran realmente centrales? ¿Un cristiano del Opus Dei y un cura de la teología de la liberación tienen la sensación real de compartir entre ellos algo esencial, nuclear, que los une, que es más fuerte que todos los matices que los separan, y que además les distingue de aquellos que no se proclaman cristianos? Yo, personalmente, lo dudo. Pero no creo que responderte, parcialmente, con esta pregunta, sea escaquearme. Forma parte de la respuesta. Aunque ya sé que tengo deberes: ¡hay más preguntas que me hacías y más respuestas que te debo! Pero me gusta muchísimo que nuestra conversación, además de buscar síntesis, plantee problemas. ¡Estoy encantado y contento! Por eso espero tus cartas.

Hasta muy pronto. Cordialmente,

VICENÇ

CARTA 29
Francesc Torralba

Barcelona, 27 de noviembre del 2011

Querido Vicenç,
 con mis amigos del alma tengo profundas discrepancias políticas, sociales y religiosas, y es precisamente la amistad lo que permite expresarlas y compartirlas, porque el lazo es suficientemente sólido como para vehicular pensamientos y vivencias distintos. La amistad permite distinguir siempre la persona de las ideas y separar una cosa de la otra. Es un tesoro tener amigos, y poder sumar a otros nuevos, aún más.
 El vínculo de la amistad está hecho, a mi entender, de una fidelidad y de un respeto que se mantienen a lo largo del tiempo pese a las vicisitudes y a los cambios que se producen en el transcurso de la vida. Si la amistad es verdadera, se mantiene a lo largo del tiempo, pero se transforma; adquiere nuevas expresiones, configuraciones diversas, porque la vida es narración y la amistad tiene una esencia narrativa. Debo hacerte una pequeña confesión: tengo pocos amigos; de hecho, se cuentan con los dedos de una mano y aún sobran algunos, pero estoy muy orgulloso de las amistades que tengo, porque sé que puedo contar con ellos siempre que les

necesite y ellos saben que pueden contar conmigo cuando les haga falta.

Me ha gustado tu última carta. Te lo digo sinceramente. La interpreto como un signo de amistad. Al empezar un epistolario, es bueno buscar los puntos de unión, los elementos que supuestamente convergirán entre los dos interesados, para hacer fluida la relación, pero cuando el epistolario adquiere espesor y dimensiones, y el lazo empático ya está edificado, admite todo tipo de discrepancias, de réplicas y de contrarréplicas.

La grandeza de este intercambio es que no tenemos que demostrarnos nada el uno al otro, ni pretendemos convencernos. En una conversación amical no tiene demasiado sentido, una vez acabada, preguntarse quién ha vencido y quién ha perdido. La lógica binaria perder-ganar me parece muy reduccionista en la conversación amical; también en un debate político, aunque veo que cuando se confrontan los dos líderes de los partidos mayoritarios, siempre se tiende a leerlo como un partido de fútbol, a poner calificaciones y a simplificarlo enormemente.

El anhelo de convencer al otro es muy propio del celo religioso y, a veces, ha empleado fórmulas completamente aberrantes. La persuasión es un arte muy noble, pero la demagogia es una estrategia inaceptable. El proselitismo, sea del orden que sea, siempre me ha causado rechazo, y por esto soy muy sensible a cualquier manifestación suya. En este intercambio vertemos lo que pensamos —libremente— y abordamos temas tan diferentes y apasionantes que van desde la vida espiritual hasta un tema tan árido como los mercados y la democracia. Quizás si la discrepancia entre nosotros se hubiera producido en cuanto se inició nuestro intercambio, habría sido más difícil desarrollarlo con la fluidez con que los estamos haciendo, pero a estas alturas ya nos atrevemos a marcar distancias nítidas y diferencias claras.

Observo que he entrado en un terreno que tienes por la mano y muy pensado. No soy periodista ni he ejercido tampoco ninguna responsabilidad de orden político. Me interesan los dos mundos, pero como intruso accidental. No obstante, me gusta observar los movimientos políticos, las lógicas de poder, y admiro a las personas que se implican políticamente, que toman decisiones en tiempos difíciles y que asumen públicamente sus responsabilidades. No abunda el liderazgo ético en nuestro tiempo y, aún menos, el servicio a la cosa pública.

Debo confesarte que en mi última carta he hecho un poco de abogado del diablo, porque soy realista por naturaleza e, incluso, un pelo pragmático, y comparto la distinción entre hechos y opiniones. Cuando digo que soy realista, quiero decir que creo que conocemos algunos hechos de la realidad y que los podemos decir. Entiendo que tenemos acceso al mundo que está fuera de nosotros, que podemos percibirlo y conceptualizarlo, y que incluso lo podemos formular a través del discurso. No soy racionalista, pero creo en la potencia de la razón para describir la realidad, aunque no la *totalidad* de la realidad. La conocemos parcialmente y la decimos desde un montón de aprioris, pero ciertamente hay hechos objetivos. Podemos cifrar cuántos ciudadanos hay en Barcelona, cuántos alumnos hay en una clase, cuántas croquetas hay en el plato y cuántos goles ha marcado Messi en un partido de fútbol. Un niño es capaz de hacerlo. En estos hechos no hay lugar para la subjetividad. Solo quería subrayar la complicación interna a esta distinción que muchos (no tú) presentan como clara y evidente en sí misma y mostrar cómo muchos hechos, con nuestra sola presencia, los alteramos.

Recojo de tu última carta la lectura que haces de los cristianos. Te la he pedido en varias ocasiones, porque estoy muy acostumbrado a leer interpretaciones desde dentro, pero creo que los cristianos haríamos bien preguntando a los de fuera cómo nos ven y de qué manera perciben nuestro ser en el mundo. Demasiadas veces caemos en análisis endogámicos que caen en los dos extremos: o bien en el fácil catastrofismo o bien en la cómoda apologética. Este trabajo de observación también es interesante que lo apliquen otras comunidades, religiosas o no, porque introducen frescor en el análisis.

Tu pregunta clara y directa sobre si los cristianos existimos es, además de pertinente, muy sintomática. Sería fácil contestarte: «¡Por supuesto que existimos! Solo hay que mirar las iglesias los domingos.» Pero esta respuesta sería demasiado sencilla, porque hay muchos cristianos que no participan de la eucaristía y hay muchos que probablemente participan en ella, pero que viven inercialmente su fe. Un autor como Søren Kierkegaard te diría que no existe ningún cristiano en sentido estricto, que todos los que nos llamamos cristianos estamos muy lejos de ser lo que estamos llamados a ser. Karl Rahner, uno de los teólogos más eminentes del siglo xx, nos advirtió, además, de que hay cristianos anónimos, que no se ubican entre los muros de la Iglesia y que, pese a ello, comparten muchos elementos del mensaje de Jesús y de la fe que él proclama. Hay que ser sensible, por tanto, a esta realidad.

Las barreras no son visibles y muy a menudo son borrosas y difíciles de precisar en materias del espíritu. Creo que muchos agnósticos aceptarían la calificación de cristianos culturales e, incluso, asumirían muchas dimensiones del mensaje ético de Jesús, mientras que, en cambio, no podrían admitir su condición divina, ni la resurrección de los muertos, ni la existencia de un Dios uno y trino.

Muchos analistas subrayan el fenómeno de la invisibilidad de los cristianos. Preocupa a muchas esferas. Sin embargo, prefiero la invisibilidad que determinadas formas de hacerse visibles que, además de ser contraproducentes, ponen en contradicción lo que intentan comunicar. Creo que los cristianos estamos en el mundo, estamos presentes en él de diferentes maneras, en las instituciones, en los partidos políticos, en las cámaras de comercio, en los talleres, en las universidades y en los mercados, pero que, como conjunto, somos muy invisibles socialmente. Practicamos un cierto nomadismo espiritual e incluso sufrimos una tendencia a la fragmentación que coge todos los aspectos de la vida, también el espiritual.

Exceptuando algunos momentos significativos donde una gran masa sale a la calle porque se produce la visita del Santo Padre o bien por otra circunstancia espectacular, el hecho es que como cuerpo social, como comunidad de personas que compartimos una fe, es muy invisible.

¿Aún estamos en el mundo? ¿Existimos? ¿Qué nos une? ¿Qué tenemos en común? ¿Cuál es nuestra misión compartida más allá de las legítimas aspiraciones e ideales individuales? Debo confesarte que la presencia de los cristianos en el mundo moderno o, según dicen, posmoderno, me ha interesado desde hace tiempo. Es un tema de discusión permanente entre los doctos de la comunidad. Algunos querrían una presencia compacta, sólida y visible, articulada de una manera casi política; mientras que otros la queremos heterogénea, dispersa, más bien discreta. Esta discreción, sin embargo, no debe leerse como vergüenza o simulación, sino como sencillez, naturalidad.

De entrada quiero manifestar un acuerdo contigo. Creo que los cristianos forman un conjunto muy poliédrico y disperso, una comunidad heterogénea en la que es posible entrever actitudes, sensibilidades e interpretaciones del corazón del Evangelio bien distintas. Te confieso que esta pluralidad de carismas, de manifestaciones y de expresiones no la interpreto negativamente, aunque algunas de sus derivas puedan ser muy problemáticas. No formo parte de ninguna comunidad organizada ni movimiento de Iglesia. Me siento cristiano y participo de la comunidad de fe vinculada a la Iglesia de Barcelona, pero siempre he sido muy suspicaz ante cualquier grupúsculo cerrado.

La diversidad espiritual es riqueza. No lo digo como un eslogan de moda. Me lo creo de verdad. El hecho de que haya cristianos más contemplativos y otros más activos es un don de la comunidad cristiana, como el hecho de que los haya de izquierdas y de derechas, nacionalistas y no nacionalistas. El hecho de que haya devociones muy distintas también es una riqueza. Yo, por ejemplo, siento devoción por san Francisco de Asís. Tengo la suerte de que mis padres pensaron este nombre para mí y me gusta mucho porque este santo es verdaderamente un modelo de radicalidad evangélica, y su comprensión de la naturaleza y del lugar que el hombre ocupa en el cosmos me parece bellísima. Sin embargo, esta pluralidad, a veces, degenera en tribalismo sectario, incluso en confrontación cainita entre grupúsculos distintos, y se pierde este sentido de pertenencia, esta unidad de fondo que siempre debería presidir la comunidad cristiana.

La comunidad cristiana debería ser una polifonía, y la polifonía solo es posible cuando hay una diversidad de voces que se conjugan armónicamente y en la que cada una representa el papel que debe representar y en el momento oportuno. Vista de cerca, sin embargo, esta polifonía se convierte, muy a menudo, en cacofonía, en confrontación.

Somos, ciertamente, una comunidad plural, pero compartimos un credo, la adhesión a Jesucristo, y entendemos que Él está presente en todo el mundo, también a través de las personas que lo desconocen y lo niegan. A veces tendemos a confundir lo que es esencial de lo que es periférico, a marcar distancias entre nosotros y a descalificar a los otros porque participan de unas convicciones y de unas actitudes que nos parecen retrógradas o, sencillamente, desfasadas. Debemos ser respetuosos entre nosotros y no perder de vista nunca que lo que nos une —la fe, la esperanza y la caridad— es un todo mayor y más poderoso que todas las pequeñeces humanas que tantos quebraderos de cabeza comportan.

Si tuviera que definir cómo debe ser esta presencia de los cristianos en el mundo, debería emplear cuatro calificativos: discreta, testimonial, creíble y atenta. Entiendo que no hace falta profesar la fe en cada momento; que la discreción es un valor y que no es necesario que llevemos escrito en la frente lo que creemos y los que pensamos. Hoy coexistimos con otras tradiciones religiosas y espirituales que se hacen muy visibles en la vida de la ciudad, ya sea a través de su indumentaria o bien de sus gestos o rituales.

Discreción no significa invisibilidad. La persona discreta está presente, pero no ocupa el lugar central; no quiere dar la nota, sino que le parece que debe estar en la marginalidad y atiende a los que viven en este espacio. La discreción a la hora de hablar no es cobardía ni pusilanimidad. Es la virtud necesaria para no chafar al otro y darle aire, para estrechar vínculos con él pese a la distancia espiritual. Es una manera empática de estar que, a diferencia de la arrogancia y de la prepotencia, no crea tiranteces ni anticuerpos, sino proximidad, calidez; hace posible el lazo, los vínculos. Un cristiano debería caracterizarse por la voluntad de establecer comunidad, de crear nexos, de unir a personas diferentes.

La presencia testimonial es básica en el cristianismo actual. A veces se discute sobre cómo debe ser la presencia de los cristianos en los medios de comunicación social; cómo debe serlo en la política. Creo mucho en el testimonio individual, que es un signo visible de lo que cree a través de lo que dice, de lo que hace y de lo que deja de decir y de hacer.

Los cristianos tenemos que ser creíbles, y solo podemos serlo si somos coherentes entre el discurso que tenemos y la forma en que vivimos. Esto comporta autoexigencia, pero es la única manera de ser dignos de fe. En el libro que te he regalado, *Jesucristo 2.0*, recojo una frase de Friedrich Nietzsche donde dice que los cristianos seríamos más creíbles si fuéramos más alegres. Tiene razón. Si realmente estamos esperanzados, deberíamos poder transmitir esta noble virtud a todo el mundo y la alegría debería ser nuestro estado natural. Sin embargo, basta con acercarse a una comunidad cristiana el domingo por la mañana para ver la cara de pocos amigos que tenemos todos. La alegría pascual es la alegría que proviene de la convicción de que la muerte ha sido vencida, de que habrá un reencuentro eterno con las personas queridas. No hay mayor alegría que esta, pero como no nos lo acabamos de creer, no se traduce en nuestros rostros.

Los cristianos tenemos que estar atentos a las necesidades del entorno. La atención a la vulnerabilidad de los otros, a sus sufrimientos visibles e invisibles, es el vector básico de la presencia de los cristianos en el mundo. La crisis genera nuevas necesidades, situaciones de mucha gravedad que exigen una respuesta solidaria y eficaz. En esta respuesta a la llamada del otro, nos jugamos la credibilidad y la razón de ser. Encarnación significa compromiso con los más débiles.

No creo que nuestra presencia tenga que ser ruidosa, altisonante o arrogante. Hemos venido a servir y no a ser servidos, pero esto es un programa de vida difícil que solamente si nos dejamos transformar por dentro a través de la oración, del silencio y de la meditación se puede ir haciendo realidad en el mundo.

Con todo mi afecto,

FRANCESC

LA PLAZA PÚBLICA

CARTA 30
Vicenç Villatoro

Matadepera, 6 de diciembre del 2011

Querido Francesc,

tal como dices en tu última carta, en esta mezcla de tonos que va modulándose en la correspondencia que empieza a hacer ya unos cuantos meses que mantenemos, hay varias señales de amistad y de confianza. Lo es, por supuesto, la búsqueda del consenso, de los puntos comunes compartidos por encima de los puntos de vista a veces diferenciados, y por encima sobre todo de lo que se suponía que era la gran diferencia inicial: el estar en lados opuestos en una supuesta distinción entre creyentes y no creyentes. Lo ha sido también la aparición de puntos de discusión, a menudo en espacios que no tienen nada que ver aparentemente con esta diferencia inicial de puntos de vista. Al hilo de tus reflexiones sobre el lugar de los cristianos en el mundo, me gustaría añadir un tercer tono que, de hecho, ha ido saliendo también en muchas de las cartas: el compartir dudas e inquietudes, perplejidades y temores. La amistad también es esto. Es decir lo que piensas, con cordialidad y comprensión, tanto si el otro lo comparte como si no. Pero es también poner sobre la mesa aquellas cosas de las que no sabes qué pensar o de las que aún no sabes qué pensar.

Te confieso que vivo en un período de perplejidades, inquietudes y dudas profundas. En parte, esto nace de una dinámica estrictamente personal: cuando ciertos acontecimientos sacuden tu vida, a menudo no solo te dejan sin una idea clara del futuro, sino también sin una idea clara del pasado. Te planteas qué tienes que hacer, pero te replanteas también qué has hecho, el sentido y la orientación de tu vida, los fundamentos que hasta hace poco te parecían más sólidos. Tienes, o puedes tener, la sensación de que no hay troncos suficientemente arraigados donde cogerse ni suficientemente seguros donde acudir confiadamente. Literariamente, ahora estoy escribiendo sobre esta sensación de vacío, pero también de error y de incertidumbre. Dudas sobre la propia vida. Sobre toda la propia vida. Y, por tanto, pocas certezas y pocos lugares seguros desde donde discutir con convicción.

Pero esta dinámica particular, que tiene que ver con el duelo, pero que no es estrictamente un ejercicio de duelo, este cuestionarlo todo, se junta en el tiempo con unas inquietudes, unos temores y unas preocupaciones de carácter más colectivo. Y es de estas de las que querría hablarte. Me da la impresión de que el mundo está cambiando ante nuestros ojos con una aceleración vertiginosa. Que en un cierto sentido podemos decir que este mundo que nos rodea ya no lo conocemos, que lo que conocimos ya no está. Hablo de la crisis económica, naturalmente, pero también de la crisis social y de la crisis política que asoman por detrás. Y de la crisis moral si se puede decir así, aunque el término no me acabe de gustar, que rodea a todas las otras. No me quiero poner metafísico, porque no lo soy ni sé cómo serlo. Muy físico: me parece que en nuestro presente y en el futuro se adivina que hay cosas muy preocupantes. Lo son, por descontado, los efectos de la crisis sobre la gente que nos rodea, las dificultades que provoca, la tensión social que se desprende de ella. Pero las peores alarmas están en el horizonte.

¿Cómo tenemos que entender este mundo nuevo que nace? ¿Cómo debemos relacionarnos con él, como debemos estar presentes, con qué actitudes? ¿Qué obligaciones tenemos, y qué posibilidades, para que este mundo evolucione de una manera positiva y se descarten algunos de los caminos de futuro que hoy por hoy han vuelto a ser imaginables: la confrontación, el populismo, el pensamiento totalitario? No tengo ni idea. Hay en el aire algo que recuerda a los años treinta: una cierta demanda de convicciones fuertes y de fórmulas expeditivas. Una demanda de pensamiento fuerte y sin fisuras, totalizador. Fórmulas mágicas donde todo quede claro y parezca sencillo, donde se distinga claramente la bondad de la maldad y —más complicado y más peligroso— los buenos de los malos. La sustitución de las convenciones, del pacto, del consenso, de la concesión a cambio de la concesión del otro, del contrato, de la transacción, por la creencia en verdades esféricas y rotundas que son tan claras que se pueden imponer a la fuerza.

Si, como en los años treinta, esta demanda de pensamiento fuerte se confirma, la religiosidad puede ocupar una posición central. Las religiones pueden ser el núcleo duro de estos pensamientos fuertes y compactos, de estas verdades incontestables porque han sido reveladas y no dependen, por tanto, de los votos ni de los consensos. Pero también el odio al hecho religioso —en singular o en plural— puede convertirse en el núcleo duro de un pensamiento fuerte de signo aparentemente contrario, pero con grandes similitudes prácticas. En los años treinta, el hecho religioso se situó en el centro del debate público, después de una crisis económica, quizás precisamente porque tenía que ver con una demanda similar de pensamiento fuerte, de visiones totalizadoras y homogéneas del mundo.

Para entendernos, la Guerra Civil española no se entiende sin la participación del hecho religioso, en ambos bandos. Obviamente, no fue una guerra de religión. No fue una cruzada. Para entenderla hacen falta muchos más elementos: la coyuntura internacional, la crisis económica, la polarización social, el conflicto nacional o identitario jamás resuelto en la Península... Pero también el hecho religioso. Y la persecución religiosa en la retaguardia republicana al inicio de la guerra forma parte del balance negro de una década terrible, junto con todos los otros fenómenos de persecución y exterminio de aquellos a los que se les había colgado por unos u otros el cartel de culpables de la situación, de fuerzas del mal. Del mismo modo, la bendición eclesial —no absoluta, pero significativa— del bando franquista y la conversión de un golpe militar contra una democracia muy imperfecta, pero democracia al fin y al cabo, forma parte también del catálogo de las formas que adoptó el totalitarismo en aquella década.

¿Puede volver a ocurrir algo así? Estoy convencido de que no, porque nunca vuelve a ocurrir nada. Cada situación histórica genera sus propios fenómenos, y hay referencias en el pasado, pero no estrictamente ciclos y retornos. Pero pueden pasar encarnaciones diversas del mismo fenómeno de fondo. Y las religiones pueden verse de nuevo interpeladas. Y el agnosticismo humanista, también. No me parece casual que el tercer gran rostro que ha tomado el totalitarismo en el siglo XX, después del fascismo y del estalinismo, haya sido el integrismo islámico, con un origen o con una coartada religiosa.

En las transformaciones democráticas que se han producido en el mundo islámico, especialmente en el mundo árabe y aún más especialmente en el norte de África, hay factores de esperanza, pero también de inquietud. La caída de las dictaduras militares fundamentadas en un nacionalismo laico, y muy profundamente afectadas por la ineficiencia y la corrupción, ha dejado un terreno abierto, que pueden ocupar fuerzas políticas y sociales democráticas —¿Es posible que el mundo islámico genere lo equivalente a lo que fue la democracia cristiana en la posguerra europea? ¿Lo permite la situación actual del islam? ¿Lo permite la situación social de estos países?— o fuerzas totalitarias, integristas, con la religión por bandera. En muchos lugares, el integrismo islámico ha ganado procesos electorales porque se le ha visto radical, pero no corrupto. Los que creen no roban. Los que creen en la religión, en la patria. No roban, quizás —o sí—, pero pueden hacer cosas peores. El discurso de Degrelle en la Bélgica de antes de la guerra era este: contra la corrupción, contra la política, contra la suciedad, por las grandes convicciones, por los grandes ideales con mayúscula. Los que querían sacar a Europa de la corrupción —o eso decían— acabaron llevándola al *lager* nazi. O al *gulag* soviético. Con el mismo discurso.

¿Y en Europa? ¿Y aquí, en el mundo occidental? No parece fácil que entremos en las dinámicas de los años treinta. Entre otras razones, porque algo deberíamos haber aprendido de la historia, aunque la memoria de la tragedia siempre tiene fechas de caducidad. Los primeros símbolos de la penetración aquí de discursos populistas aparentemente antagónicos, pero en el fondo emparentados en su contenido antipolítico y demagógico, me parecen visibles. Por tanto, los riesgos están ahí, y me parece que a nuestra generación nos toca la tarea importante de combatirlos y de impedir que el carro se despeñe por el precipicio de la confrontación y la destrucción de los fundamentos de la democracia. En el siglo XIX, los poetas podían llegar a escribir, en medio de un tiempo razonablemente optimista y confiado en el futuro, que preferían el horror al tedio. En el siglo XX pudieron probar el horror y quizás por esto aprendieron a valorar, por contraste, el tedio. En el XXI nos toca encontrar la justa medida entre las cosas que hay que cambiar y las cosas que hay que conservar. Si no cambiamos nada, vamos mal. Pero si lo cuestionamos todo, también los fundamentos de las sociedades democráticas en las que hemos vivido desde el final de la Segunda Guerra Mundial —que en un cierto sentido acabó aquí entrados los años setenta, cuando desapareció el franquismo—, tampoco iríamos demasiado bien. En tiempos de crisis, el equilibrio entre lo que hay que reformar y lo que hay que mantener es aún más sutil, pero también más necesario.

Perdona que lo plantee en estos términos, que no son alarmistas ni quieren serlo, pero sí que quieren transmitir duda e inquietud. Ya te he dicho al principio que la amistad y la confianza llevan a compartir también perplejidades y temores. No hay en todo esto ninguna profecía catastrofista. Hay la advertencia de que entre los muchos caminos que se abren ante nosotros, algunos, solo algunos, pueden llevar a situaciones catastróficas. Se trata entonces de evitarlos y de escoger los otros. No de estarse quietos. ¿Cuáles son estos otros? Pues no sabría decirlo. Pero esto enlaza de algún modo con la pregunta que me hacías en tu carta sobre cómo deben ir los cristianos al debate social. Y quien dice los cristianos, dice también los agnósticos humanistas. Porque no sé qué deberá salir de este debate, pero sí que me parece intuir cómo debe hacerse. Como mínimo en el terreno que nos ocupa.

Para mí, uno de los fundamentos de la modernidad, lo hemos comentado en cartas anteriores, es la separación del poder político y la legitimación religiosa. O si se quiere, en una fórmula que ya he utilizado y que me gusta más, la distinción entre delito y pecado. A partir de esta separación de dos o tres lógicas diferentes —la política, la científica, la religiosa—, cada una con su ámbito propio, con su autonomía de procedimientos y de conclusiones, y sin interferencias, se crean las condiciones para llegar a la democracia política, a la proclamación —tantas veces traicionada— de unos derechos universales y al desarrollo científico y técnico. Esta distinción fue posible en primer lugar en el seno de las sociedades cristianas, y este es un mérito del cristianismo: aceptar, con más o menos resistencias, el dar un paso atrás para dejar el espacio en el que la ciencia y la democracia pudiesen arraigar. Resituar la creencia religiosa en un espacio en donde no compite con la búsqueda definitiva de la verdad ni con la legitimación democrática de la ley. Las leyes ya no se dictan por la gracia de Dios. Los dogmas de la fe no se confrontan a los principios de la ciencia. Cada uno tiene su terreno de juego específico y diferenciado.

Esta distinción me parece hoy un bien que hay que preservar en las sociedades occidentales y un bien que hay que incorporar en las sociedades a las que aún no ha llegado. Por tanto, me parece un bien universal. En su casa, en el interior de su comunidad, cada uno cree lo que quiere y practica la religión que le parece —con la única limitación de las leyes y de los derechos de las personas y de los pueblos—, pero hay una plaza pública compartida por todos adonde acuden tanto las personas con creencias religiosas como las personas que no las tienen, y que se rige estrictamente por principios democráticos en política. Casa confesional, plaza pública laica, pero no antirreligiosa. No laicista. En esta plaza pública todo el mundo debe poder entrar en las mismas condiciones y todo el mundo debe aceptar las reglas de juego —democrático— que allí rigen. Pero cada uno tiene derecho a entrar con la mochila de sus propias convicciones y creencias. No hay que dejarlas fuera de la plaza, pero no pueden regir la plaza.

Los cristianos, por tanto, deben poder ser cristianos en sociedad, pero no tienen que querer crear una sociedad cristiana. Deben defender sus valores cristianos, en la medida en que son beneficiosos para todo el mundo, pero no deben legitimarlos en sus creencias, sino en la noción de bien común, ni deben forzar la aceptación de estas creencias. A diferencia de lo que pasaba en los años treinta, no creo que los cristianos tengan que ser expulsados de la plaza pública, pero tampoco que tengan que querer cristianizar la plaza pública. Deben poder entrar en ella como cristianos, pero en su interior deben comportarse como ciudadanos.

No pido que la fe religiosa se convierta en un asunto estrictamente privado, sin repercusión pública. En plena transición, recuerdo un chiste en un diario, no sé si de Perich o de otro dibujante de la época, donde se veía a un jerarca del régimen que decía «nosotros estamos a favor de la libertad de pensamiento, siempre que el pensamiento no salga de su espacio natural, que es el interior del cerebro». ¿Libertad de pensamiento sin libertad de expresión? No tiene ningún sentido. ¿Legitimidad de tener creencias religiosas siempre que no salgan del ámbito estrictamente privado? Tampoco. Si se tienen convicciones y valores, deben poder llevarse a la plaza pública. Los cristianos y los musulmanes y los agnósticos. No podemos acudir descargados de lo que somos, de lo que pensamos y de lo que creemos. Pero ahí dentro arbitraremos por procedimientos democráticos. ¿Una obviedad? Quizás sí. En los años treinta no lo fue. Y acabó mal. No por esto, solo. Pero también por esto. Y me parece que la función de nuestra generación, hoy, es no reproducir ninguno de los antiguos errores, para evitar sus temibles consecuencias. Todos tenemos cosas que decir y cosas que hacer, y creo que tenemos también la responsabilidad de decirlas y de hacerlas. Cristianos y agnósticos, entre otros. Cada uno con su mochila. Pero aceptando las reglas del juego. Quizás no hablábamos exactamente de esto, pero me parece que en el fondo, en tu carta, hablabas también de esto.

Un fuerte abrazo y hasta pronto,

VICENÇ

CARTA 31
Francesc Torralba

Martinet, 8 de diciembre del 2011

Querido Vicenç,
    de nuevo estoy en Martinet, aprovechando el puente de la Purísima. No habíamos venido desde Todos los Santos. A mis hijos les gusta venir a este pueblo de la Cerdaña, pero me parece que a mí aún más que a ellos. La verdad es que el paisaje se ha transformado mucho desde principios de noviembre. Empieza a verse nieve en lo alto de las montañas y especialmente en la cordillera del Cadí. Desde Martinet no se adivina la inmensa serranía del Cadí, pero solo elevándote un poco, por el camino viejo de Travesseres, ya puedes contemplar la inmensa masa de piedra, de hielo y de nieve.
    Ahora solo conservan hojas los abetos y los pinos y los otros árboles de hoja perenne. El resto, todos los demás, están desnudos. Da un poco de pena. Aquella diversidad de colores naranjas, amarillos y ocres que engalanaba los bosques en pleno otoño, se ha deshecho poco a poco. El velo se ha desplomado. Todo está desnudo. El invierno se acerca.
    Los caminos, llenos de hojas y de escarcha, son un bálsamo para el alma del corredor de fondo y todos me invitan a

explorarlos. Hay tantos y tan distintos. Desde el camino trillado que conduce con certeza a buen puerto, hasta el sendero pedregoso que no sabes a dónde te llevará. Aun así, como te dije, soy un hombre de costumbres y me gusta transitar por los mismos caminos y a la misma hora, porque cada vez que vuelvo a pasar, el camino es diferente, y yo también. Solo cuando estoy cansado de hacer el mismo recorrido me gusta explorar nuevas sendas.

Veo que tu última carta es una mirada hacia el futuro. He entendido que no eres catastrofista, pero que, a la vez, te preocupa, porque ves en él signos de preocupación. Esta sensación de incertidumbre, de perplejidad y de no saber a qué atenerse también la vivo yo desde mi pequeña esfera de trabajo. Cuando los teóricos y analistas nos decían que vivíamos en tiempos de incertidumbre, en la sociedad del riesgo, encontrábamos la metáfora adecuada, pero ahora la incertidumbre la sufrimos en la propia carne, especialmente en el terreno económico. Nos hemos dado cuenta de que la metáfora se ha quedado corta. Todo es líquido, más aún, gaseoso, insosteniblemente ligero. Somos como motas de polvo que flotamos en medio del espacio. Ni tú ni yo sabemos si dentro de un mes podremos seguir pagando en euros o si nuestro país quedará descolgado del gran proyecto europeo en el vagón de los rezagados.

Como tú, intento no caer en el lamento apocalíptico, pero aún me gusta menos la mirada orgullosa y tranquila, que entiende que todo se arreglará y que no hace falta presagiar lo peor. Me indigna esta mirada inocente, benévola en el fondo, pero indocumentada. No creo que vivamos en el peor de los mundos posibles, pero sí que comparto contigo la idea de que muchas libertades y derechos civiles ganados con sangre, sudor y lágrimas, podemos perderlos si no hacemos un esfuerzo osado por conservarlos y transmitirlos a las generaciones futuras.

Desde que soy padre, contemplo el futuro de una manera diferente. Ya no pienso tanto en mi futuro, en mis expectativas profesionales, en el mercado que se dibuja en el porvenir, sino en su futuro, el de mis hijos. No me gusta el horizonte que se prefigura para ellos y, menos aún, lo que dicen los expertos en prospectiva, a saber, que nuestros hijos —también tus nietos— no tienen garantizado, ni de lejos, el bienestar social, económico y cultural que hemos tenido nosotros y que ha sido cualitativamente superior al que tuvieron nuestros padres y no digamos ya nuestros abuelos.

El progreso social, económico y jurídico está amenazado. Hay quien discute la misma idea de progreso. Bueno, creo que hay razones para esgrimir que ha habido progreso, aunque, en algunos campos, no haya sido tan potente como en otros. El progreso moral, por ejemplo, no ha seguido el mismo impulso que el progreso científico y tecnológico, pero el campo de los derechos y de libertades que hoy tenemos en esta pequeña parcela del mundo que es Europa, es, ciertamente, cualitativamente mejor que hace doscientos años.

No soy un heredero romántico de la ilustración, pero sí que comparto los valores y los ideales del proyecto ilustrado. Me apunto a la libertad, a la igualdad y a la fraternidad, y reivindico las raíces cristianas de estos valores, pese a conocer a los críticos de la Ilustración. Que nuestros hijos y nietos no tengan garantizado un futuro mejor que el nuestro no significa, necesariamente, que haya un retroceso histórico, pero es una amenaza que no puede dejarnos indiferentes. Debe ser un estímulo para seguir trabajando con energía.

Les queremos legar lo mejor de lo que hemos recibido: una sociedad plural y democrática, un estado del bienestar fuerte que garantice la equidad y la solidaridad, la separación entre la esfera política y religiosa, un sistema educativo justo e inclusivo; un tejido empresarial dinámico y creativo, un entorno natural sostenible y armónico donde sea posible disfrutar de todo lo que es bello y bueno. Ciertamente, creo que vivimos al final de un ciclo, de un mundo, como dice el apreciado Lluís Duch. Está naciendo un futuro incierto, un feto que aún no tiene nombre y del que desconocemos las medidas que tendrá, pero estamos viviendo los dolores de parto de una nueva época y quizás aún no estemos preparados para lo que ha de venir.

La virtud de la esperanza es una de las virtudes teologales, junto con la fe y la caridad. En tiempos de desencanto, de desidia y de moral de derrota, es necesario que los cristianos seamos especialmente testigos de la esperanza. Como dice el teólogo protestante Jürgen Moltmann, es la virtud fundamental, el motor de la historia. También los humanistas agnósticos tenéis que estar esperanzados, porque la desesperación solo alimenta el caos y el cinismo. Si no hay futuro, solo queda el presente y el instinto de conservación. Cada uno velará por sus intereses y entonces faltará aquella generosidad que tantos han tenido con la humanidad y que ha hecho posible grandes obras para la posteridad. Si todo es incierto, nadie se quiere hipotecar ni entregarse a proyectos de largo alcance. Lo que toca es vivir el ahora, disfrutarlo desesperadamente, a través del consumismo compulsivo a ritmo de rap.

La esperanza, sin embargo, no es la ingenuidad, ni tampoco una salida pueril a la crisis estructural que estamos viviendo. Es la confianza en el futuro, pero sabiendo que es arduo y difícil. Debemos tener confianza en nuestros recursos, en las lecciones que hemos aprendido del pasado. La memoria es necesaria, porque la amnesia nos conduce a repetir una y otra vez las mismas necedades y barbaridades que ocurrieron en el pasado. Hay que hacer memoria para transformar el presente y modelar el futuro. ¡Cuidado! Hacer memoria para construir el futuro, no para segregar resentimiento contra nadie ni para perpetuar heridas del pasado y poner en conflicto a las generaciones futuras. Demasiado a menudo, la memoria histórica se ha convertido en un pretexto para resucitar viejos rencores y resentimientos y para intoxicar a los que no vivieron los conflictos del pasado con la bilis y el odio de los tiempos pretéritos.

A ti te preocupa lo que ocurrió durante los años treinta en toda Europa y también en España. A mí también, porque se puede volver a repetir si las condiciones que lo hicieron posible se vuelven a dar. Nunca se repite nada con la misma exactitud, pero sí que se pueden volver a dar las líneas maestras. Si es verdad que todo vuelve, también lo es que nunca vuelve exactamente de la misma manera. Hannah Arendt lo explica muy bien en su monumental obra *Los orígenes del totalitarismo*. El sentido común es débil, tan débil que no pudo ser un antídoto al antisemitismo, a los guetos, a la deportación y a la solución final. Los hombres normales pueden convertirse en monstruos: lo que parece imposible puede hacerse realidad como el pan de cada día. Esta alquimia de la normalidad en monstruosidad es un proceso que hay que pensar a fondo, porque todo lo que tenemos se sostiene en el aire y hay que estar atentos a las condiciones que hacen posible esta transición. Como dice ella, Adolf Eichmann no es un ser perverso, ni un enfermo mental, ni un ser alienado. Todo sería más sencillo si fuera un caso clínico, carne de psiquiatra. Era alguien *normal*, un súbdito que estaba hecho para obedecer, para cumplir órdenes, alguien que el sistema había convertido en lo que ella denomina un *idiota moral*.

Sin esperanza no hay futuro posible, pero a veces me doy cuenta de que es muy difícil proyectarla y construirla intelectualmente. La mayoría de discursos intelectuales que leo a manera de diagnóstico son, más bien, razones para la desesperanza. Cuando lees atentamente a los analistas del momento, Zygmunt Bauman, George Steiner, Anthony Giddens, Slavoj Žižek, Peter Sloterdijk, Edgar Morin, el mismo Giovanni Sartori o Manuel Castells, te llevas una impresión del mundo muy negativa. Sus textos no dejan demasiado oxígeno para respirar. No creo que cualquier tiempo pasado fuera mejor; más bien al contrario, pero tampoco tengo nada claro que el futuro será mejor que el presente.

En el largo camino del éxodo, el pueblo de Israel sufrió momentos de desesperanza, incluso anheló volver a Egipto, bajo la esclavitud, pero la idea de una tierra prometida los mantuvo unidos y les hizo superar todo tipo de contrariedades y de calamidades. La esperanza judía y la esperanza cristiana tienen en común un elemento que une las dos filosofías de la historia. La idea es clara: no estamos solos, Dios vela por nosotros.

En este largo periplo, sin embargo, también está el silencio de Dios, una expresión teológica muy afortunada. Dios se revela, cuida de su Pueblo, lo conduce a la tierra que desborda leche y miel, pero en determinadas situaciones de sufrimiento Dios también calla, es un ser silente que, cuando se le clama desde el corazón, no responde. Este silencio espectral de Dios causa desasosiego, y entonces el pueblo gira los ojos hacia los ídolos, pero los ídolos acaban devorando a sus hijos. El siglo XX, como dice muy bien otro pensador judío, Martin Buber, ha sido el siglo del eclipse de Dios, pero esto no nos ha dejado solos, sino que hemos edificado todo tipo de divinidades, de ídolos que nos han conducido a verdaderos desastres. La divinización de la raza, de la lengua, del partido, de la patria o del Führer son procesos de sustitución, mecanismos para salvarse de la aridez de un mundo sin Dios.

Desde la concepción judeocristiana, la historia no es un círculo vicioso que gira ciegamente sobre sí mismo de una manera fatal, y que obedece a una mecánica ley del Destino que los dioses han diseñado para entretenerse y salvarse de su aburrimiento. En la mentalidad judeocristiana, la historia es un camino; tiene un origen y un final; es un largo éxodo hacia la Tierra Prometida, y en este peregrinaje el ser humano no está solo, incluso aunque se lo parezca y que no reconozca nada más que sus sufrimientos y sus lamentos. Esta idea del Dios providente que guía el corazón de los hombres y su inteligencia hacia lo mejor es una idea reguladora tanto en el judaísmo como en el cristianismo.

Me gusta mucho la distinción que haces entre el pensamiento fuerte y el pensamiento débil. Los tiempos que vivimos reclaman un pensamiento fuerte, pero *fuerte* no significa fundamentalista, y menos aún totalitario. La posmodernidad, con todas las derivas y hermenéuticas que genera, se ha caracterizado por elaborar un pensamiento débil, frágil, fragmentario, desmenuzado, diríamos en una palabra muy nuestra. El pensamiento denominado *posmoderno* se sostiene sobre un aforismo de Nietzsche o una intuición de Schopenhauer; no tiene alcance de sistema ni tampoco la pretensión de construir un orden del mundo. La deconstrucción ha llegado a sus últimas consecuencias, y cuando cualquier ingenuo intenta edificar una construcción sólida, el pensador posmoderno de turno le desmonta el chiringuito.

El pensamiento débil deja campo para correr al pensamiento totalitario, porque la debilidad no da certezas ni seguridades, y el ciudadano necesita consumir certezas y seguridades para guiar, aunque sea provisionalmente, su vida. Necesitamos un pensamiento fuerte éticamente y socialmente, y las tradiciones religiosas pueden contribuir a articularlo. Aun así, este pensamiento fuerte no puede entrar en conflicto con los datos de la ciencia, ni puede pontificar en política, pero puede ofrecer orientaciones e indicaciones sobre lo que somos, sobre los móviles de la acción humana y lo que verdaderamente colma la sed de felicidad que todos sufrimos.

También está el peligro de que las tradiciones religiosas alimenten dogmatismos y fundamentalismos de todo tipo, tanto en los países del área del islam como en los nuestros. Tu sospecha me parece sensata. Hay que evitar esta caída y reivindicar el ejercicio crítico, el examen libre de las convicciones, la capacidad racional para separar el bien del mal. Por esto he citado a Hannah Arendt, porque ella subraya que la devastación del Tercer Reich fue posible porque los hombres estaban entrenados para obedecer, sin examinar a quién obedecían ni qué obedecían. A veces, la obsesión por cumplir las normas se come el sentido común.

La idea de misterio, tan presente en el universo simbólico judío y cristiano, es un buen antídoto contra toda forma de totalitarismo y de fundamentalismo. De Dios, como dice santo Tomás, sabemos mejor lo que no es que lo que es. Esta Alteridad fuerte, indisoluble a nuestros conceptos y categorías, nos lleva a hacer discursos provisionales y aproximativos, marcados por la cautela y por la prudencia. Nadie tiene el patrimonio de Dios ni puede hablar en su nombre. Estas virtudes están ausentes en el pensamiento totalitario.

El Otro es, en último término, misterio, y los otros, hechos a imagen y semejanza de Él, también. En la idolatría no hay distancia entre el discurso y la realidad, porque el ídolo es una construcción humana y, como tal, tiene medida humana, pero la Alteridad de Dios exige humildad y precaución, también sentido del respeto, y esto se traduce en el terreno ético. Entonces entendemos que hay unas líneas rojas que no tenemos que cruzar nunca; que el bien y el mal no nos pertenecen, que somos intérpretes que caminamos a tientas, que ningún humano puede darnos seguridad ni solidez.

El clima de malestar social y económico que vivimos, el desmenuzamiento moral de las convicciones éticas, es un campo de cultivo idóneo para la emergencia del mesianismo. Me da miedo la emergencia de los iluminados, de los mesías que ven claramente hacia dónde hay que ir y que se aprovechan del malestar de las masas para dirigirlas capciosamente hacia sus propios fines. Solo nos queda un remedio: el pensamiento crítico y el examen de las convicciones.

Ciertamente, como tú dices, el Estado es aconfesional, pero el ágora es plural y en esta plaza tenemos que convivir todos. Por esto debemos estar atentos a cualquier indicio de colonización, a cualquier tentativa de uniformizarla. Las creencias pueden convivir civilizadamente en la plaza, si son respetuosas las unas con las otras. La reducción a la privacidad es una mala solución, porque limita la libertad de expresión, que es un valor moderno básico al que no podemos renunciar.

¿Qué podemos esperar? No lo sabemos.

Lo más inmediato, sin embargo, es la Navidad. Perdona el cambio de registro, pero me interesa ver cómo afronta la Navidad, con todo su ritual social de luces y de consumo, una persona de sensibilidad agnóstica. Hablemos de ello. Parece que toca hacerlo. Quizás será la manera de quitar hierro a esta última carta.

Con afecto,

FRANCESC

CELEBRAR

CARTA 32
Vicenç Villatoro

Matadepera, 17 de diciembre del 2011

Querido Francesc,
 me gusta mucho cuando, en los principios de tus cartas, me explicas los lugares y las situaciones desde donde escribes. En verano, desde León. Ahora, a finales de otoño, desde Martinet, en la Cerdaña. Ayer pasé por allí, volviendo de Andorra, y el paisaje tiene ahora su mejor tono. Aún no ha llegado la nieve y siguen vivos los colores otoñales. Me gusta lo que me explicas porque me transmite una sensación de serenidad y de paz plena que sé que son muy ciertas, y por tanto envidiables. Envidio esta serenidad plena, y no sé hasta qué punto tiene que ver con todas estas cosas de las que estamos hablando, con una manera de ver el mundo y la vida, con la fuerza de la trascendencia. No son tan solo los paisajes. Los paisajes responden a una elección. Pero un paisaje es también variable: lo cambia la luz, la interior y la exterior. Un paisaje es un estado de ánimo.
 Yo te escribo desde Matadepera, desde el ordenador de casa, de cara a la ventana. Afuera, el sol de la mañana, los pinos bajo la ventolera, los castaños ya sin hojas. También es

bonito. También podría respirar serenidad. Pero no plenitud. Contrariamente a lo que detecto en tus cartas, mis semanas están hechas de un contraste a veces incluso dramático entre una actividad frenética los días de cada día (y muchos festivos), y una soledad de lecturas y escritura algunos festivos, esperando a que vengan hijos y nietos a la hora de comer, que pasemos un rato por la tarde con la chimenea encendida, que la nieta me pida que la lleve al bosque de detrás a ver si encontramos setas, aunque sean malas. Estos ratos serían los más parecidos a lo que tú describes. Los otros me parecen muy extremos. Entre semana, un cierto atolondramiento —buscado— de hiperactividad: esta semana pasada, cuatro charlas, una comparecencia parlamentaria, una reunión importante en Andorra, decenas de reuniones y de visitas. El fin de semana, un cierto riesgo de vacío melancólico: nadie en casa, ratos de lectura, mala relación con la propia memoria...

¿Hasta qué punto estos estados de ánimo diferentes, estas miradas diversas al mundo que nos rodea, estos contrastes distintos entre días y horas, son el fruto de unas experiencias personales diversas o son el fruto de unas visiones de fondo diversas sobre las cosas? Ya sé que la religiosidad no es para ti una forma de consuelo. Al contrario. Pero la no religiosidad empuja inevitablemente hacia alguna forma de dramatismo. Y al final no sabes si el mundo tiene el color de los cristales con que lo miras o los cristales obtienen su color, camaleónicamente, del color que tiene el mundo antes que ellos. No sabes si la serenidad o el dramatismo los inyectas tú sobre el mundo, a partir de tu mirada, o si vienen del mundo y determinan y prefiguran tu mirada.

En medio de todo esto, Navidad. Falta una semana. Estoy en plena construcción de la complicada ingeniería familiar de las fiestas: dónde se celebra la Navidad, con quién, dónde San Esteban, dónde Año Nuevo, dónde los Reyes... Cuanto más se amplía la familia, más complicada es la ingeniería. Tengo tres hijos, los tres emparejados. Mi padre. Mi hermano y su mujer. Mi suegro y mis cuñadas, con sus tíos. Consuegros. Parejas de familiares. Todo esto pide una larga negociación, que la tradición a veces facilita y a veces complica. Ahora mismo, no sé dónde estaré el día de Navidad. Probablemente, por San Esteban vendrán muchos de los que te he dicho a mi casa, una multitud. Nadie confía en que yo haga los canelones, por el bien de todos. Los hijos se lo repartirán. Yo pongo la casa, los vinos y el champán, los turrones... El día de Reyes es lo más fácil: donde haya niños, y por tanto en casa de los nietos. Año Nuevo, más complicado. El año pasado alquilamos todos una casa en la Toscana, pero este año es más difícil de combinar. Ya veremos.

Tradicionalmente, por Navidad, aquí en Matadepera, hacíamos el belén y alguna ornamentación navideña. Este año no lo he hecho y no hay ningún indicio visible de Navidad en la casa, pero no por voluntad de negarlo, sino por falta de ánimos y de tiempo para hacerlo. Es la primera Navidad plenamente solo en casa. Me da un poco de pánico. No soy nada antinavideño, en absoluto. Pero este año no me importaría que ya estuviéramos a nueve de enero.

Me preguntabas al final de tu carta sobre la vivencia laica de la Navidad. Te he contestado en parte, añadiendo algunos elementos digamos de coyuntura, de esta Navidad específica en mi situación personal específica, que no tiene nada que ver con la laicidad. Pero diría que en líneas generales te he contestado. Para mí, la vivencia de la Navidad es importante. Pero se vincula fundamentalmente a la tradición y a la familia. No me molestan los componentes religiosos centrales en la celebración, y que son su origen. Me gustan los belenes, y mis nietos —que no han sido bautizados, como no lo han sido su padre ni sus tíos— saben quién es el Niño Jesús y la Virgen María. No me parece que haya que desnaturalizar las cosas ni negarlas. Pero mi vivencia las hace pasar por la tradición. En nuestro mundo, tradición y religiosidad tienen tanto territorio común que a veces se pueden llegar a confundir. Para mí, Navidad es tradición, es comunidad, es familia. Como para aquel amigo mío judío de Madrid que me decía un día que tenía ganas de que llegara la Navidad para que pusieran la iluminación en las calles.

Hemos dedicado algunas cartas a decirnos de qué manera podría ser posible una ética sin fe. Contra la afirmación «Si Dios no existe, todo es posible», la conciencia de que no todo es posible, aunque Dios no exista. Hoy quizás la pregunta es otra: ¿es posible una liturgia sin fe? Una liturgia es fundamentalmente una dotación de significado por el tiempo, una jerarquización del tiempo, un calendario y unos momentos solemnizados por unos rituales. Si Dios no existe, ¿todos los días son iguales? Pues no. Es posible una jerarquía que haga los días diferentes, que el veinticinco de diciembre no sea igual que el quince de agosto. Que haya unos rituales compartidos que dan solemnidad y sentido al calendario. La comunidad, la familia, pueden ser la fuente de esta necesidad de liturgia. Y de esta construcción de rituales. Y para mí la Navidad pertenece a estos ámbitos. Hay una liturgia navideña, que puede tener o no origen religioso, pero que para mí tiene sentido más allá o más acá del hecho religioso. ¿Valores navideños? El reencuentro, la proximidad, el recuerdo de los que ya no están, la construcción de la familia, o si se quiere, aunque la palabra está mal connotada, de la tribu, de la comunidad: de aquellos con los que tienes unos vínculos de afecto establecidos y fijos. El fundamento de la sociedad humana.

La Navidad está preñada de memoria. En muchas familias judías puede estar preñada de memoria la noche de Pascua, aunque no sean creyentes. Y esta memoria puede llegar a coger autonomía respecto al origen de todo esto, al origen religioso. O quizás es incluso más complicado, quizás la Navidad —y todas las fiestas que celebramos— no es solo la expresión de un calendario religioso, sino el lugar de encuentro entre la religión y la necesidad humana de jerarquizar el calendario, de ponerle hitos significativos, de pintar unos días en rojo y otros en negro, que quizás es anterior al hecho religioso, que quizás tiene que ver con el ciclo de las estaciones y de las cosechas. Quizás el calendario festivo no es una construcción religiosa, sino un lugar de encuentro entre un calendario significativo y un hecho religioso que le intenta conferir un determinado sentido. Pues la misma operación se puede hacer en sentido inverso: cogemos un calendario de apariencia religiosa y lo vivimos desde nuestra necesidad de liturgia, de jerarquizar el tiempo, de construir calendarios dramatizados, con duelos y alegrías, con destellos y con complicidades.

Me gusta la liturgia porque me gusta la narrativa, la literatura. Es decir, porque no creo que todos los días sean iguales. Y para demostrar que hay algunos que son diferentes, necesitamos que existan rituales que los singularicen. En el ciclo del año, Navidad es uno de ellos. Y por esto estoy enredado en este ejercicio complicadísimo de cuadrar las agendas de toda la familia para ver dónde estaremos cada uno en cada día del ciclo. Pero hay otros que no tienen que ver con el ciclo del año, sino con el ciclo de la vida. Nacer, hacerse mayor, casarse o morirse marcan momentos de la vida personal y de la vida familiar que piden una liturgia. Las religiones ofrecen una. Pero sin religiones también las necesitamos. La tradición ayuda a ello, pero está muy connotada de religiosidad. A veces se pueden aprovechar, como nos pasa en Navidad, y a veces tenemos que construirlas. Y para construirlas, debemos intentar entender fundamentalmente para qué sirven.

Los últimos años han estado plagados de diseños espontáneos —y a veces fracasados o ridículos— de ceremonias laicas para los grandes hechos vitales. Ninguno de estos hechos —nacer, morir, casarse— es estrictamente un hecho administrativo, contractual. No nos satisfacen, por tanto, sus expresiones administrativas. Pedimos fórmulas litúrgicas de concelebración, de celebración, de duelo compartido. No son fáciles de hacer. El gozo es más sencillo de compartir, y por tanto la liturgia laica de los nacimientos y de las bodas ha funcionado relativamente mejor. En el momento de la muerte, la religión tiene un punto consolador —se quiera o no— que es muy difícil de sustituir desde la laicidad. Creer en la vida eterna consuela más que creer en la perduración, temporal, en la memoria. Construir una ceremonia sobre la esperanza de una inmortalidad del alma es más consolador que construirla sobre la constatación del dolor presente y el temor del vacío futuro. No es fácil. Y tiene que ver con lo que hablábamos de la Navidad: todos necesitamos liturgias, para dar sentido. Pero primero necesitamos creer que hay cosas que dan sentido. Una liturgia navideña es sencilla: la familia, la comunidad, la tradición, son en sí mismas fuentes de sentido, vayan o no asociadas a la fe religiosa. Una liturgia nupcial también parece sencilla: el amor y la esperanza de una vida en común son también generadores de sentido. Los entierros son más complicados. Encontrar sentido a la muerte necesita un gran esfuerzo y un contrapeso mayor.

Permíteme ponerte un ejemplo personal, casi íntimo. En un período de cuatro años murieron mi madre, mi abuela y mi esposa. Nuestra familia no es religiosa en su conjunto. Y tuvimos que tomar decisiones sobre las formas de despedida, sobre las liturgias de despedida. Y entonces pensamos, como criterio central: ¿qué habría querido la persona que acababa de morir? En ningún caso teníamos indicaciones concretas. Teníamos que interpretar. Y ver qué poníamos en primer plano. En el caso de mi madre, pese a ser una persona sin convicciones religiosas, le hicimos un funeral en la iglesia. Era una persona que amaba la tradición, la comunidad; que habría encontrado horroroso hacer algo extraño, excéntrico, diferente, que la singularizara; a ella le habría parecido una manera inadecuada de llamar la atención, de hacerse notar. Escogimos un funeral religioso porque era la expresión de una tradición, porque la ligaba a una comunidad, la suya, que hacía esto en el momento de la muerte, fueran cuales fueran sus convicciones íntimas. Mi abuela, que murió con casi cien años, era una mujer del tiempo de la República, muy militante en ideas liberales y de izquierdas, muy anticlerical en su juventud. Hacerle un entierro religioso habría sido una especie de traición. Escogimos una liturgia laica, pero muy discreta: por edad y por manera de ser, tampoco le habría parecido bien cualquier cosa que hubiera interpretado como excesiva, como llamativa. Finalmente murió mi esposa, con poco más de cincuenta años. No podíamos hacerle una liturgia religiosa, no se correspondía con lo que interpretábamos como sus convicciones íntimas (¿pero qué sabemos de las convicciones íntimas de la gente, por cercanos que nos parezcan?). Pero no tenía sentido una liturgia discreta y contenida, porque ella misma, y todos nosotros con ella, habíamos vivido la muerte como una tragedia prematura e incomprensible. Construimos una liturgia compleja y dramática, con algunos parlamentos, canciones que le gustaban y fotografías de ella en vida: siempre había dicho que si algo salvaría de casa en caso de incendio serían los álbumes de fotos, condensación de la vida. Tuvimos que construir una liturgia específica completamente nueva. A la medida de lo que nos parecía que era el deseo de la persona, pero también de las fuerzas constructoras de sentido. En el caso de mi madre, la tradición. En el de mi abuela, las convicciones. En el de mi esposa, la evocación de la vida vivida y acabada prematuramente.

Perdona, como siempre, el exceso de vida propia que pueda poner en estas cartas. Es mi manera de relacionarme con las cuestiones que me propones y que nos proponemos, más vital que teórica. La intención era responder a tu pregunta sobre la Navidad. Es una fiesta religiosa, sí. Es también una fiesta tradicional. Si le quitamos la simbología y la iconografía religiosa, deja de ser tradicional, se convierte en otra cosa. Y no toda su iconografía es religiosa. Se puede vivir en plenitud la Navidad sin fe, porque la Navidad entronca con otras fábricas de sentido importantes: la familia, la comunidad, la historia, la memoria de la propia infancia, la tradición… No tengo la sensación, al celebrar la Navidad, de que profane la fe de los que la tienen, ni que entre indebidamente en un territorio ajeno que me está vedado. Si no celebrara la Navidad, tendría la sensación de traicionar una tradición que amo, de no cumplir con una liturgia familiar positiva y entrañable. Tendría la sensación de quedarme más solo de lo que me quiero quedar.

Por eso, no tan solo estamos planificando comidas y cenas de todo el ciclo con toda la familia. También por eso deseo Feliz Navidad a los amigos y lo hago sin ninguna sensación de apropiación indebida ni de impostura social. Se lo deseo. Porque quizás los grandes acontecimientos de la vida individual y de la colectiva, los días marcados en el calendario del año o de la vida, son siempre necesariamente poliédricos y polisémicos. Tienen a la vez sentidos diferentes. Y se puede escoger entre estos sentidos, entre estas facetas, contemplarlo desde donde te convenga. Si la familia, la tradición, la comunidad, la tribu, son fuentes de sentido —¡también pueden no serlo!, tampoco es obligatorio, como no lo es encontrar el sentido en la trascendencia o la religiosidad—, se puede vincular la celebración navideña, en el caso de los lugares como el nuestro de tradición cristiana, con estas fuentes de sentido.

No era necesario todo este larguísimo preámbulo para acabar la carta del modo que quería terminarla desde el principio, de la manera en que lo siento de verdad y que tengo ganas de decir de verdad: ¡Feliz Navidad, Francesc, a ti y a los tuyos!

VICENÇ

CARTA 33
Francesc Torralba

Barcelona, 19 de diciembre del 2011

Querido Vicenç,

empiezo esta carta con el mismo deseo que expresas al final de tu última misiva: te deseo una muy feliz Navidad. Te lo digo sinceramente, sin ningún indicio de cortesía formal. Te lo digo de corazón. Durante estos días recibo un montón de felicitaciones de personas que no sé quiénes son, ni por qué me escriben, pero que agradezco de verdad. También envío algunas, pero muy contadas. No por tacañería, sino por coherencia. Me gusta felicitar de corazón a las personas queridas, a las de mi círculo más cercano, sin caer en la servitud de la mecánica social. Te felicito la Navidad porque quiero; no porque toque.

La Navidad despierta en mi ser una mezcla de sentimientos muy contrapuestos: indignación, por una parte, nostalgia, por otra, y, entre una y otra, una gama de emociones con matices muy diferentes. Me indigna la transformación de una fiesta genuinamente espiritual en una gran orgía consumista, en una verdadera carrera frenética por comprar todo tipo de objetos. Me cansa el ritmo acelerado que durante los días anteriores a la Navidad se impone en la ciudad. Parece que el mundo se acabe.

Todo el mundo tiene que hacer lo imposible para combinar la agenda laboral con las cenas de trabajo, y la compra y búsqueda de todo tipo de regalos. La inquietud y el desasosiego están presentes en toda la ciudad. Comprar, comprar, comprar y comprar. Todo este espectáculo choca frontalmente con el espíritu de una fiesta que debería ser ejemplar por su sobriedad, desnudez y sencillez, que debería ser una posibilidad de ligarnos con lo esencial, para sacarnos la máscara y enseñar las cartas. El envoltorio acaba ahogando al niño.

Cada año siento más indignación (palabra muy de moda este 2011 que estamos a punto de cerrar) porque la Navidad genuina queda socialmente ahogada, casi estrangulada por esta imposición social de tipo consumista, por esta exigencia de tener que ser feliz durante estos días, una exigencia que casi se convierte en un imperativo categórico: ¡Tienes que ser feliz!

Siempre he pensado que la felicidad no puede preverse; menos aún, obligar a nadie a vivirla. Adviene en el momento menos pensado, como una especie de estado interior de buen ánimo, de reconciliación con uno mismo y con todo lo que te rodea, como una forma de paz interior. No es el bienestar material; tampoco el placer sensitivo. Es una vivencia interior, espiritual, que, naturalmente, se traduce en la vida exterior de la persona, en la manera de relacionarse con los otros, de hablar y de actuar. Todo lo que sentimos, más pronto o más tarde, aunque practiquemos una dura autocensura, acaba fluyendo al exterior. La vida interior no se puede separar de la vida exterior, ni a la inversa.

Buscar la felicidad es lógico, porque, como dice Aristóteles, todos los seres humanos anhelamos, por naturaleza, ser felices, pero la felicidad, el buen ánimo, el equilibrio interior, el hecho de sentirse bien consigo mismo y con el mundo, no es una mera conquista humana; ni únicamente el fruto de un trabajo exigente con uno mismo; es también un don, una gracia, algo que viene, que «baja del cielo» y que es necesario saber acoger y hospedar tanto tiempo como sea posible. Me indigna que me obliguen a ser feliz aquel día, que todos nos tengamos que amar por imperativo social. Deseo el máximo bien a todo el mundo aquel día, pero también todos los días del año. No me gusta nada el envoltorio materialista de la fiesta, aunque reconozco que me complace la ornamentación navideña de las calles y las plazas, y también los belenes y los villancicos que escucho por todas partes.

Quizás por esto valoro tanto el irme, de nuevo, a Morgovejo al día siguiente mismo de Navidad. Después de la comida y los turrones, cogemos el coche y nos vamos de nuevo al pueblecito del verano. Allí todo es silencio. La nieve y el frío son los dos huéspedes invitados, y la chimenea y los libros me acompañan durante las veladas. El contraste entre el ritmo trepidante, desmesurado, de la ciudad y la vida silente del pueblo es inmenso; pero el alma cansada necesita este cobijo. Esta Navidad sin envoltorio me pone delante del misterio y allí vivo con intensidad espiritual el sentido de estos días.

La Navidad despierta en mi alma otro sentimiento: la nostalgia. La palabra griega lo dice todo: es un dolor ligado al recuerdo. Curiosamente, cuanto mayor me hago, más recuerdos me vienen de la infancia, más sensaciones, olores, miedos y alegrías de mis Navidades como niño. La mesa, los padres y los hermanos, el belén, el caldo y el cocido, la abuela Maria, que ya no está, y el padre Xavier, que tampoco está; la poesía de Maragall recitada sobre la silla y la propina de los familiares una vez terminada; los regalos, los turrones, el olor de café y los primos. Sobremesas infinitas sobre temas comunes, generalmente los mismos con algunas pequeñas variaciones según los años. Me veo reflejado en el espejo de la memoria, en casa de mis padres, con pantalón corto, sentado entre mis dos hermanos, ligado a una especie de ritual circular que esperaba con ilusión año tras año. La misma silla, los mismos platos (los platos del día de Navidad), las mismas copas y los mismos comensales.

La mesa de Navidad es, en cierto modo, un pequeño espejo de la vida, un compendio de la historia íntima de cada ser, de la intrahistoria. Se repiten el ritual, los gestos, las felicitaciones, la comida, la cadencia de los movimientos y la secuencia de las partes; pero en aquella mesa hay ausencias que le duelen al alma y también nuevas presencias que son el signo y el augurio del futuro. No puedo dejar de pensar que algún día el que estará ausente en esta mesa seré yo; pero esto no me preocupa tanto. Lo que de veras me preocupa es la ausencia de los seres queridos. Mi sintonía contigo es total en este punto.

En esta ocasión, celebro la Navidad en mi casa, rodeado de mi mujer, mis hijos, padres, cuñados y cuñadas, también de mi suegra, una mujer abnegada y servicial, pero mientras les miro a todos, no puedo dejar de recordar a los ausentes, a los que ya no están ni estarán nunca más. Es agridulce, la mesa de Navidad, y solo la fe en un banquete eterno, en un encuentro celestial me salva de esta nostalgia que se instala en mi corazón. Para los cristianos, el cielo no es un lugar; ni un almacén para los espabilados; es una fiesta, un banquete de reencuentro, un abrazo eterno. No hay cielo sin mesa, sin reconocimiento de los que has amado.

Todo esto me evoca la Navidad. Tengo verdaderas dificultades, sin embargo, para enlazar esta vivencia humana de la Navidad, que incluye indignación y nostalgia, con la Navidad interior, espiritual, que siento, también, profundamente en mi ser cuando participo en la misa del gallo, cuando se nos anuncia a medianoche que ha nacido el niño, que Dios se ha hecho carne. Es una alegría infinita la que despierta esta fiesta; un estallido de felicidad que difícilmente puedo expresar con palabras. Lo que celebramos trasciende cualquier concepto, cualquier teoría, cualquier esquema racional. El mundo ha sido redimido; la historia ha sido salvada porque Dios se ha hecho presente en ella.

Desde la comprensión cristiana de la historia, la historia no es un círculo eterno que da vueltas sobre sí mismo; es un largo camino hacia la liberación, hacia la Tierra Prometida, pero en este esforzado peregrinaje no estamos solos ni desprotegidos. Dios ha hablado; se ha hecho presente en él, no tan solo a través de su Palabra, comunicada a los profetas, sino que se ha hecho Él mismo carne de la historia. La Navidad es el acontecimiento clave de la larga gesta humana, el punto de encuentro entre el tiempo y la eternidad, el comienzo luminoso de nuestro destino colectivo.

Me gusta, de un modo especial, la liturgia de la misa del gallo, las lecturas, los silencios, los cantos, los villancicos, el frío que acompaña a la noche, las muestras de afecto y de estima que nos transmitimos todos los fieles a la hora de la paz y al salir de la iglesia. Es la fiesta del Dios niño, la expresión del máximo misterio de un Dios que no quiere quedarse infinitamente alejado del hombre, al margen de los asuntos humanos, de la historia. Ha roto el protocolo: lo Infinito se ha hecho presente en lo finito. Se ha hecho carne. El Verbo, eterno, infinito, se ha hecho presente a través de un niño, el símbolo por excelencia de la fragilidad, de la vulnerabilidad, de la candidez; de un niño que nace en un establo y que necesita ser acogido, protegido, cuidado por una madre y un padre. La historia es maravillosa, enigmática, literariamente muy potente, pero me la creo. No la interpreto como un mito, como una representación fantástica. Entiendo que muchos no la puedan creer, porque es una paradoja, como dice Kierkegaard, y la paradoja maravilla, pero también violenta a la razón.

Hay un artículo de Joan Maragall sobre la Navidad que siempre me ha cautivado. Escribe el poeta de Sant Gervasi:

> Ved al Niño Eterno: Él sabe el misterio de todas, y sonríe eternamente. Algún motivo de eterna sonrisa habrá en el fondo de ellas. Y este motivo será el que sonríe dentro de nosotros al fin de todas nuestras tempestades: el niño inconsciente que llevamos dentro y que sabe más que nosotros, lo mejor de nosotros mismos. Y esto es lo que hoy festejamos, ¡ved qué gran fiesta! La Navidad; la Natividad; el poder de nacer eternamente, de renacer siempre de nosotros mismos, de hacer de nuestra vida un eterno comienzo, de ser siempre niños en algún modo.
>
> De ver cada cosa como nueva, como si por la primera vez la viéramos: con sorpresa, con inocencia, con sonrisa. De llevar nuestra vida con un santo atolondramiento, con desenfado; de dejarla llevar por el instinto del alma que sabe más que todos los filósofos.

La potencia simbólica de la infancia se presta a muchas diferentes hermenéuticas. La Navidad es la fiesta de la infancia y la infancia es la ingenuidad, la transparencia, la debilidad, la vulnerabilidad y la candidez. El niño es el signo esencial en el cristianismo. Los hombres están llamados a convertirse en niños, a tener aquella mirada transparente y limpia, aquella confianza en los demás, y a vivir con un cierto pasotismo. En Navidad festejamos que el Niño Dios nace en la historia para redimirnos, para desvelar, en nosotros, a aquel niño que aún está en nosotros y que lucha por salir afuera y vivir en plenitud.

La simbología ligada a la infancia es interesantísima. Está presente en el Romanticismo; también en Friedrich Nietzsche. Al fin y al cabo, la imagen que utiliza para identificar al nuevo hombre, la del sobrehombre que esperamos, el que él denomina tercera metamorfosis del espíritu, es el niño. En aquel conocido discurso de Zaratustra, nos dice que el espíritu debe hacer tres metamorfosis para alcanzar la plenitud: de camello debe convertirse en león, y de león debe transformarse en niño, pero solamente lo hará si vence al dragón, la carga del pasado, el superyo freudiano. El niño es el seno de la vida, el juego, el olvido, el comienzo. También en santa Teresa de Lisieux el camino hacia la plenitud del hombre es el caminito de la infancia.

En efecto, el niño no sufre prejuicios ni es esclavo del pasado; tampoco vive preocupado por el futuro. Vive en un instante eterno, despreocupado de todo: aún no ha descubierto el maquiavélico juego de la hipocresía de los adultos. Dios se hace hombre, pero lo hace a través de un niño, signo máximo de la debilidad. El misterio es inherente a la Navidad, porque, de hecho, es fácil pensar otra encarnación de Dios en la historia. ¿Por qué en aquel momento? ¿Por qué en un niño? ¿Por qué en aquel lugar?

Es un misterio que Dios sea, que Dios se haya revelado a través de la Palabra, que Dios se haya hecho carne y haya plantado su tienda al lado de la nuestra. Los teólogos más eminentes han hecho del misterio de Navidad el centro de gravedad de su teología. Al fin y al cabo, la teología empieza con el trabajo racional y acaba con la adoración a los pies del niño.

Hay que reconocerlo. Todo es inmensamente enigmático, pero la lógica del amor permite ver luz en ello. Quien ama, quiere el bien del otro, se manifiesta para salvarlo de todo lo que lo mantiene subyugado y explotado, le habla al oído, respetando su libertad, pero con la voluntad de hacérsele presente. Dios es inteligencia amorosa, pero también Amor inteligente. La encarnación no es ninguna necesidad de Dios. Un Dios con necesidades es una contradicción en los términos. Dios es pleno, Vida sin límites, Abundancia de donación. Se da, pero podría no haberlo hecho.

La lógica del amor no conoce la mecánica del cálculo. Quien ama se da, y no calcula si le saldrá bien o no darse, porque no piensa en clave de inversión, de beneficio personal. Dios se comunica, se encarna, pero los hombres no le acogen. Tiene que ir a nacer en un establo. Los poderosos le ignoran. Los pastores le rinden culto. Dios ha escogido hacerse presente a través de la sencillez, la precariedad, la piel de un niño que tiene frío. El niño se hace mayor y después predica y enseña durante tres años, pero lo persiguen, lo encarcelan, lo torturan y lo matan. Dios se da, se muestra en la sencillez de un niño que llora y grita, de un niño que, poco después, balbuceará y finalmente hablará. La Palabra se ha hecho carne y Jesús es, Él mismo, la totalidad de la Palabra de Dios.

Navidad es nacimiento, es la posibilidad de volver a nacer. Consiste en darnos la posibilidad de comenzar de nuevo, de decirnos que podemos ser diferentes, que podemos liberarnos de los resentimientos del pasado, de los rencores y de las heridas. Es empezar, y empezar quiere decir cortar, entender que la historia no es la repetición de lo mismo, sino un camino lleno de rupturas y de discontinuidades. Este pensamiento sobre el nacimiento está muy presente en el cristianismo, pero también en una pensadora que valoro extraordinariamente y que es de tradición judía, Hannah Arendt. En un pequeño fragmento escribe: «La acción, con todas sus incertidumbres, es como un recordatorio siempre presente de que los hombres, aunque tengan que morir, no han nacido para esto, sino para empezar algo nuevo.»

Es maravilloso, este texto. Hay, de entrada, una crítica sutil a Martin Heidegger. El autor de *Ser y tiempo* se recrea repitiendo que el hombre es un ser «para la muerte», que hemos venido a este mundo *para* morir, y, pese a ello, su discípula heterodoxa le lanza una objeción muy profunda: ciertamente tenemos que morir, pero no hemos venido a morir, sino a crear, a hacer nacer algo nuevo, a dar luz a algo.

El nacimiento es nuestro objetivo, y no se refiere solo al sentido biológico. Hay un nacimiento físico, el que no hemos escogido, porque nos ha venido dado, pero está el nacimiento espiritual; lo que podemos hacer nacer a partir de nuestro talento, audacia y creatividad. La Navidad es el nacimiento espiritual, es la fiesta que conmemora esta capacidad de nacimiento que tenemos todos los seres humanos, es la ocasión para curar las heridas humanas y para decirnos, entre copa y turrón, que vale la pena vivir, que estamos aquí para dar lo mejor de nosotros mismos a los demás.

Nacer de nuevo. De esto se trata.

Ha llegado la hora de concluir. Te reitero mi deseo. Que tengas una feliz Navidad.

Afectuosamente,

FRANCESC

ESPIRITUALIDAD SIN FE

CARTA 34
Vicenç Villatoro

Matadepera, 25 de diciembre del 2011

Querido Francesc,

Leí tu carta en cuanto la recibí, como siempre, y la he releído esta mañana de Navidad. No para contestarla, sino para hacerme compañía en un día vitalmente complicado. Tal como dices, cuando la contraseña es «sé feliz», no sentirse feliz (yo creo que con motivo) se convierte en una especie de inconveniencia, de obscenidad, de traición. Mañana, San Esteban, vendrá toda la familia a comer a casa, y estará muy bien. Pero hoy, día de Navidad, me parece que todo este juego placentero de círculos concéntricos tiene una especie de gran vacío en el medio, una especie de agujero central. Como si en el centro del sistema solar no estuviera el sol, sino un agujero negro. Por esto he releído tu carta y también la mía anterior.

Para ti, naturalmente, la Navidad es sobre todo una fiesta de nacimiento, de inicio. De espiritualidad y de proyecto. Para mí es una fiesta de reencuentro, de rememoración, de confirmación. Los sentidos nos son contradictorios, pero tampoco del todo coincidentes. Por ejemplo, a mí no me indigna la deriva consumista y social de la Navidad, porque —sin proyectarle esta vertiente de espiritualidad austera que deseas en ella— no encuentro que traicione nada. Me puede gustar más o menos el consumismo, en general, todos los días del año. Pero no me molesta especialmente que vaya ligado a la Navidad, porque no me contrasta con una Navidad ideal de una naturaleza diferente. Comer, beber, regalar, han sido siempre las maneras de celebrar las cosas. Que haya un tiempo para comprar y para consumir no me parece feo ni contradictorio con nada. Una ruptura de lo que es habitual, una concentración de celebración. Para eso son los calendarios: para que haya días de recogimiento y días de celebración. Semana Santa y Navidad. Kippur y Purim. El ramadán y la fiesta del cordero. La gracia de la vida es que sea contrastada, que haya inviernos y veranos, que llueva y que haga sol. El mundo sin contrastes no sería un mundo feliz o lo sería menos en el sentido de Huxley. Por tanto, normalmente no soy nada contrario a la Navidad digamos realmente existente, con las comidas familiares, el cava y los turrones y los regalos a los críos. Y el verso encima de la silla y después pasar el platillo.

Ciertamente, una cosa es el consumo y otra el consumismo. Confundir la felicidad con la posesión de cosas es una tontería. Tener que comprar para ser feliz, también. Pero, para decirlo de algún modo, soy de los que piensan que el hombre feliz sí que tenía camisa. Quiero decir que es más fácil ser feliz con camisa que sin, sobre todo si resulta que hace frío. Me explico. La felicidad me parece algo muy difícil de definir. No sé si existe. No sé si, de existir, es una película o una fotografía: una situación o un instante. Si la felicidad es una especie de serenidad, de paz interior (¡qué fácil confundir la paz interior y la resignación!, ¡y a mí la resignación, como concepto, no me gusta!), quizás sí que sea independiente de las cosas materiales, de tener o no tener. ¿Que tener demasiado provoca quebraderos de cabeza y tensiones que dificultan nuestra paz interior? ¡Más los provoca el tener demasiado poco! En el dinero, para decirlo medio metafóricamente, piensas más cuando no lo tienes que cuando lo tienes, cuando lo necesitas que cuando te sobra. ¿El dinero no da la felicidad? Pues tampoco la evita. Imaginemos que, en el mejor de los casos, sea independiente de la felicidad. Pero ya he dicho que esto de la felicidad no sé muy bien qué es ni qué significa...

Si la felicidad me parece un concepto gaseoso y difícil de definir, me parece más fácil de definir y de medir el bienestar. Quizás vivir bien, dignamente, no es lo mismo que ser feliz. Pero podemos hacer cosas para que la gente viva bien. Para que sea feliz, no lo tengo tan claro. Por tanto, la aspiración humana de vivir bien, de vivir dignamente, de tener los instrumentos prácticos que te permitan mejorar tu vida cotidiana, me parece lógica, humana y plausible. ¿Consumismo? Llamémosle consumo. Tener cosas, querer tener las cosas que nos ayudan a vivir mejor, no me parece un pecado. En mi no religión, no es un pecado. No creo que haya que escoger entre una vida espiritual rica e intensa y una vida material cómoda y agradable. Ni tan solo creo que, como en *La bohème* y en la mitología romántica, haga falta pasar hambre para escribir, pintar, pensar o hacer música mejor. El bienestar de las personas me parece un objetivo mesurado y razonable. Incluso un objetivo político. Nunca he creído en aquello de «pobrecitos, pero alegres». Pobres, cuantos menos, mejor. Ricos, cuantos más, mejor. Que las personas vivan bien me parece, decía, un objetivo político e incluso un objetivo moral. Que sean felices, ya es otra cosa. Dejémoslo para las felicitaciones de Navidad...

Perdona toda esta disertación sobre el consumo, que solo era una parte de tu carta navideña y no la central, diría. Pero la amistad y la correspondencia hacen que apetezca extenderse en un apartado cuando nos parece que no lo vemos exactamente igual. Esto es dialogar, que no necesariamente discutir. (¡Y si hace falta discutir, se discute!) Si he releído tu carta no es por esta referencia al consumo, ni tampoco por la referencia a la nostalgia, que compartimos plenamente, sino por la idea de renacimiento. De comienzo. Por tu frase final: «La Navidad es el nacimiento espiritual, es la fiesta que conmemora esta capacidad de nacimiento que tenemos todos los seres humanos, es la ocasión para curar las heridas humanas y para decirnos, entre copa y turrón, que vale la pena vivir, que estamos aquí para dar lo mejor de nosotros mismos a los demás. Nacer de nuevo. De esto se trata.» Este me parece un muy buen programa. Muy difícil, pero bueno. Las religiones lo tienen: expiaciones, renacimientos, confesión con absolución, propósito de enmienda... Quizás los no creyentes, además de inventarnos liturgias, deberíamos inventarnos alguna simbología de los reinicios, algunos mecanismos que nos eviten la cárcel eterna del pasado. No sigo por aquí. Simplemente te lo agradezco.

Este año entro en la Navidad después de una vigilia que me impresionó mucho, y en la que hablamos de ti. Ayer, víspera de Navidad, estuve en Poblet, acompañado de tres monteblanquinos ilustres, y saludé al padre abad. Siempre me ha impresionado la vida monástica. En casa incluso he bromeado con ello: si aceptasen monjes sin fe, ¡vete a saber si no me acabaría apuntando! ¡Naturalmente, en un monasterio con una muy buena biblioteca! Poblet, como Montserrat, es físicamente impresionante. En el caso de Montserrat quizás impresiona más la naturaleza wagneriana de la montaña. En Poblet, la conjunción entre la arquitectura cisterciense y un paisaje espléndido, menos obvio, pero de una belleza extraordinaria. ¡Pasear casi solo por Poblet era, quizás, la mejor celebración navideña, en la línea de la austeridad y el recogimiento que pedías! En el interior de Poblet tuve ocasión de saludar también y de mantener una pequeña conversación —nos confabulamos para continuarla más larga otro día— con el padre Maur Esteva, que había sido abad de Poblet, que después fue abad general del Císter estando en Roma, y que ahora vuelve a estar en Poblet, viviendo monásticamente entre libros y silencio.

En la conversación con el padre Esteva salió una expresión muy repetida: cristianismo no religioso. Incluso en algún momento, no sé si con una cierta ironía —¡es abad emérito de la orden del Císter!—, se definió como un cristiano no religioso. Ironizando sobre lo que él considera el *folklore monástico*, pero también algunas lecturas demasiado digamos litúrgicas, defiende el cristianismo como una forma de relación con los otros. Y entonces, barre para casa: saca textos de Buñuel, textos de Pla, y los convierte en cristianos de su cristianismo. Viene a decir que cuando Buñuel se proclama ateo gracias a Dios, y cuando Pla se considera un pecador siniestro, no son ninguno de los dos exteriores a este cristianismo no religioso que él defiende. Están dentro. Comparten sus preocupaciones e incluso algunas de sus actitudes.

Me gustó este concepto, que supongo discutido y trabajado, del cristianismo no religioso. Y me gustó esta moral de la humanidad, esta manera de buscar a Dios en el otro, y especialmente en el sufrimiento del otro. Me gustó su voluntad de amplitud, de integración, de llamada. Y me gustó a lo que llamaba: en el fondo, al ejercicio de la humanidad, de lo que nos hace específicamente humanos, de la compasión y de las ganas —lo digo en prosa— de hacer del mundo un lugar más agradable para todo el mundo. Como me ocurre en nuestras cartas, este punto de llegada me parece fantástico, compartido. Ahora bien, los caminos no me parecen coincidentes. Si el cristianismo puede ser no religioso, puede ser simplemente la búsqueda y la compasión del otro, ¿es necesario que lo llamemos *cristianismo*? Si la manera de buscar a Dios es en el otro, ¿no podemos ir directamente al otro por el atajo? ¿Nos hace falta la excusa de Dios —¡si se convierte fundamentalmente en la excusa!— para proclamar que hay que desear, y construir, el bien del otro y no tan solo el bien propio?

Me impresionó y me fascinó la conversación con el padre Maur, pero supongo que me fascinó también el marco: Poblet, la celda, los hábitos de monje... ¿Podríamos decir que esto es *folkolre monástico*? ¿Podríamos decir que la comida de Navidad, el cava y los turrones, las colas en las tiendas y las luces en las calles, son *folklore religioso*? ¿Podríamos decir que las liturgias y las formas son puro folklore, dando al término un cierto tono rebajador? Aquí me ocurre algo paradójico: por una parte, me gusta compartir este punto de llegada que el padre Esteva definía como cristianismo no religioso, pero no participo del camino que conduce a él. No me gusta decirlo así, porque puede sonar soberbio y no es ni quiere serlo, pero para llegar aquí no me hace falta ni Dios ni el cristianismo. Pero al mismo tiempo me fascina la liturgia, la forma, las comidas de Navidad y los monasterios cistercienses, la música religiosa y la pintura barroca, sin que tampoco por ello me haga falta Dios ni el cristianismo para legitimarlos, legitimándolos solo por su valor humano, es decir, por su valor cultural: la acumulación de pensamiento, de talento, de creatividad, de belleza, que se ha hecho en ellos a lo largo de la historia. Ya lo he dicho en otras ocasiones a lo largo de estas cartas: me considero un agnóstico amigo de las religiones, admirador de las religiones. Las religiones me parecen en sí mismas una de las construcciones más extraordinarias de la mente humana, de la humanidad, y fuente además de riqueza creativa. ¿Que tanto esta moral admirable de la compasión por el otro como estas catedrales admirables de la cultura se sustentan por la fe, por la fe en un Dios providente? Pues a mí uno y otro edificio se me aguantan sin esta piedra angular. Puedo sacarla. Pero reconozco que esta piedra angular ha estado en su motor y en su perduración.

Te escribo el día de Navidad y hoy, para bien o para mal, no es un día como los demás. Es un día de balances y de rememoraciones. Para mí, este año, no es un buen día. Noto cómo los hijos sufren con ello: me querrían contento. No lo estoy. Y he preferido una cierta soledad (¡por eso puedo escribirte!). Volvamos a la felicidad. La felicidad no va a golpe de silbato. No es obligatoria. No tiene fechas en el calendario. En un cierto sentido, la felicidad, si es, es intangible, y por tanto tiene alguna relación con la espiritualidad: con la serenidad, con la confianza, con el gozo. En cambio, el bienestar es algo perfectamente material, constatable, mesurable. Tiene que ver con cosas físicas, que se tienen o no se tienen, que son o no son accesibles. Se pueden hacer políticas para el bienestar. Difícilmente políticas para la felicidad (en todo caso, políticas para las condiciones objetivas de bienestar en las que nos parece que la felicidad es más posible). El bienestar es el territorio de la política. La felicidad, el del espíritu.

Las tradiciones religiosas han generado a lo largo de los siglos respuestas extraordinarias a las demandas de espiritualidad —y, por tanto, de felicidad— de las personas. Fórmulas que pueden ser muy satisfactorias. Liturgias complejas y milimetradas, que ayudan a contestar a las demandas vitales. Lo son los rituales. Lo es la vida monástica: mi broma de hacerme monje sin ser creyente. Pero entonces, ¿por qué levantarse a las cinco y media para maitines? Si no está la fe, ¿por qué la disciplina? ¿Por pura gimnasia espiritual? Lo son el arte y la creación. Lo es la ética religiosa. Algunas de estas fórmulas necesitan imprescindiblemente de la fe, la creencia en la trascendencia y probablemente en la divinidad para sustentarse: por ejemplo, la esperanza en una vida eterna o en alguna forma de reencarnación o de inmortalidad. Otras, aunque hayan nacido bajo el impulso de la fe, pueden servir aunque no se comparta esta fe inicial. No son fórmulas para el bienestar, son fórmulas para la espiritualidad, para la paz interior, para la serenidad. Unas generalizables. Otras, que precisan del fundamento de la fe. Navidad es una de las que se pueden generalizar. Lo que tú decías: la esperanza, humana, en el renacimiento. En el renacimiento en vida. No en la resurrección. En la posibilidad de rehacer el propio destino, de conducirlo. Esto puede hacerse con y sin Dios. Quizás no sea lo mismo. Pero no es imposible.

Yo creo en una espiritualidad sin fe. Y admiro la espiritualidad con fe. Siempre y cuando, en un caso y en otro, no se produzcan dos cosas que las descalifican. Una, el efecto

Savonarola, que la sensación de monopolio de la verdad, de la pureza y de la bondad acabe aplastando al otro. El padre Maur, citando a Pla, me rebatía esta vía. Cuando Pla se definía como un pecador siniestro, y el padre Esteva lo aplaudía, lo hacía para cargarse a los que creen que ya han dejado de ser pecadores y que tienen, por tanto, el derecho y el deber de quemar las obras —y las vidas— de los otros en la hoguera de las vanidades. La segunda condición, que no sea una espiritualidad analgésica, balsámica, que haga desaparecer el dolor sin curar la enfermedad, que sea la fuente de un optimismo impostado, de una visión positiva automática, un puro consuelo o una llamada a la resignación, a la rendición, a la conformidad, a dejarlo todo tal como estaba. Porque hoy por hoy me temo que la naturaleza del mundo es trágica, y que nuestra aspiración es a minimizar la tragedia y a trufarla de episodios de gozo y de bienestar a través de la bondad, la compasión y probablemente el amor, aunque aquí ya nos metemos en territorios complicados.

Espero que tu Navidad haya sido feliz. No es un deseo, como tú mismo decías, ni rutinario ni menor. Es de corazón, y de una cosa importante, que vale la pena. Un abrazo,

VICENÇ

CARTA 35
Francesc Torralba

Morgovejo, 27 de diciembre del 2011

Querido Vicenç,

estoy, de nuevo, en Morgovejo. Han pasado casi cuatro meses desde que me fui a finales de agosto hacia Barcelona. Entonces empezaba el curso escolar y había que examinar. Desde el 29 de agosto me parece que ha pasado una eternidad y, de hecho, solo son cuatro meses. Sin embargo, aquí parece que el tiempo no haya pasado. Todo está igual. Las paredes, las calles, el puente, la iglesia y el río, todo está quieto, estático, como preservado de la caducidad humana. Desde agosto hasta ahora, he ido enlazando una actividad con otra y llenando cada centímetro limpio de agenda, hasta el más pequeño rincón, pero ahora me encuentro, afortunadamente, con que tengo unos días por delante sin agenda, sin compromisos de ningún tipo. Puedo escribir. Puedo pasear y leer. No pido nada más.

El silencio lo invade todo. Las chimeneas humean y, a partir de las seis de la tarde, no se ve un alma por la calle. Aún no ha nevado. Espero que tengamos suerte y que podamos disfrutar del visitante blanco. Me gusta ver cómo caen los copos, lentamente, sin prisas, y se asientan sobre las ramas y las ramitas. Alguna vez me he levantado pronto y el día me ha regalado este bello espectáculo. Recuerdo a mis hijos en pijama y con la nariz pegada a la ventana, viendo cómo caen los copos de nieve para asentarse sobre los tejados.

Durante estos días de Navidad, siempre les digo que hay que aprovechar las horas de sol, de este sol de invierno que se deja ver solo un rato, pero que es agradable de sentir en la espalda. En verano no resisto el sol. Tengo la piel blanca y los ojos claros y más bien me molesta, me incomoda, me hace sudar; pero en invierno me gusta que me acaricie la piel hasta que se despide.

En estos pueblos pequeños del norte de León, la diferencia entre el verano y el invierno es abismal, sobre todo en cuanto al volumen de población. Me maravillan las mujeres mayores, su capacidad para tolerar el frío y para resistir situaciones adversas. Viven con muy poco y la mayoría son viudas. Acostumbran a salir a pasear justo después de comer, aprovechando los últimos rayos de sol, y después se despiden, cada una se va hacia su cocina y allí, ante el fuego, van pasando las horas. Los niños andan por el pueblo, pero a partir de las siete hace un frío que pela y se encierran en casa a ver alguna película o a jugar a cartas.

La chimenea es esencial durante estos días. Es el momento de quemar toda la leña que recogimos a finales de agosto. Delante del fuego, como embobado, me gusta ver las figuras y formas que dibujan las llamas y también escuchar el ruido del pino quemado, y el aroma del roble y de la piña. De vez en cuando me levanto para coger alguna galleta o algún turrón navideño que hemos traído de Barcelona. La consigna es clara: tienen que acabarse durante estos días, porque en caso contrario quedan enterrados en el armario. Pasadas las fiestas, no le apetecen a nadie.

Tu última carta, escrita el mismo día de Navidad, me ha hecho pensar mucho. Yo también las leo inmediatamente, pero luego me gusta volver a ellas, y generalmente las imprimo para poder subrayar alguna frase, alguna sugerencia que me parece interesante recoger. En esta ocasión, me la he llevado hasta Morgovejo, porque no me fío de la impresora que tengo en este estudio y no quería perderme ni una línea. A veces, con el frío la tinta se congela y entonces no imprime correctamente.

En algunas cartas que te he escrito anteriormente te he pedido que me hablaras de tu espiritualidad, una espiritualidad sin Dios, sin dogmas, sin Iglesia, laica, respetuosa, incluso admirativa, de las religiones institucionalmente constituidas. Dices nítidamente que crees en una espiritualidad sin fe e inmediatamente afirmas que admiras la espiritualidad con fe.

Has aceptado la propuesta y te lo agradezco, porque entiendo que la espiritualidad no es patrimonio de ninguna religión ni de ningún ser humano. Parto del hecho de que todas las personas tenemos un potencial espiritual que podemos desarrollar y vivir de manera inteligente, ya sea dentro o fuera de las Iglesias institucionalmente reconocidas. Las dos condiciones que propones para valorar la legitimidad de una espiritualidad también las comparto yo. La verdad siempre nos trasciende. No es monopolio de nadie. Tampoco participo de una espiritualidad analgésica, que sea objeto de consumo para apaciguar algún mal del alma.

Te haces eco de una conversación en Poblet en la que me habría gustado dar mi opinión. Quiero mucho a la comunidad benedictina, tanto la de Poblet como la de Montserrat, y he aprendido mucho leyendo sus múltiples publicaciones. Tanto Poblet como Montserrat son focos de espiritualidad que no siempre son reconocidos ni suficientemente valorados en nuestro país. Me alegra que a ti también te llame el mundo monástico. Probablemente eres más ceremonial y litúrgico que yo. Serías un monje muy heterodoxo, tal como tú mismo sugieres, pero lo que cuenta, esencialmente, en la vida de un monje y, por extensión, de todo cristiano, es la ortopraxis.

La espiritualidad, tal como la entiendo, es una calidad inherente al ser humano que se articula según el contexto y la educación. El potencial espiritual adquiere una forma según lo que hemos recibido desde que hemos nacido; más aún, desde antes de nacer. Todos tenemos un potencial lingüístico, pero la lengua materna no la escogemos. Nos viene dada. Después, con el tiempo, aprendemos otras lenguas, pero la lengua madre es la matriz, la que estructura nuestro pensamiento y da forma a nuestras ideas. Tu espiritualidad, aunque no abrace la fe cristiana, está llena de elementos cristianos que, indirectamente, has ido absorbiendo por ósmosis cultural y lingüística. No te incomodan ni los rechazas, pero el centro de todo ello te parece un agujero negro. Veo que, además, los valoras, los admiras, incluso me parece que tienes una gran sensibilidad estética a la hora de disfrutar de los elementos musicales y plásticos que modelan todo este mundo; pero no crees en el núcleo duro, en lo que lo alimenta, le da vida.

En cierto modo, creo que la espiritualidad es la capacidad que todos tenemos de conectar con el Fondo enigmático de la realidad, con lo que está en el Fundamento de Todo.

El Fundamento, como el aire, es invisible a los ojos, pero es lo que nos permite vivir, respirar. Sin aire, moriríamos; sin el Fundamento, todo se desharía. No lo entiendo como un camino de cerrazón en el propio yo; menos aún como un ejercicio para alcanzar el bienestar emocional. Con esto no quiero parecer elitista ni situarme más allá del bien y del mal, porque todos necesitamos practicar métodos, ya sean de Oriente o de Occidente, o del último gurú de Harvard, para alcanzar un cierto equilibrio y bienestar emocional, pero la espiritualidad, tal como yo la vivo, es éxodo, movimiento, inquietud, conversión de corazón y de la mente. La espiritualidad que se articula a partir de la fe es la respuesta a una llamada que se impone sin miramientos, sin complacencia, y que exige una responsabilidad.

La espiritualidad es, paradójicamente, movimiento hacia dentro, pero también hacia fuera; es trascendencia, salida del yo hacia algo más grande que no siempre somos capaces de reconocer y, menos aún, de llamar Dios. Es anhelo de infinito. La espiritualidad es apertura, cuidado y atención hacia los otros, hacia toda forma de vida; consiste en reconocer que todo, absolutamente todo, desde el más pequeño de los insectos hasta el genial creador, son expresiones polifónicas de un único Fundamento, de una única Vida que se muestra y se manifiesta de manera plural y multiforme. No soy panteísta. Creo que el mundo no es Dios, pero en el mundo es posible entrever el misterio de Dios. Dios no cabe en ningún ser, pero sostiene todo lo que hay.

El cristianismo no religioso, tal como lo formulas, es la ética de la compasión. Aquí nos damos la mano tú y yo, porque entendemos que el mensaje moral de Jesús, su propuesta ética de benevolencia universal y de atención hacia los más vulnerables, es un programa razonable y necesario en el mundo, tanto hoy como ayer, y que tanto creyentes como agnósticos podemos aceptar sin problemas. Sin embargo, el cristianismo no es una ética solamente, ni una sabiduría práctica, como algunos ven en el buddhismo. Es una relación íntima con el Misterio de Dios, un misterio que se hace explícito tanto en el interior de la persona como en los otros. Es relación interpersonal con Dios, con un Dios que ha querido romper el silencio, salvar la diferencia cualitativa absoluta que hay entre Él y el resto, para darse a conocer en el corazón de cada uno. En este sagrario íntimo que denominamos la conciencia personal nadie puede entrar, excepto uno mismo y Dios.

En tu carta te preguntas: «Si la manera de buscar a Dios es en el otro, ¿no podemos ir directamente al otro por el atajo?» Naturalmente que sí. Nosotros buscamos a Dios a tientas. Algunos lo hacen a través del arte, mientras que otros lo hacen en silencio en la iglesia, pero la novedad cristiana es que Dios nos ha venido a buscar a nosotros, ha descendido a la finitud, a la historia, a la carne, al tiempo, a Belén, para hacerse presente. No tenía ninguna necesidad, podía permanecer eternamente en su esfera, pero nos ha dejado destellos de su Luz en cada ser.

Tal como yo lo entiendo, Dios es la fuerza interior que me conduce a amar al otro, a compadecerme de él, a aceptarlo tal como es, a abrazarlo aunque sea mi enemigo. No entiendo a Dios solamente como el Objeto de deseo infinito, sino como el motor que me mueve a darme al otro y a darle todo lo que soy incluso a regañadientes.

Tu voluntad de tomar un atajo me hace pensar que más bien te incomoda la idea de Dios. Sabes que disfruto mucho descubriendo todo tipo de caminos forestales, y sé distinguir bien un atajo de un camino. Siempre que puedo, cuando salgo a correr, tomo un camino, porque está en mejores condiciones y generalmente tiene un perfil sensato, aunque es más largo que el recorrido de un atajo. No siempre se llega antes tomando un atajo, porque a veces la verticalidad juega malas pasadas, te caes y te lesionas. ¿Por qué tomar un atajo? ¿Qué prisa hay? ¿Por qué no podemos descubrir en el otro lo que esconde en su ser?

Parece como si Dios te estorbara, en esta relación con el otro, como si fuera un estorbo en medio del vínculo entre el yo y el tú. No podemos acceder a Dios directamente. Siempre está más allá de nuestros sentidos, de nuestros razonamientos, de nuestras fórmulas algebraicas, pero Dios, como dice el inmenso santo Tomás, es relación, lo que significa que, en la relación con los otros, podemos entrever su misterio.

Necesitamos consumir mediaciones y representaciones. No tenemos más remedio. Estamos hechos así. El otro debe ser amado por sí mismo y no porque sea el camino hacia Dios. Yo he de ser amado por mí mismo y no porque esté hecho a imagen y semejanza de Dios. El otro es una pequeña expresión del Fundamento último del mundo, pero también lo es el mar, el cielo, todo lo que nos rodea. Si se ama al otro para merecer la gloria eterna, ya no es amor verdadero, porque el amor no conoce ni el cálculo ni el rendimiento.

No necesitamos la excusa de Dios para proclamar que hay que desear el bien del otro y no tan solo el bien propio. Dios, tal como lo concibo, querido Vicenç, no es la excusa ni el pretexto: es la fuerza que me libera de la tendencia egolátrica, de la vanidad, de la tentación de transformar al otro en objeto; es, precisamente, este Fundamento interior que me llama en mi interior a quebrar mi narcisismo y a darme a los demás. El verdadero obstáculo en la relación entre el yo y el otro no es Dios (tampoco lo dices tú), sino el ego, porque el ego es lo que amuralla a cada ser y lo aísla, mientras que la fe permite reconocer que todos somos frutos de un mismo Fundamento, hijos de un mismo Padre, que estamos sostenidos, impulsados y conmovidos por la misma Fuerza interior, aunque no siempre la reconozcamos ni, naturalmente, la obedezcamos.

En mi espiritualidad, representa un papel clave la oración. Siempre me he preguntado si los agnósticos rezáis y, de hacerlo, cómo lo hacéis. ¿Os dirigís a Alguien? Parecería un contrasentido. ¿Entendéis la oración como un diálogo interior con uno mismo? ¿Es un recuerdo de infancia? ¿Qué os sugiere el padrenuestro? Los agnósticos de tu edad lo tienen en mente y esto deja huella en la vida interior. Buena parte de los universitarios que tengo en las aulas, en cambio, no tienen ninguna oración en la mente, ni tan solo el padrenuestro para ser utilizado en situaciones de supervivencia. Son hijos de padres agnósticos que han considerado innecesario enseñar a rezar a sus hijos. Me pregunto qué rol tiene la oración en la espiritualidad del agnóstico.

Tal como la entiendo, la oración es escucha. Ya hace años que no uso la oración de petición. Me limito a agradecer lo que he recibido, sea bueno o malo. A veces me rebelo, no entiendo lo que me pasa, o por qué me pasa, pero intento captar el sentido de lo que estoy viviendo. Tardo en ocasiones años en comprender lo que pasó en un momento dado. Escucho en el silencio cuál es mi misión, cómo he de actuar, a qué he de dedicar esfuerzos. Escucho atentamente los textos e intento releerlos en mi vida cotidiana. Solo a veces pido a Dios tener la fuerza interior para afrontar las situaciones adversas y no perder la calma. La entiendo como un diálogo interpersonal, como un discernimiento que tiene que llevarme a vivir más dedicado a los otros.

Bien. He acabado hablando de la oración sin habérmelo propuesto. Morgovejo siempre me invita a profundizar en lo que hago habitualmente y me ha gustado compartirlo contigo. Te deseo, de corazón, un buen inicio de año. También este ritual merecerá nuestra atención.

Afectuosamente,

FRANCESC

CARTA 36
Vicenç Villatoro

Matadepera, 28 de diciembre del 2011

Querido Francesc,

¡qué envidia, lo que me explicas de Morgovejo! Ya me parecía interesante en verano, pero la descripción invernal aún me parece más atractiva. Frío fuera y acogida dentro. Perfecto. Una cosa esencial. Si todo va bien, pasado mañana nos iremos con algunos de los hijos y todos los nietos hacia Bolquera, en la Cerdaña, al otro lado de la frontera. No es exactamente lo mismo, pero cumple una función parecida. Y está lleno de recuerdos de todo tipo. Otros años nuevos, propios y ajenos. Me podía haber llevado la carta para contestarla desde allí, pero hoy, día de los Inocentes, he tenido más tiempo del que pensaba tener: arrastro un resfriado muy molesto, que no me ha permitido salir de casa, pero que tampoco es tan contundente como para encadenarme a la cama. Día, por tanto, de lectura y escritura, a la espera de la Cerdaña y de la segunda hornada de las fiestas.

Antes de escribirte, holgazaneando delante del televisor, he dado con una sorpresa que me gusta compartir: en el Canal 33 retransmitían la fiesta del encendido de las luces de Hannuká en la sinagoga de Barcelona. Organizada fundamentalmente por la comunidad y por su colegio. Chicos y chicas que hacían una representación de los hechos de los Macabeos, que cantaban, que explicaban historia sagrada —todo en catalán— en un ambiente muy distendido y muy festivo. Me ha parecido un avance extraordinario. Ya te he dicho que me considero amigo, externo, del hecho religioso. Por tanto, ver ceremonias religiosas por televisión no me molesta nada, al contrario, me provoca curiosidad. Y las judías las conozco un poco. Pero lo que importa no es que fueran judías, sino que ampliaban con normalidad el abanico de hechos religiosos presentados con naturalidad por la televisión pública. Y por lengua, por formación, por orígenes, lo que veíamos —intentaré explicarme bien— no era la ceremonia de alguien de fuera, sino de alguien de aquí, aunque desconocido para buena parte de la gente de aquí. El pluralismo religioso no se podía sobrentender como la convivencia entre el que es de aquí de toda la vida y el que pertenece a los que han venido de fuera. Aquello era de aquí, a todos los efectos. Incontestablemente.

Hemos hablado de ello en algunas ocasiones: uno de los grandes cambios sociales de los últimos veinte o treinta años es la ruptura del continuo entre cultura y territorio. También entre religión y territorio. Hasta hace cincuenta años, si querías encontrar gente con referencias culturales compartidas —también religiosas, aunque se valorasen de manera distinta—, tenías que delimitar un territorio. Los territorios tenían su lengua, su religión, sus costumbres, sus vestidos típicos, sus canciones tradicionales. Esto se ha roto. Lo ha roto el movimiento de la información y el movimiento de las personas, las migraciones y las nuevas tecnologías combinadas. Ahora la mayor parte de las referencias culturales saltan por encima de las fronteras territoriales y los territorios contienen referencias culturales variadas. Antes, a quien más se parecía una persona era a los que le rodeaban: su familia, su ciudad... Ahora, según cómo, dos chicos de dieciocho años se parecen más entre ellos, en sus referencias culturales, aunque vivan a miles de kilómetros de distancia, que a sus hermanos de otra edad. No me explico con detalle, porque me parece una constatación compleja, de la que se puede sacar —y se debe sacar— mucho más jugo. Pero en cualquier caso, me ha parecido que ver Hannuká en catalán en la televisión pública catalana nos acercaba más al lugar en el que ya estamos y al que sobre todo vamos.

¡Perdona el excurso! En tu última carta me planteabas un par de cuestiones —una la veníamos arrastrando también de cartas anteriores— que en un cierto sentido tienen en común la palabra, el valor de la palabra. La primera, y de calado, es la cuestión de la espiritualidad. Digo que es una cuestión de palabras, porque, según cómo utilicemos el término, puede contener ya una petición de principio. *¿Espiritualidad laica? ¿Espiritualidad agnóstica?* Según cómo, puede ser una contradicción en los términos. Cuando hablo de espiritualidad me refiero a esa especie de desfase, de distancia más o menos grande, entre el trozo de realidad que podemos medir, explicar y entender en términos materiales, y el conjunto de la realidad: hay una franja más o menos estrecha que pertenece a otro género, que es otra cosa. *¿Espiritualidad?* Llamémosle *espiritualidad*. En cualquier caso, este valor añadido, este plus, este espacio que supera lo que es estrictamente material y mesurable. En la última carta utilizaba un ejemplo lateral: entre el bienestar y la felicidad (aunque sea como idea, pocas veces cumplida, quizás estrictamente adjetiva más que sustantiva) hay un desfase, una franja de distancia. Y te decía que para mí, en esta franja, habita lo que yo entiendo por espiritualidad. No es el único lugar donde habita.

No es lugar para hacer definiciones, pero quizás sí para poner intuiciones encima de la mesa: para mí la espiritualidad tiene que ver muy directamente con el sentido, con la búsqueda de sentido. Está el terreno de las cosas, que es material. Pero hay una inquietud por el sentido de las cosas, una búsqueda y a veces unas respuestas más o menos satisfactorias de las cosas, que para mí sería el terreno de la espiritualidad. Las religiones, ya nos lo hemos dicho, son una fabulosa fábrica de respuestas, una fabulosa fábrica de sentido. Fantástico. Por esto me parecen admirables. Pero este sentido no se te da gratis. Los escritores utilizamos un término que puede ser adecuado al caso: la verosimilitud. Como escritores, nos importa relativamente poco que las cosas sean o no verdad: lo que tienen que ser es verosímiles. Si en una novela una cosa no resulta verosímil, es irrelevante que sea cierta en el mundo. *Verosimilitud* y *verdad* no son sinónimos. La verosimilitud tiene un punto de subjetividad. Lo que es verosímil para algunos no lo es para otros. Las respuestas al sentido de las cosas no deben ser ciertas, no se sabe nunca si son o no ciertas, pero deben resultar verosímiles para quien las escucha. Las respuestas de las religiones piden que creamos en su verosimilitud. ¿Es quizás esto lo que antes se llamaba *fe*?

Es aquí donde yo, como en otras cosas, busco mis respuestas y mis fuentes de sentido. Me resultan de una verosimilitud frágil, a menudo me pregunto hasta qué punto pondría la mano en el fuego. ¡Pero me temo que esto os pasa también a los que tenéis respuestas de carácter religioso! En mi caso, en lo que podríamos llamar mi espiritualidad, en este espacio del plus, del valor añadido, del desfase, en las inquietudes y en las respuestas frágiles sobre el sentido, yo no encuentro a Dios. Encuentro a la humanidad. No la humanidad como suma de los humanos, sino la humanidad como lo específico de los humanos. Me decías, muy bien dicho, en tu última carta, que parece que en estos atajos míos, Dios me estorbe. No es así. No es que me lo encuentre y me moleste, es que no me lo encuentro. Ya sé que la palabra *atajo* la propuse yo, pero quizás me equivoqué en la metáfora (¡me pasa a menudo!): no es que escoja este camino sin Dios porque me parezca más corto y porque me libere de un rodeo o porque no encuentre ahí un obstáculo. Lo escojo porque me parece el camino. No un atajo en el sentido estricto: un camino. ¿Que resulta más corto? ¡O más largo! En todo caso, diferente.

Me parece que esto nos lo hemos dicho también más de una vez (¡no es nada fácil no repetirse!, y tampoco pasa nada si nos repetimos: no nos podemos inventar una argumentación nueva para cada carta, en el fondo se trata de dar vueltas a lo mismo, cambiando los ángulos), que la gran cuestión de fondo, para mí, es el sentido. Sentido o falta de sentido. Las dos opciones son poderosas. Las preguntas y las respuestas sobre el sentido forman parte de lo que podríamos denominar *la espiritualidad, la vida espiritual*. Para mí, hay un desfase entre el explicarnos como humanos a través de la etología, diciendo que somos unos primates complejos, o el explicarnos como una especie dotada —por el azar o por lo que sea— de unas herramientas únicas, que cambian absolutamente el sentido de nuestra vida: la conciencia de nosotros mismos, la conciencia de la muerte, las palabras, la posibilidad de almacenar la memoria, la posibilidad de conceptualizar los sentimientos, la posibilidad de prever el futuro, la voluntad de hacer este futuro mejor, aunque ya no estemos. Utilizaré términos equivocados, que permitirían desmontar fácilmente el discurso, pero los utilizo para que nos entendamos: para mí la espiritualidad es lo que nos aleja de la animalidad. Para mí, los humanos, porque tenemos las herramientas que tenemos, no somos ya la suma de animalidad más espiritualidad, sino que hay una amplia franja donde la espiritualidad (es decir, la humanidad, lo que nos hace humanos) sustituye a la animalidad, funciona o debería funcionar en vez de la animalidad, del reino del instinto y la supervivencia, de la ley del más fuerte, de la selva.

Por esto, para mí, la espiritualidad tiene mucho que ver con la cultura. Y con la civilización. Es la manera de decirnos a nosotros mismos que hay una serie de valores, de sentidos, de sentimientos —cosas de naturaleza espiritual—, que tenemos que poner por encima e incluso en contra de nuestro primer instinto, de nuestra herencia natural y animal, de lo que es material. Esta franja diferencial me interesa. Es la que me interesa. La ocupan en buena parte la creación y la cultura: no es lo mismo hacer una buena punta de lanza de piedra para matar mejor a un antílope, que modelar una figura de barro que representa un cuerpo femenino, diosa o fetiche. El primer impulso es material: una especie capaz de hacer instrumentos. El segundo impulso es espiritual: una especie capaz de crear, de buscar la belleza, de buscar el símbolo... En los tiempos de la ecología hegemónica, la frase sonará mal, pero espero que se me entienda: civilizarnos es desnaturalizarnos. Me parece que lo ha escrito Eudald Carbonell, el arqueólogo, mucho mejor de lo que pueda decir yo: la especie humana es fruto de un episodio de la evolución, la humanización, pero este es un episodio aún inacabado. La evolución está aún a medias. Nos falta aún algún paso para ser humanos del todo, para responder realmente —con nuestros actos y nuestras actitudes— a lo que hemos definido como humano. El problema de los humanos, de nuestra espiritualidad, por tanto, no son los principios que proclamamos, sino los actos que hacemos. La contradicción entre los principios que decimos en voz alta, que nos harían plenamente humanos, y nuestras actitudes y nuestros hechos de cada día, que están aún enormemente teñidos de instintos y de recelos que entran directamente en contradicción con aquellos.

Obviamente, no soy nada rousseauniano. No creo que el hombre sea bueno por naturaleza y que la sociedad lo estropee. Al contrario, creo que la cultura y la civilización mejoran al género humano. Que el mal tiende a anidar no en el terreno de la cultura y la civilización, sino en el terreno donde una y otra aún no han llegado suficientemente (aunque se proclame su llegada). Creo que las leyes, escritas o no, los principios y los valores, la creación y la belleza, nos hacen personas. ¿La civilización y la cultura son un corsé? Quizás sí. Pero de cosas que merecen ser encorsetadas. Para mí, por tanto, la espiritualidad tiene una relación directa con el arte. Es la creación humana, específicamente humana, y vinculada con la inquietud sobre el sentido, en forma de preguntas y de posibles respuestas. Una espiritualidad humanista, por tanto. Un amor por la humanidad. No solo, que también, por la humanidad existente, por las personas que hay en el mundo, sino sobre todo por la humanidad como proyecto, por lo que puede llegar a ser, por el lugar hacia el que apunta.

Me preguntas por la oración. La primera tentación es decirte que no es lo mío. Que no rezo. Al menos, conscientemente. En la tradición en la que estoy formado, la oración es una especie de instancia: «El abajo firmante, en uso de sus facultades, y a cambio de esto o de aquello o de nada, solicita…» No te niego que inconscientemente a veces propongo pactos al azar o a los dioses o a la suerte o a la divinidad o a quien sea, si es que hay alguien. Sobre todo en los momentos malos, una pizca de superstición debe de ser humana.

Cambiar cromos con el azar. Pedir a Dios, por si acaso. Pero difícilmente podría teorizar sobre ello de un modo serio (literariamente, estos juegos con un destino inconcreto y no personalizado forman parte de la esencia de *Moon River*, mi última novela, pero tienen mucho que ver con tiempos de enfermedad y de temor). Y además, cuando tú hablas de oraciones no estás hablando de instancias. Hablas más bien de agradecimientos o de concelebraciones.

Me considero un lector de la Biblia, y siempre me ha parecido un libro muy crítico con Dios. No solo el libro de Job, el Predicador, sino también muchos de los Salmos y de los textos de los profetas son prefiguraciones de la oración de Jesús en la Cruz: «Dios mío, ¿por qué me has abandonado?» Como si alguien que ha firmado un contrato con un poder superior se quejara de incumplimiento: «Quedamos en que tú me protegerías si yo cumplía tu ley; la he cumplido y estoy hecho polvo, mientras aquel de allí que la ha incumplido de manera flagrante vive fantásticamente bien.» Mejor dicho, este es el guión de muchos salmos. Por qué el justo sufre y el malvado exulta. Claro, si haces descansar la ley moral sobre una promesa de protección, es lo que te encuentras. Si no haces descansar la ley moral sobre ningún intercambio directo de beneficios, no hay a quien quejarse. Por tanto, no puedo practicar la oración como queja ni la oración como instancia, porque me falta destinatario. No tengo a quien. No sé a quién quejarme y no sé a quién pedir. Puedo tener la tentación de hacerlo, y hacer entonces instancias o quejas sin destinatarios, pero no es lo mismo.

Ahora bien, si la oración es celebración, si es la palabra que intenta fijar la esperanza en el futuro, el deseo de un mundo mejor, la constatación de las bondades del presente, entonces quizás sí que haya una forma de oración laica. ¿Y si lo que denominamos *literatura* fuera en el fondo una oración laica, la forma de la oración laica? ¿Y si todo libro literario, toda novela, todo libro de poemas, formara parte de una inmensa oración, algunos con Dios, otros sin? ¿Y si entonces me he pasado la vida rezando? ¡Le daré vueltas!

¡Que tengas un buen inicio de año en Morgovejo! Seguro que será así. ¡Y que el 2012 no nos haga añorar el 2011, un año que —en el aspecto colectivo— tiene poco que añorar! Un abrazo,

VICENÇ

CARTA 37
Francesc Torralba

Morgovejo, 31 de diciembre del 2011

Apreciado Vicenç,

quedan pocas horas para cambiar de año. Ha oscurecido y en casa hacemos los preparativos para celebrar el inicio del año 2012. Haremos una fiesta cálida, de puertas adentro, a la vera del fuego, con el televisor apagado, sin estridencias, con la complicidad que supone saber que estás rodeado de los tuyos, de este círculo afectivo que te acompaña a las verdes y a las maduras, que teje tu privacidad. Ni luces ni cenas masivas; tampoco aquel inventario de músicas cursis y de frases enlatadas que se repiten mecánicamente por televisión. Me gusta vivirlas así, estas horas de traspaso, pero sé que me queda poco tiempo, porque los más mayores de mis hijos prefieren rondar, pero, de momento, hasta las doce de la noche, el rito familiar se respeta. Después, dentro de unos años, ya veremos qué pasa.

Es una tarde que se presta a hacer balance y yo no soy nada amigo de hacer balances grandilocuentes de lo que ha sido el año, de los propósitos que se han hecho realidad y de los sueños que, un año más, se han quedado en el tintero. El balance es un trabajo que exige espíritu crítico y analítico, y es difícil hacerlo compatible con el espíritu festivo que rodea a estas fechas. Además, es preferible hacerlo en diálogo para compensar la mirada excesivamente optimista con la pesimista y a la inversa. ¿Y si el balance sale negativo? ¿Querríamos celebrarlo, entonces? Es arriesgado hacer balance, tanto en el plano personal como en el afectivo y el profesional, pero creo que hay que hacerlos, aunque no es necesario que sea el último día del año. Por tanto, hoy, no haré balance.

Durante estas horas del caer de la tarde prefiero recordar los días más luminosos del año, los ratos más agradables que he vivido con los amigos y también en el terreno profesional que, debo confesarlo, me genera muchas satisfacciones. Como tú decías al acabar tu última misiva, el año 2011 ha sido particularmente crítico colectivamente. Entramos en un año lleno de incertidumbres y de malos augurios, especialmente en el terreno económico, pero debemos confiar en nuestro potencial como comunidad.

En el plano personal, este año que se va para siempre ha sido, ciertamente, satisfactorio. Me encuentro bien de salud y tengo muchos proyectos profesionales. Mis hijos hacen lo que les toca hacer por edad y mis padres, aunque son muy mayores, están juntos y gozan de una cierta autonomía.

Valoro muchísimo este intercambio epistolar que tenemos desde hace ya seis meses y me gustará ver el libro publicado durante este nuevo año que pronto empezaremos. Es muy posible que eche de menos tus cartas, porque ya me había acostumbrado y me gusta recibirlas y, aún más, contestarlas. La verdad es que, tan pronto como llegan, detengo las otras cuestiones que llevo entre manos, libros y artículos de todo tipo, para identificar los puntos calientes de tu carta, lo que dices en ella y lo que se lee entre líneas.

Me resulta sumamente interesante tu última carta, porque afrontas la cuestión de la espiritualidad laica e, incluso, la posibilidad de una oración laica. Muchos teólogos reputados hoy en día escriben profusamente sobre esta forma de espiritualidad, pero raramente lo hacen escuchando a los que verdaderamente la practican. Yo no puedo referirme a esta espiritualidad porque, tal como la concibo, está centrada en el acto de fe, es relacional e, incluso, cristocéntrica. Mi espiritualidad es como un diálogo sinusoidal, lleno de interrupciones y de curvas, con Cristo. Es, en efecto, un diálogo consciente y explícito con un Interlocutor invisible que forma parte de mi ser, pero que no puedo encapsular en ninguna fórmula ni en ninguna categoría. Me trasciende.

Sin embargo, observo que partimos de un implícito común: la constatación de que la realidad es mayor que nuestra mente, que no cabe toda ella en nuestros conceptos, que se escurre de nuestros esquemas racionales. Veo que no eres racionalista; tampoco positivista. Defiendes la razón y el valor que tiene en los asuntos humanos. Defiendes la ciencia y las maravillas que aporta el método científico; pero pareces decir que la realidad es más que todo lo que podamos decir de ella. A mi me gusta decir que trasciende nuestra mente.

Tu definición de espiritualidad también me complace mucho. Te refieres a una distancia, que no sabemos cuán grande es, entre «el trozo de realidad que podemos medir, explicar y entender en términos materiales, y el conjunto de la realidad». Esta es la cuestión: la espiritualidad es la constatación de este desfase, de este salto entre la realidad que captamos, dividimos, fragmentamos, explotamos, colonizamos, y la realidad que escapa a nuestras categorías.

Veo que participamos de una ontología común. No es extraño. También en otros puntos estamos de acuerdo muchos agnósticos y creyentes. Al constatar esta distancia, estás poniendo de relieve algo que tengo muy presente a la hora de pensar: la humildad de la razón, los límites de la ciencia. Somos seres limitados que anhelamos conocer lo que está más allá de los límites: queremos explorar el territorio ignoto. Esta voluntad de saber más, de conocer aquella dimensión de la realidad que se escapa, es la voluntad de trascender.

Esta otra dimensión de la realidad que no podemos «medir, explicar y entender» es un misterio, pero reconoces que existe. Otros, sencillamente, la niegan, o llegan a afirmar que, con el tiempo, podremos llegar, también, a medir, a explicar y a entender. Yo, en cambio, creo que esta dimensión enigmática de la realidad siempre se nos escapará, pero esto no significa que no podamos prefigurarla, entreverla, incluso imaginarla o intuirla.

Si tuviéramos que expresarlo en términos kantianos, diríamos que la realidad trasciende los sentidos, que está la cosa en sí que nunca podemos llegar a describir en términos científicos, pero que también está la realidad fenoménica que captamos y percibimos: la que entra dentro del campo de la experiencia empírica.

La única realidad que podemos comprender es la realidad para nosotros, la que podemos objetivar y formular. Algunos llaman *Dios* a la realidad total, que incluye tanto el minúsculo territorio que conocemos como esta dimensión enigmática que se nos escapa. Son los panteístas. Las tradiciones religiosas y espirituales se refieren a una Realidad fundante que sostiene y anima todas las realidades de este mundo, pero que nunca podemos comprender, medir ni cuantificar, precisamente porque está más allá de nuestros sentidos y de todos los instrumentos de medida que podamos imaginar. Los taoístas lo llaman *Tao*, los hinduistas, *Brahma*. Es la madre del ser, el Fundamento de todo lo que es, pero que escapa a cualquier objetivación.

También me siento cercano a tu noción de espiritualidad entendida como búsqueda de sentido. Cuando publiqué *Inteligencia espiritual* (2010) afirmé que una de las facultades de nuestra inteligencia espiritual, inteligencia común a todos los seres humanos, es la búsqueda de sentido, la capacidad de buscar un significado en la propia existencia. Mostraba, a la vez, que no hay una única respuesta a esta pregunta, sino una serie de opciones, de esquemas, de esbozos, tanto de signo religioso como de signo laico.

Desde la perspectiva cristiana, lo que realmente dota de significado a la vida es el verbo *amar*, tanto en sentido activo como en sentido pasivo. Tiene sentido amar, pero también sentirse amado. Esta manera de dotar de significado a la vida emana del mensaje de Jesús, pero no es patrimonio excluyente de los que nos llamamos cristianos. También para muchas personas agnósticas amar es el centro de gravedad de la existencia.

A la hora de buscar el sentido, tiene especialmente interés tu concepto de verosimilitud. Tú provienes del mundo de la literatura de ficción; mientras que yo solo me he movido en el género de no ficción y, particularmente, en el ensayo. Para ti, una historia debe ser verosímil, es decir, creíble; lo que significa que el lector debe verle un hilo, una razón de ser, un significado que le haga creíble lo que ocurre. Si el lector entiende que lo que se narra es inverosímil, no se produce el efecto espejo, no se identifica con los personajes, no entra en la vida del texto ni vibra con sus emociones y contradicciones.

Yo no utilizo casi nunca el concepto de verosimilitud, pero, en cambio, me gusta decir que la propuesta de sentido debe ser razonable. Razonabilidad y verosimilitud quizás no son exactamente conceptos idénticos, pero sí que tienen un aire de familia. Razonable quiere decir lógico, coherente, sensato, que tiene motivos para defenderse. Entiendo que no todas las maneras de dotar de sentido a la existencia sean igualmente razonables ni igualmente verosímiles, pero que hay un montón de propuestas razonables.

Precisamente ahora acabo de leer la última novela de una joven escritora danesa, que se llama Janne Teller, cuyo título es *Nada* (*Intet*). El argumento es impresionante y ha generado una fuerte polémica allí donde se ha traducido y vendido. Un joven adolescente llega a la conclusión de que nada tiene sentido, de que no vale la pena vivir, de que no hay ningún motivo para esforzarse y, por consiguiente, se encarama a un árbol y desde allí va lanzando frutos a sus colegas. No te digo cómo sigue, por si tienes intención de leerla, pero sus amigos intentan convencerle de que hay algún motivo para vivir.

La cuestión no es menor. Solamente si hay un sentido, aunque sea efímero y provisional, lleno de interrogantes e incertidumbres, es posible salvarse de la tentación nihilista, de la caída en el desánimo, del asco de vivir, de lo que José Ortega y Gasset llama «la pesadumbre de existir».

Hay, ciertamente, diversas maneras de responder a la pregunta por el sentido de la existencia. La respuesta puede ser más o menos verosímil, más o menos razonable, y cada uno debe valorarla y sopesarla personalmente. Tengo motivos para defender que dar sentido a la existencia desde el mensaje de Jesús es verosímil y razonable, pero entiendo que otros, a la hora de buscar el sentido, lleguen a otras conclusiones. No comparto la opinión de los que dicen que esta pregunta es absurda; más bien creo que es la más humana de las preguntas y la que más singulares nos hace en el conjunto del cosmos.

Dices que Dios no te estorba, pero, al mismo tiempo, reconoces que no lo encuentras ni en tu interior ni tampoco en los otros. Encuentras, en cambio, la humanidad que, como dices, no es el conjunto de los seres humanos, sino una idea que los incluye a todos y que se convierte, también, en límite ético. Yo también soy capaz de reconocer que hay una humanidad que nos aglutina a todos, que los seres humanos somos seres capaces de trascender las necesidades inmediatas, que, como dice Hans Jonas, nuestra naturaleza es transanimal, pero más allá de la idea reconozco a Dios como una Realidad, como un Tú invisible, que está más allá de todas las ideas y que quiere entablar un diálogo conmigo.

Entiendo que un ser humano espiritualmente sensible se sienta movido por la pregunta del sentido, pero la pregunta no se mueve solo en un terreno cerebral, sino que tiene inequívocas expresiones emocionales, ya que causa angustia, inquietud e incluso, en el peor de los casos, desesperación. Por esto creo que hay una íntima correlación entre la inteligencia espiritual y la emocional. Una persona que vive su vida con sentido, que entiende que su trabajo es valioso y que el conjunto de su existencia es significativo tiene, en términos generales, un tono vital alto, ganas de vivir y buen ánimo; mientras que una persona que está sumergida en el nihilismo, como el protagonista de la novela que te he comentado, acaba aislándose de todos y sufriendo emociones altamente tóxicas como la rabia, la indignación, el odio y, finalmente, la desesperación.

Tus reflexiones sobre la oración laica dan para mucho. No sé si en alguna ocasión te he citado aquella famosa expresión de Ludwig Wittgenstein que dice que preguntarse sobre el sentido de la vida es rezar. Quizás en este sentido, rezas más tú que yo. La oración entendida como pregunta, como deseo de bien, como anhelo de un mundo mejor, como constatación de las bondades del mundo, es ya una forma de oración, incluso aunque no tenga un destinatario claro. Es una diástole del espíritu, una especie de ensanchamiento del corazón y de la mente. La oración propiamente cristiana incluye estos sentidos, pero tiene un destinatario, un interlocutor, o, como mínimo, así lo creemos cuando rezamos. Pensamos que no estamos solos, que Alguien vela por nosotros y, por esto, nos ponemos «en sus manos».

La literatura puede ser una forma de oración laica, pero también la escultura, la pintura, la poesía y, particularmente, la música. En todas estas manifestaciones culturales y artísticas hay una insistente búsqueda de la belleza, y en todas ellas el ser humano trasciende su tiempo y su espacio, vuela hacia otro mundo que ya no es material, entra en el terreno de su espiritualidad para convertirlo en arte, en una manifestación tangible que los otros pueden reconocer y valorar.

Bien, tal como te he dicho, no he hecho balance, pero tu carta me ha hecho volar durante un rato y me he olvidado de que hoy es la última tarde del año. La escritura también tiene esta función liberadora o evasiva. Nos hace irnos del mundo o, según cómo, nos permite adentrarnos con más radicalidad en el mismo mundo en que vivimos. En cualquier caso, es un instrumento de autoconocimiento y, solo por esto, ya hace una gran función.

Espero que pases unos buenos días en la Cerdaña y que disfrutes de este rincón tan bello de Cataluña. Con afecto,

FRANCESC

CARTA 38
Vicenç Villatoro

Bolquera, 2 de enero del 2012

Querido Francesc,
hoy en la Alta Cerdaña hace un día gris, pero sin nieve. No ha nevado mucho este invierno, y el paisaje tiene unos colores apagados, invernales. Una especie de amarillo tenue al lado del gris de la piedra. Me recuerda a las descripciones del paisaje de Soria que escribe Machado: «colinas plateadas, grises alcores, cárdenas roquedas...». Dicen que el paisaje es un estado de ánimo. Quizás por esto, a mí me emocionan más los paisajes culturalizados que los estrictamente naturales. Me gustan los paisajes en los que se adivina la mano del hombre, los surcos del arado, el castillo en lo alto de la colina. En última instancia, la apropiación del paisaje a través del nombre de cada cosa y de cada lugar, de las palabras. La Cerdaña es bellísima. Pero para mí los paisajes más emocionantes son más secos y más meridionales: el Priorato, la Conca de Barberá, la Terra Alta, las Garrigas. También la Segarra. Y los paisajes pintados por Hernández Pijuan, que lo evocan. O los escritos por Espriu, del Maresme de mi infancia.

Explico todo esto para decir, de una manera indirecta, que hoy, con luz tenue, el paisaje invernal de la Cerdaña empuja a una cierta melancolía. Otros días, con una claridad más nítida, con la brillantez de la nieve, provocan más bien euforia. Pero en todos los casos, me gusta vivir los paisajes literariamente. Me temo que me gusta vivir, en general, literariamente. Y quizás todo ello tiene algo que ver. Pero si lo anoto al inicio de esta carta es porque en un cierto sentido el paisaje le hace de marco. Y para avisar de que la melancolía a veces tiene raíces así de banales y de simples: una luz sobre el paisaje, unas fechas concretas, un sueño o una pesadilla que marcan el humor del día sin que haya pasado nada objetivable. La mezcla de la luz sobre el paisaje y el impacto del fin de año me han creado esta cierta melancolía no muy optimista desde la que escribo hoy.

Decías, y tienes razón, que no hace falta el fin de año para hacer balances ni para expresar deseos. Pero es cierto que todo invita a ello. Mis balances, este final de año, son ambivalentes. Estoy muy contento de mi vida profesional, ha sido un año excelente, extraordinario. Estoy contento de mis hijos y de mis nietos, de algunos aspectos concretos y eufóricos de la vida personal, afectiva y familiar. Pero si los balances van más atrás, si es toda una vida lo que sopeso, tengo la sensación de haber desperdiciado oportunidades que no volverán y de haber perdido cosas irrepetibles. En el balance a largo plazo, mi vida no me acaba de gustar. Utilizando una metáfora o un eufemismo de la tenística, no me gustan ni algunas de las pelotas que he servido ni algunas de las que, viniendo de la vida, de los demás, he tenido que restar. El balance no es satisfactorio. Y respecto al futuro, en los aspectos más colectivos estoy preocupado e inquieto. Y estar preocupado por el futuro tiene, a lo largo de la vida, ritmos diferentes: cuando tienes hijos, el período de las preocupaciones se alarga. Cuando tienes nietos, aún más.

A veces, cuando repaso estas cartas que nos estamos cruzando —¡y que yo también añoraré cuando se acaben, hasta el punto de que no sé si podré pasar sin ellas o te las continuaré enviando, más allá del libro!—, me da la impresión de que deberíamos pedirle al editor que rehaga los polos teóricos sobre los que se construye nuestra relación dialéctica. Nos dijeron, al principio, que eran las cartas cruzadas entre un creyente y un no creyente (un creyente y un no creyente abiertos a las posiciones del otro, receptivos, interesados, no defensivos ni agresivos). Quizás sí. Pero por momentos me da la impresión de que son más bien las cartas entre un optimista y un pesimista. Un optimista también consciente, no frívolo, informado y que no hace del pensamiento positivo un automatismo ingenuo. Un pesimista que no lo quiere mandar todo a paseo, que no lo ve todo sistemáticamente negro, que tendría ganas de no ser pesimista. Pero que, en el fondo, nuestra mayor polarización es casi caracterológica: más bien optimista tú y más bien pesimista yo. ¿Y si resultara precisamente que tú eres creyente como consecuencia de ser optimista y yo soy no creyente como consecuencia de ser pesimista? ¿Y si hubiera en el fondo un vínculo entre nuestras creencias y nuestras actitudes? ¿Y si las actitudes no fueran necesariamente el fruto de nuestras creencias, sino al revés?

Me ha hecho volver a pensar en ello un comentario de tu última carta, cuando hablas de la novela *Nada*, donde el protagonista deja de encontrar sentido a la vida: «Una persona que vive su vida con sentido, que entiende que su trabajo es valioso y que el conjunto de su existencia es significativo tiene, en términos generales, un tono vital alto, ganas de vivir y buen ánimo; mientras que una persona que está sumergida en el nihilismo, como el protagonista de la novela que te he comentado, acaba aislándose de todos y sufriendo emociones altamente tóxicas como la rabia, la indignación, el odio y, finalmente, la desesperación.» Tienes toda la razón. Pero a partir de este razonamiento, alguien podría dar un salto adelante, que tú no das: como ser optimista es más práctico que ser pesimista, como los optimistas viven más y mejor que los pesimistas, los optimistas tienen razón.

Ser optimista o ser pesimista, creer que la vida tiene un sentido pleno o tener dudas sobre el sentido de la vida, creer en el más allá o no creer en él, no son recetas prácticas: crea para ser feliz. El pensamiento positivo, el optimismo programático, se nos ha vendido a menudo como una fórmula vital para vivir mejor, más contento, más conformado, con un mejor tono vital. Y la relación entre una cosa y la otra es cierta. Médicos oncólogos totalmente racionalistas me decían hace un par de años que los pacientes esperanzados, con ganas de vivir, que creen que saldrán adelante, acaban viviendo más tiempo y mejor que los que pierden la esperanza, lo ven todo negro y arrojan la toalla. Tengan la enfermedad que tengan, o la tengan en el grado o extensión que la tengan. Seguro que creer —en el sentido, en la trascendencia, en el futuro— es desde un punto de vista práctico mejor que no dejar de creer. Los optimistas viven mejor que los pesimistas…, pero esto no significa que tengan razón. Porque en el fondo el optimismo o el pesimismo vital, la esperanza o la desesperanza respecto al futuro, la creencia íntima en el sentido de la vida o la ausencia de esta creencia, no pertenecen al catálogo de las actitudes optativas, entre las que se escoge la más útil, sino que son más bien convicciones de fondo que no puedes impostar, que tienen que ver más con la epistemología que con los libros de autoayuda.

El pensamiento positivo como fórmula de autoayuda me pone frenético. Tienes razón: el nihilismo nos hace peores, pero esto no significa que los nihilistas estén (¿estemos?) equivocados en su visión del mundo. Encontrando un sentido a la vida se hace más fácil la propia vida, pero esto no significa que, en consecuencia, sea obvio que la vida tiene un sentido. Puede tenerlo o puede no tenerlo, al margen de si las consecuencias prácticas de la propia convicción resultan más o menos agradables. En *Matrix*, una de mis películas preferidas, Morfeo le ofrece a Neo dos posibilidades: vivir feliz y conformado dentro de Matrix, aunque sea mentira, o tomar la pastilla y conocer la realidad tal como es, aunque sea profundamente desagradable. Neo toma la pastilla y yo estoy contento de que la tome. En parte porque dentro de Matrix se sentía incómodo; ya antes de tomar la pastilla, se sentía insatisfecho, había algo que no le cuadraba.

No quiero decir con esto que ser optimista, ser creyente o encontrar sentido a la vida sea vivir engañado, y que no haya otra forma de ser realista sinceramente y consecuentemente que no sea ser pesimista, creer que la vida no tiene sentido y que no hay trascendencia. Pero tampoco lo contrario. En cualquier caso, lo que no me parece aceptable es que se me conmine a ser optimista o creyente o a adoptar un sentido positivo de la vida porque así viviré más feliz. Para que el efecto se produzca, tengo que creérmelo. Ni el optimismo ni el sentido de la vida ni la creencia religiosa pueden ser utilitarios. Si lo son, no valen nada. Tampoco el pesimismo, las dudas sobre el sentido o el agnosticismo pueden ser utilitarios, pueden ser una fórmula para dejar de preocuparse por las cosas, un espacio de confort acrítico. Eres lo que eres por lo que sientes y por lo que crees, no por lo que te resulta útil o cómodo. No por lo que más te conviene.

Empezaba esta carta diciendo que la escribía bajo un doble impulso hacia la melancolía: uno paisajístico y otro cronológico. Acaba un año y empieza otro. Continuaba diciéndote que me considero fundamentalmente pesimista en algunas lecturas del pasado y en las expectativas de futuro. No escondo que este pesimismo mío, que me parece sincero y fundamentado, puede tener un par de aspectos utilitarios. Aunque pueda parecer paradójico: «Ya que somos pesimistas, intentemos sacarle algún provecho positivo.» Reconozco que, en mi caso, el pesimismo forma parte de un sistema de protección personal: es una coraza contra la decepción. El pánico a ser sorprendido, a ver cómo se rompen las ilusiones, hace que seas muy prudente a la hora de construirlas. El pesimismo también puede ser una de las formas que adopta la timidez. La biografía y el carácter pueden alimentarlo.

Pero hay una razón utilitaria para el pesimismo que me atrevo a recomendar, y hacer incluso un poco de proselitismo. Contemplar las hipótesis de futuro más negativas es una forma de combatirlas, de evitar que se produzcan en realidad. En mis días pesimistas, la evolución del mundo en esta década me recuerda mucho a la que se produjo en la década de los treinta en Europa. Después de una crisis económica hubo una oleada antipolítica, una polarización populista de la opinión pública, que alimentó los totalitarismos y que desembocó en la barbarie. Muchas mañanas, al leer los periódicos, reconozco declaraciones y actitudes leídas en los libros de historia. Y escribo artículos hablando de los años treinta, claro. Entonces, algunos me llaman pesimista. Y es cierto: preveo las hipótesis más negativas. Pero no creo que estemos fatalmente condenados a cumplirlas. Al contrario, pienso que recordarlas en voz alta, no descartarlas por imposibles, es una de las formas necesarias para conjurarlas. Decir que tenemos que estar alerta para que no pase lo que pasó en los años treinta es útil para que efectivamente no vuelva a pasar lo que pasó en los años treinta. El pesimismo lleva a la alarma. Y la alarma lleva a veces a la reacción. ¿Creo sinceramente que acabaremos como en los años treinta? No. Lo que creo sinceramente es que podemos acabar como en los años treinta. Y que aún estamos a tiempo de evitarlo. Pero que no es seguro que lo evitemos, hagamos lo que hagamos o dejemos de hacer lo que dejemos de hacer. Más vale prever la hipótesis que descartarla. ¡El pesimismo es más práctico que el optimismo!

Déjame acabar la carta con uno de los otros temas que vamos intercambiándonos en la correspondencia más reciente: la cuestión de la espiritualidad. Hablas de ella en tu última carta y defines muy bien la tuya. En cambio, yo aún tengo la sensación de haber definido mal la propia. Cuando interpretas la definición que yo mismo hacía de la espiritualidad en una carta anterior me siento un poco superado, como si estuviera yendo más lejos de donde quiero ir. Tradicionalmente, espiritual sería lo contrario —o lo complementario— de material. Es espiritual lo que no es material. Yo venía a decir que lo que nos hace específicamente humanos, que nos hace ser una especie diferente de las otras, que nos separa de la estricta naturaleza, habita precisamente en este territorio que definiría como espiritual. Están las cosas materiales, visibles y mesurables, y hay algo que va más allá, que no es tangible, que no es mesurable, que es específicamente humano. Para mí, este valor añadido tiene que ver más con la cultura que con la religión. Para utilizar palabras de cuando éramos niños, tiene que ver más con el pensamiento que con el alma. Con la inteligencia y con la conciencia, la memoria y el sentimentalismo, que no con lo del alma inmortal, que sale tan bien en algún poema de Màrius Torres.

La espiritualidad sería, por tanto, para mí, este cultivo de lo que es específicamente humano, de lo que nos define y nos diferencia, sabiendo que a su lado hay pulsiones que también nos son propias que van en sentido contrario. Todo ello puede ser extremadamente sutil y convertirse simplemente en una cuestión de palabras —cómo llamamos el qué—, hasta que nos encontremos con una cuestión esencial ante la que son posibles pocas ambigüedades: la cuestión de la muerte. Si la idea de espiritualidad lleva asociada alguna relativización de la muerte como final individual irreversible, hasta aquí ya no llego. La idea de Manrique,

> este mundo es el camino
> para el otro, que es morada
> sin pesar

formulada por tantas expresiones del pensamiento religioso, no me resulta compatible. ¡Qué más querría! Puestos a citar a Manrique, y sus espléndidas *Coplas por la muerte de su padre*, me quedo con los versos finales:

> y aunque la vida perdió,
> dejónos harto consuelo:
> su memoria.

Siempre me ha apasionado el poema de Manrique, y puedo recitar trozos enteros de memoria. Es obviamente un poema católico, hecho por una persona con convicciones religiosas. Pero no nos habla de dos vidas —la tierra y la vida eterna— sino de tres. Hay una vida eterna, religiosa, que sale más bien poco en el poema. Está la vida terrenal, en este mundo que es «camino para el otro». Pero hay otra en medio: la de la memoria, la de la fama, la del recuerdo. Nos la ganamos en esta. Pero va más allá de esta. No es la inmortalidad prometida en las escrituras. No es el paraíso eterno.

> Aunque esta vida de honor
> tampoco no es eterna
> ni verdadera,
> mas con todo es muy mejor
> que la otra temporal,
> perecedera.

Es la memoria, es decir, la cultura. Hacer cosas para que sean recordadas, para que merezcan fama, para que hagan el mundo mejor de lo que era. Ciertamente, las cosas que en el tiempo de Manrique daban esta vida a medio camino entre las otras dos, no serían las que ahora valoraríamos. Son las gestas militares. Pero, en el fondo, Jorge Manrique ha perdurado más en la memoria que su padre. Y su padre ha perdurado en la memoria gracias a los versos que escribió su hijo. Las palabras. La literatura. El arte. La cultura. ¿Se me acepta como espiritualidad laica? ¿Como gran, si no única, espiritualidad laica?

¡Un abrazo y feliz año!

VICENÇ

CARTA 39
Francesc Torralba

Barcelona, 5 de enero del 2012

Querido Vicenç,

estoy de nuevo en Barcelona. Nos gusta pasar la noche de Reyes en casa y participar de la cabalgata del barrio de Horta. Es una cabalgata más próxima y familiar que la que se hace en el centro de Barcelona. Conocemos a muchas personas del colegio de los niños y de la vida del barrio. Me gusta ir con mi mujer y participar de la fiesta. Los dos pequeños viven muy intensamente este momento del año, aunque, actualmente, ya saben qué se oculta tras la tramoya, pero esta noche creo que todos nos permitimos el lujo de ser un poco niños. También los mayores colaboran y se hacen cómplices de la magia de la noche.

Me gusta ver como, a primera hora de la mañana, vienen a despertarnos a la habitación, para ir juntos al comedor, a ver si han pasado los Reyes Magos. Es bonito observar como la vida se repite y que aquellas experiencias que viví de pequeño vuelven, de nuevo, con otros protagonistas, pero con la misma pasión. Ahora me toca representar otro papel y lo hago a gusto, pero recuerdo muy bien aquellas largas noches de Reyes en blanco esperando que se hiciera de día para ver si el codiciado juguete estaba en medio del salón. No sé cómo debe de ser el día de Reyes desde la perspectiva de un abuelo. Nosotros acostumbramos a ir a casa de los abuelos a ver qué han dejado allí. Es todo un ritual.

Celebro que hayas pasado unos buenos días en la Cerdaña. Ciertamente, el paisaje ceretano es incomparable. En el primer plano, los prados donde pastan las vacas y donde pastan los caballos; en el segundo, las montañas pobladas de abetos y de pinos y, en último término, las cimas nevadas del Pirineo francés y catalán. Me gustan los paisajes vírgenes, ajenos a la mano humana, aún inmaculados, pero debo reconocer que también me fascinan los paisajes trabajados con ingenio y sudor. Recuerdo los viñedos alrededor de Poblet, donde tú estuviste hace poco. Me maravilla la simetría de las líneas, la distancia exacta que hay entre una viña y otra. Es tan precisa que parece estar hecha con regla y compás como el Ensanche de Cerdà. Vi cómo se hacía de día, corriendo de campo en campo, y te puedo asegurar que no había ningún peligro de perderse. No siquiera un ciego hubiera tropezado.

Mi estancia en Morgovejo ha sido espléndida. La verdad es que el tiempo ha acompañado mucho. Hemos tenido ocho días de sol, algunas noches frías y con escarcha, pero hemos disfrutado intensamente de estos días, tanto familiar como deportivamente. He podido recorrer muchos caminos con la familia, y descubrir algunos nuevos. Siempre hay sorpresas en el bosque, pero hay que estar atentos para detectarlas, y correr a un ritmo lento es un buen método para verlas. También hemos visto algunos animales: ciervos, jabalíes y alguna liebre. Lo echaré de menos. Ahora tendré que esperar hasta Semana Santa para volver hacia aquellas tierras. El curso empieza de nuevo ya este lunes, y este trimestre, como todos, está lleno, muy lleno de actividades de todo tipo.

La relación que estableces en tu última carta entre creencias y actitudes y las consideraciones que haces sobre el pesimismo y el optimismo, me interesan muchísimo, sobre todo por un motivo, porque me defines como optimista, mientras que yo, de puertas adentro, siempre me he sentido y me considero un pesimista a disgusto. Es curioso constatar cómo te ven los otros. Quizás la escritura, en lugar de ser un mecanismo de revelación, es un proceso de ocultación. O, quién sabe, quizás las dos cosas a la vez.

Las personas más cercanas, mi mujer y algunos de mis amigos, más bien me calificarían de pesimista, aunque ciertamente intento contenerlo bastante y cargarme de valor para no transmitirlo. Quizás por esto el resultado es que parezco optimista, pero no me siento mucho como tal. Además, tiendo a leer autores más bien pesimistas, que aún alimentan más mi estado de ánimo. Lo único que me salva de tocar fondo es la fe, la confianza en el potencial que tenemos los seres humanos y la creencia de que no estamos solos.

Dice Schelling que la tristeza siempre acompaña al pensamiento. También lo leí hace poco en un bello ensayo de George Steiner. El oficio de cualquier filósofo es pensar. Esta operación es la que ocupa la mayor parte de su tiempo vital. Es una actividad que no tiene horarios ni días festivos, no conoce las vacaciones ni respeta la vida privada; que se ejerce a todas horas y en todo momento; por eso mismo, necesitamos encontrar mecanismos de huida para dejar de lado, aunque sea un rato, la mirada analítica, la crítica que hurga, interroga y busca, desesperadamente, respuestas.

El pensamiento es un ejercicio que acostumbra a desnudar las cosas, las situaciones, y no es neutro emocionalmente. Al pensar, todo se vuelve problemático: la amistad, el amor, el trabajo, el futuro, las relaciones, el sexo, la alimentación, el ocio, todo se vuelve extraño e inhóspito. Nos enfrenta radicalmente con nuestra finitud y condición mortal. La mayoría de los colegas que se dedican a pensar, ya sea en el campo de la sociología, de la filosofía o, sencillamente, de la antropología, no acostumbran a ser gente especialmente animada. Vaya, que no son los mejores colegas para ir de fiesta. Como dices que haces tú, yo también tiendo a prever las hipótesis negativas e intento tenerlas muy presentes cuando tomo una decisión. Afortunadamente, no siempre se cumplen las peores prospectivas, pero me gusta tenerlas en cuenta para estar al acecho de lo que pueda pasar.

Más allá de esto, sin embargo, la vinculación entre creencias, actitudes y estados de ánimo es una de las cuestiones que me interesan más. Soy de la opinión de que no hacemos la filosofía que queremos, sino la que podemos, la que nos sale de las entrañas. Se atribuye a Fichte aquella famosa frase de que cada filósofo hace filosofía según su temperamento, según su carácter, el *ethos*, lo que José Luis Aranguren llamaba el *talante*, antes de que fuera una palabra tan tristemente manoseada por un conocido político. En efecto, creo que el pensamiento, por muy elaborado, técnico y sofisticado que sea, es una expresión del alma, una manifestación de lo que somos y no de lo que querríamos ser o desearíamos ser.

La espiritualidad está en la base de todas nuestras creaciones culturales, mitológicas, artísticas y filosóficas. Entiendo que son expresiones polimórficas de la vida espiritual que contenemos en nuestro ser. La religión se basa en la espiritualidad, pero, tal como yo lo entiendo, no es un producto únicamente humano ni un invento de la mente humana; es la relación con un Dios que ha venido a nuestro encuentro, un vínculo de amor y de estima, pero también de temor y de respeto.

Sin vida espiritual no puede haber vínculo, pero puede haber vida espiritual sin religiosidad. Veo la espiritualidad de Kafka en sus *Diarios* y también en sus narraciones; veo la espiritualidad de Salvador Dalí en sus cuadros oníricos; identifico la espiritualidad de Nietzsche en su *Zaratustra*, y la de Espriu en su construcción mitológica de Sinera. Los grandes creadores, ateos o creyentes, son seres profundamente espirituales que vierten fuera de la conciencia el mundo que tienen dentro de sí. La vida exterior es, al fin y al cabo, una manifestación de la vida interior.

La espiritualidad, cuando es rica y late con fuerza, no se puede contener en el estuche de la carne y escapa por alguna porosidad, dejando una obra que es su expresión, su concreción material. Por esto me interesa tanto todo lo que es espiritual, porque es la fuente, la raíz, la base del arte, de la música, de la literatura, de la poesía, también de la mística, en su grado más elevado.

La creencia, cuando es auténtica, tiene consecuencias en las actitudes y también en los estados emocionales. Si la fe es un don y una relación interpersonal, afecta lógicamente a los estados de ánimo y a la manera de enfocar la vida. No es solamente la adhesión a un credo, a un conjunto de verdades abstractas, a una cosmovisión; es la respuesta a una llamada interior, la conciencia de ser amado por Dios incondicionalmente. No hay duda de que esta vivencia tiene consecuencias positivas en la vida personal, social, afectiva y laboral.

Ahora bien, no tengo claro que la fe cristiana conduzca necesariamente al optimismo; tampoco que el descreimiento lleve al pesimismo. La fe en el Hombre, en el Progreso, en la Ciencia, en la Civilización, en el Partido, han sido vectores de optimismo para muchas personas, para generaciones enteras. Creer, en lo que sea, pone en movimiento, da vigor, abre horizontes, aunque después, como tú dices, las decepciones son más difíciles de digerir y, por esto, muy a menudo no creer es un mecanismo de defensa, como un subterfugio para evitar la frustración.

Aun así, es bueno recordar que dos de los más grandes pensadores cristianos, como son san Agustín o Calvino, no eran precisamente muy optimistas respecto a las posibilidades humanas de vencer al pecado. El mismo obispo de Hipona, en *La ciudad de Dios*, afirma que la paz, en este mundo, es materialmente imposible, que está fuera de nuestro alcance, porque la herida del pecado original es tan profunda, la brecha que causa el *amor sui* es tan grande que, en este mundo, siempre estamos en tensión. Por esto dice que hemos venido a luchar y no a gozar.

La imagen del mundo como «valle de lágrimas», tan propia del universo bíblico, fue calificada por el mismo Arthur Schopenhauer como la cosmovisión más exacta, como la imagen más precisa del mundo. Nuestro Lluís Vives define al ser humano como un saco de podredumbre, y mi querido Søren Kierkegaard, luterano danés, tampoco es muy optimista respecto a las posibilidades del género humano. Basta con releer algunos fragmentos de los *Pensamientos* de Blaise Pascal para ver cuál es la percepción de este cristiano moderno sobre la condición humana.

Con esto quiero decirte que eminentes pensadores cristianos, tanto católicos como protestantes, desde los Padres griegos y latinos hasta Simone Weil, han sido muy pesimistas antropológicamente; mientras que eminentes pensadores agnósticos y ateos han sido muy optimistas respecto al futuro y a las posibilidades humanas de crear un paraíso en la tierra. En la escatología histórica de Marx subyace un gran optimismo.

El motivo de la esperanza cristiana no radica en el género humano ni en sus creaciones. Radica en la potencia infinita de Dios, en su capacidad para transformar el corazón del hombre, para pacificarlo, y pacificándolo, generar paz en el mundo. En este sentido, la base del optimismo cristiano no estaría en la razón, ni en la voluntad, tampoco en la memoria, en la lucha de clases, sino en la fe en Dios, en su capacidad de obrar maravillas en nosotros.

Creer es una fuente de energía, un estímulo para seguir luchando, un pretexto para ponerse en camino. Como te decía en alguna carta, todos creemos; pero nos diferencia lo que creemos (el objeto) y también la intensidad (el modo). Entiendo que no creer en nada es el inicio del mal; pero entiendo que el nihilismo, cuando llega a sus últimas consecuencias, conduce a la parálisis vital. Solamente se puede salir del nihilismo si se construye un sentido, aunque sea efímero y provisional, pero debe haber alguna motivación, alguna razón por la que valga la pena luchar, trabajar, esforzarse.

Entiendo que las actitudes que tenemos no las tenemos porque nos convenga más. En este caso, la fe sería un acto puramente instrumental, una especie de resultado de un cálculo estratégico. Soy cristiano aunque no me convenga; me siento llamado a serlo, pero, al mismo tiempo, entiendo que esta opción es razonable y me hace vivir gozosamente la existencia, pero, como te decía, es fuente de angustias que de ningún modo tendría si no fuera cristiano. Probablemente tendría otras, pero de estas no puedo hablar.

Como has dicho, también yo soy bastante suspicaz frente al llamado pensamiento positivo, especialmente de las raciones que nos vienen a granel procedentes del neopragmatismo norteamericano. No soy antiamericanista. Creo que hay mucha diversidad en aquel mundo cultural y que tenemos que trascender el tópico para tocar lo mejor que ofrece aquel universo, pero los productos de masas que nos llegan son sencillos manuales que exhortan a pensar positivamente, para vivir mejor y, sobre todo, para producir más y ser más eficientes. Me generan una gran desconfianza, porque veo ahí, por doquier, el economicismo.

Ha llegado la hora de plegar velas. Según lo que acordamos al principio de este epistolario con nuestro querido amigo y editor Ignasi Moreta, el grueso de cartas que nos hemos intercambiado es suficientemente voluminoso como para dar forma a un libro. No obstante, siento que podríamos estar escribiéndonos toda la vida, porque aún hay un montón de temas abiertos y de cuestiones pendientes. No podía ser de otro modo y creo que los dos sabíamos, al principio, que probablemente pasaría esto. Ha sido medio año de mi vida compartido intensamente. He disfrutado de tus misivas, me han estimulado mucho y, fuera de guion, me gustaría hacerte llegar más pensamientos e ideas que tengo. En cualquier caso, la experiencia ha sido fructífera y espero que también lo sea para los lectores que nos hayan acompañado hasta el final.

También soy un apasionado de Jorge Manrique. Me conmueve un verso de *Las coplas por la muerte de su padre*:

> Cómo se pasa la vida,
> cómo se viene la muerte,
> tan callando.

Es verdad que la vida pasa velozmente y también que, generalmente, la muerte va llegando sin hacer ruido, callando, pero mientras pasa la vida, mientras estamos subidos al tren, mientras envejecemos, es un placer compartir pensamientos, ideas y sentimientos con alguien como tú, a través de la escritura.

Te deseo lo mejor. De corazón.

FRANCESC

CARTA 40
Vicenç Villatoro

Matadepera, 7 de enero del 2012

Querido Francesc,
te escribo esta carta, la última de las que teníamos apalabradas, pero seguro que no la última que nos escribiremos, el día después de Reyes, por la mañana. Estoy solo en casa, que se ha quedado vacía. Hace algunas horas, a última hora de la tarde, éramos catorce: hijos con sus parejas, nietos, padre, cuñadas... Y un montón de regalos por abrir ante la chimenea encendida. El itinerario del día de Reyes lo marcaban los dos nietos, Jana, de tres años, y Roc, de uno, que son los únicos nietos de sus abuelos, los únicos bisnietos de sus bisabuelos, los únicos sobrinos de sus tíos (carnales y segundos). Y el itinerario acababa a última hora de la tarde —después de pasar por un montón de casas— en la casa de Matedepera, donde ahora vivo yo solo, pero que es vista por hijos y nietos como una especie de casa solariega, de lugar de referencia: en medio del bosque, con los juguetes de tres generaciones guardados, y el almacén de toda la memoria, la buena y la mala.

No me parece mala manera ni mal momento para acabar esta serie de cartas. Decía Vargas Llosa que las novelas no se acaban, se dejan. Acabarlas, no las acabarías nunca. Pero un día haces que un determinado signo de puntuación sea el punto final, y ahí lo dejas. En estas cartas me está pasando lo mismo. No se acaban, se dejan o pasan a una forma nueva. Han sido la manera de dialogar contigo, pero también conmigo mismo. De cosas que me obsesionan, pero también de cosas en las que nunca habría pensado si no me las hubieras puesto encima de la mesa, con toda la amable y educada crudeza.

Acabar el día después de Reyes me parece una buena fecha. Estoy aún bajo los efectos, positivos y negativos, de la fiesta de ayer. Sobre los negativos, no me alargo: la nostalgia de otros días de Reyes, con personas cercanas que ya no están. La constatación de que no tan solo el pasado es inmutable, que lo releemos, que el presente contamina y a veces envenena. Pero miro ahora más directamente los positivos: la excitación de los niños, la excitación no mucho menor de los mayores, los signos de complicidad entre todos, la compañía, la certeza de pertenecer a algo grande compartido. Un sentimiento familiar, pero que se ha hecho casi tribal. Y una reflexión bestia: la piedra angular de aquel edificio que formábamos ayer a última hora de la tarde, hijos y nietos, mi padre, las hermanas de mi mujer, es el hilo que nos unió a Montse y a mí. Quiero decir que, si lo dibujáramos como un árbol genealógico, con ramas creciendo y concentrándose en todas direcciones, el centro de este árbol, el punto donde todo se aguantaba, sería la raya que nos unía a Montse y a mí. Si borras esta raya, no hay árbol, no existe este árbol. ¡Y es tan frágil, esta raya! ¡La amenazan tantas cosas, en la vida y en la muerte! ¡Es tan azarosa, tan quebradiza, tan fácil de romper! Tan sujeta sobre todo a la terrorífica victoria de la muerte (que siempre acaba ganando). La melancolía entre la solidez del edificio y la fragilidad intrínseca de sus fundamentos.

No, no vuelvo a los efectos negativos. Me quedo aún con los positivos. Ayer, con todo aquel gentío en casa, con los paquetes por abrir, con bisabuelos jugando con bisnietos y cuñados repartiéndose el trabajo de preparar la cena, con toda aquella gente que había pensado qué querrían y qué necesitarían los otros, tuve la sensación de presenciar y disfrutar y beneficiarme de la mayor de las fábricas de sentido. Si lo despojo todo de construcción racional, si me preguntan qué quedará de todo ello y por qué vale la pena continuarlo, cuál es el deseo mayor y cuál el miedo mayor, todas las respuestas esenciales estaban ayer ante la chimenea de casa. La gran fábrica de sentido es esta red de lazos personales, de deseos de futuro, de memoria compartida. No ahora, siempre, mi verdadera carta a los Reyes, mi primer deseo cuando soplo velas o cuando veo caer una estrella fugaz por San Lorenzo, ha sido que no les pase nada malo a mis hijos. Y ahora también a mis nietos. También a todos los otros que me rodean, claro, pero hay algo que denominamos eufemísticamente *ley de vida*, que sale siempre en las conversaciones de los entierros. *Es ley de vida*. De acuerdo. Pero si Mefistófeles me quisiera tentar, más que una eterna juventud o cualquier otra forma de eternidad personal, me podría ofrecer el certificado de la felicidad de mis hijos y de mis nietos. Puede ser absurdo: hay *leyes de vida*. Pero es. Y para este bien superior se aceptan atajos y errores, sacrificios y renuncias.

Hemos hablado mucho del sentido de las cosas. Del porqué, o sobre todo del para qué, de las cosas. Siempre te he dicho que para mí, en el fondo, el sentido, el porqué y el para qué, viene dado por la humanidad, por lo que es específicamente humano: la capacidad de pensar y de sentir, de prever y de recordar, de construir con el pensamiento (y a partir del pensamiento, ciencia y filosofía, novelas y catedrales, sinfonías y canciones de cuna). Participar en esta extraordinaria aventura humana, que en el fondo es la aventura de la cultura, en el sentido más noble y más amplio de la palabra, es en el fondo la gran forma de sentido. Mi *para qué*. Que entra periódicamente en crisis, naturalmente, supongo que como todos los demás, y entran en algún momento casi para todo el mundo. Pero que es en el fondo el más estable y el más continuado de los que he sentido en la propia vida. Participar en la aventura de la humanidad, que no es tampoco la aventura de todo lo que hacemos y somos capaces de hacer los humanos —que puede ser esto de lo que estoy hablando, pero también todo lo contrario a esto—, sino de lo que me parece su núcleo positivo esencial: ir más allá de la naturaleza en nombre de conceptos y de sentimientos, de palabras y de relatos. De ideas y de ideales. La clave es esta capacidad de ir más allá, y de hacerlo en una especie de ascensión hacia la nobleza, hacia la compasión, hacia cosas más altas.

Una de las leyes de la naturaleza es que la vida tiende a perpetuarse y a expandirse. Y, por tanto, las especies han generado mecanismos diversos para conseguir reproducirse, expandirse, perpetuarse, durar en el tiempo y crecer en la medida de lo posible. La vida aprovecha cualquier brecha. Y practica la crueldad que haga falta para conservarse y crecer. La vida, no los individuos. Ciertamente, si la Vida fuera una divinidad, sería una divinidad cruel. Los mecanismos de la naturaleza, la selección de las especies, es una antología del crimen: el robo, la depredación, el asesinato, el abandono del débil en manos del fuerte... El objetivo es que la vida continúe, que la especie continúe, que la especie se expanda. Nosotros, como especie, hacemos lo mismo que las otras especies..., pero de este instinto de supervivencia y de esta voluntad de perpetuación hemos sabido destilar una red de complicidades y de sentimientos familiares, de amores y de protecciones, un ideal. El origen es el mismo que en todas las especies, pero lo hemos trascendido a través de nuestra humanidad en algo más alto, más noble, mejor. Cierto o ficticio, pero en cualquier caso proclamado en voz alta como objetivo: y los objetivos estiran la realidad y acaban arrastrándola.

Muchas especies protegen a sus crías. Pero nosotros amamos a los hijos y a los padres, y hacemos sacrificios por los unos y por los otros. En muchas especies, la evolución ha instalado esta trampita más bien simple del deseo sexual, del premio del placer y de la fuerza del deseo, como método para garantizar la reproducción. Pero nosotros de esto hemos destilado la idea misma del amor, del amor a dos, no del amor universal, sino de otra cosa que tiene el mismo nombre, pero que es otra cosa. Y de ahí han salido *Werther* y la *Traviata*, el Taj Mahal y la *Bella del Señor* de Cohen... Muchas especies, sobre todo de mamíferos, funcionan de manera cooperativa: se asocian para atacar juntos, para conseguir objetivos comunes. Nosotros, esto, lo hemos humanizado y hemos extraído la compasión, la solidaridad, la familia, la tribu, la nación, la primera persona del plural. Esto es lo que me parece el fundamento de la humanidad. Y la fuente de sentido.

Para decirlo de alguna manera, un poco irónica, utilizo algo que escribí hace unos años en un dietario. Todos los animales comen, pero nosotros nos hemos inventado la gastronomía. Todos los animales mueren, pero nosotros hacemos funerales (laicos o religiosos, da igual). Todos los animales sienten el grito del sexo, pero nosotros hemos inventado el amor. Podríamos hacer dos listas paralelas: en una columna, lo que es nuestra herencia natural como especie, los mecanismos que tiene la vida para perpetuarse, de los que nosotros también participamos; en la otra, sus correspondientes, que serían los ideales que hemos construido a partir de ella, las formas humanas de trascenderla y de dotarla de sentido. De hacerla más noble, más elevada, más profunda. Es verdad que, muy a menudo, en la vida real, aunque proclamemos los valores de la segunda de las columnas, de la humana, nos comportamos estrictamente como animales. Si rascas bajo el ideal, asoma enseguida el instinto. Pero nuestra fuerza como especie está en la segunda de las columnas. Que no contradice a la primera, sino que la trasciende, la canaliza, marca sus límites, la eleva.

De hecho, las religiones me parecen también una de las cosas que están en la segunda lista, entre las fórmulas con las que la humanidad intenta trascender el estricto instinto, la estricta naturaleza. Las respuestas que el pensamiento y el sentimiento ofrecen a las grandes preguntas sobre el sentido de las cosas. Como la literatura, la ciencia o el arte. Por esta razón, de las religiones me interesa, casi desde el punto de vista narrativo, su cosmogonía, sus relatos sobre los orígenes, la visión del mundo que incorporan. No para creérmelo, sino para admirar su construcción. Pero me interesan aún más las religiones como liturgia y como ética, es decir, como normas de conducta. Como caminos para intentar esta elevación, este ennoblecimiento humano que me parece en el fondo la clave de todo. Me imagino una religión sin Dios y sin vida eterna, solo con unas normas de conducta, una guía y un camino vital hacia un ideal humano. Y como una liturgia para poner signos de puntuación a la propia vida, porque no todos los momentos son iguales a los otros momentos, porque se diferencian y se jerarquizan.

No, en mi carta no identificaba religiosidad con optimismo y agnosticismo con pesimismo. No creo que sean dos nombres diferentes, en cada caso, para la misma cosa. Tengo un pequeño poema inédito, brevísimo, en un libro del que te he hablado otras veces, de poemas bíblicos, que se titula *Llibre de les blasfèmies* ['Libro de las blasfemias']. En el poema —también con el punto de ironía que antes te comentaba— presento lo que me parece la máxima expresión del pesimismo. Lo titulo «Habla Job, póstumo», y dice:

> Lamento desmentir, por experiencia,
> el feliz optimismo de los escépticos:
> existe Dios, pero es injusto y nada sabio.

El Dios bíblico no es infinitamente bondadoso. O si lo es, no es infinitamente poderoso o infinitamente sabio. La peor hipótesis no es un Dios inexistente, es un Dios hostil, que envía los sufrimientos a Job o diluvios universales que todo lo inundan o mata a los primogénitos inocentes de Egipto. La peor hipótesis es, pues, un Dios injusto. Por tanto, continuando con la ironía, el pesimismo más extremo sería el de un creyente: el de alguien que hubiera pasado de creer en el silencio de Dios a creer en su hostilidad.

Me sorprende que te consideres un pesimista. No me lo pareces. Me parece que tu creencia tiene los grados imprescindibles de contrapesos: la creencia en un mundo idílico donde todo funciona perfectamente es incompatible con la lectura de los diarios. Por tanto, no ignoraba tus dudas o tus pesimismos circunstanciales, pero me parece que tu visión del mundo es positiva e incluye la forma razonable del optimismo: creer que las cosas pueden tener un sentido y conseguir la plenitud de este sentido, aunque sea con penas y trabajos. Mi pesimismo también tiene un punto circunstancial: dudas sobre el sentido y, por tanto, dudas sobre la plenitud. Pero convicción también de que hay que hacer lo que esté en nuestras manos. Por esto diría que con todos los matices hemos estado dialogando alguien como yo más bien pesimista, y que incluye su peculiar mirada agnóstica en el marco de este pesimismo, y una persona como tú que ve las cosas tal como son, que es consciente de las dificultades, pero que quiere preservar un optimismo de fondo, que cree en el sentido, que cree que hay camino aunque sea difícil, y vincula este optimismo a la raíz de su creencia.

    No sé si estas cartas podrán ser útiles para alguien más que para nosotros. Tiendo a pensar que sí, en una repentina deriva optimista. No creo que nuestra función fuera convencer a nadie de nada, ni tú ni yo. Tampoco creo que fuera representar el posicionamiento de un bando, porque no creo que podamos hablar de bandos, no creo que en caso de haberlos los representáramos y no creo que fuera deseable que nadie se sintiera plenamente identificado con todo lo que dice uno y otro, porque el debate de las ideas no es una competición por equipos, ya que, si fuera una competición, que no lo es, sería más bien individual. Creo que estas cartas pueden provocar en otros lectores los mismos efectos que nos han producido a nosotros, al escribirlas y al leerlas: el efecto de hacer pensar, de hacer repensar, de volver sobre ello. Damos demasiadas cosas por sabidas y por dichas. Ciertamente, no podemos empezar el mundo desde cero. Precisamente una de las características de la humanidad es la posibilidad de almacenar experiencias e informaciones. Pero hay cosas personales e intransferibles. Cosas que tenemos que haber visto, experimentado y sentido nosotros. Pensado nosotros.

Supongo que lo que teníamos que hacer, y pienso que lo que hemos hecho, no es dar vueltas a nuestras cosas ni ofrecer a nadie las cosas pensadas, sino lanzar ideas y sentimientos para provocar pequeñas reacciones en cadena. Quizás nuestra función, con las palabras, no es explicar, sino iluminar un poco. Por mi parte, estoy contento de ello. Y me parece, de verdad, que no pienso exactamente lo que pensaba antes de empezar. ¡No me he cambiado de bando! Es que no hay bandos. No me gusta el lema «No nos moverán». A mí me han movido. ¡Espero que a ti también!

Francesc, muchas gracias por todo. Y esto no se acaba aquí. No puede acabarse aquí. No lo acabamos. Le ponemos un signo de puntuación.

Un abrazo, y que te vaya todo bien.

VICENÇ